Ernst Senf · Hoffe auf Gott

Ernst Senf

Hoffe auf Gott

Tägliche Andachten im Großdruck

CZV-Verlag, Berlin

CIP-Titelaufnahme der Deutschen Bibliothek

Senf, Ernst:
Tägliche Andachten im Großdruck/
von Ernst Senf. – Berlin: CZV-Verl.
Hoffe auf Gott. – 2. Aufl. – 1990
ISBN 3-7674-0212-2 kart.
ISBN 3-7674-0209-2 Gb.

ISBN 3-7674-0212-2 (kartoniert)
ISBN 3-7674-0209-2 (gebunden)

2. Auflage 1990
Umschlagfoto: Fotokunst-Verlag Groh, Wörthsee
Gesamtherstellung: Clausen & Bosse, Leck

Die Christenheit kennt nur eine einzige Hoffnung, die Hoffnung auf Gott. Die empfängt sie aus dem lebendigen Wort Gottes, das der Herr Christus selber ist. Er ist derselbe gestern, heute und in Ewigkeit. Darum steht diese Hoffnung auch fest und ist unbedingt zuverlässig. Deshalb ruft die Christenheit laut und getrost in alle Gemeinden und in alle Welt hinein:

Hoffe auf Gott!

Sie ruft damit zu Christus. Und in dieser bedrohten und bedrohlichen Welt ruft sie damit zugleich in die große Freude hinein, die Gott ihr zugedacht hat, die kein Mensch ihr nehmen kann und die jeder Mensch im Grunde seines Herzens ersehnt. Wer auf Gott hofft, wird die Erfüllung seiner Hoffnung erfahren. Möchten alle Leser dieses Buches und alle Mitbeter diese Erfahrung machen.

Ernst Senf

Jesus Christus gestern und heute und derselbe auch in Ewigkeit. Hebräer 13, 8

Das Jahr, in das wir heute eintreten, ist, wie alle früheren und alle noch kommenden, ein Jesusjahr. Voller Dank gegen Gott sehen wir auf das vergangene Jahr zurück, weil es wirklich vergangen ist. Das bedeutet für uns, daß alle Schuld des vergangenen Jahres um Christi willen vergeben ist. Das Gestern hat Christus uns abgenommen. Durch Gottes Gnade gehen wir ohne Lasten in das neue Jahr hinein.
Ohne Furcht gehen wir hinein in jeden Tag des neuen Jahres. Jesus Christus geht mit. Er will uns beraten, bewahren, führen, damit wir als Leute, die nach seinem Namen genannt sind, ihm Ehre machen, in seiner Gemeinde unter ihm leben und sein Reich ausbreiten. In uns und durch uns und mit uns will er sein Heilandswerk tun, Tag um Tag. Jeder Tag ist sein Heute, und jeder Tag ist auch unser Heute. Im Heute haben wir zu beweisen, daß wir seinem Wort trauen. Er erwartet, daß wir nicht darauf sehen, was die andern tun, sondern nur auf ihn, auf das, was er tat und von uns tagtäglich getan haben will. Er sichert ausdrücklich zu, daß er für uns und mit uns ist.
Wenn Jesus Christus, den Gott zum Herrn über alles gemacht hat, auf unserer Seite ist, wovor sollten wir uns fürchten? So gehört uns auch die Zukunft, weil sie seine ist und wir die Seinen sind.

Herr Jesus, dir danken wir, daß du uns täglich geleiten und mit deiner Kraft ausrüsten willst. Nun wird unser Weg ein getrostes und fröhliches Wandern an deiner Hand, bis wir ganz und für immer bei dir sind. Das hilf uns glauben, damit wir es erfahren. Amen.

Da ward sein Name genannt Jesus. Lukas 2, 21

Jesus! Maria hat den Namen nicht ausgesucht, Joseph auch nicht. Viele haben diesen Namen damals getragen. Aber seit der Eine ihn trug, ist es ein besonderer Name. Gott hat ihn bestimmt. Der Name Jesus heißt: Gott ist Hilfe. Nach Gottes Willen ist Jesus bis in alle Ewigkeit hinein genau das, was sein Name sagt: Hilfe Gottes für seine Menschen. Sie soll es auch in diesem Jahr für uns sein. Anno Domini – im Jahre des Herrn – lautet die Überschrift des Jahres. Am Anfang des neuen Jahres klingt der Name Jesus wie ein Anruf. Wir sollen ihm antworten. »Wohin?« – »Zu Jesus!« – »Mit wem?« – »Mit Jesus!« – Immer und in allem: Jesus!
Wir sollen werden wie Jesus. Wir werden es nur durch Jesus. Wir stehen nur dann zu ihm, wenn wir unsern Weg mit ihm gehen. Tag für Tag und überall. Ganz gleich, wo und in welcher Umgebung wir leben, ganz gleich, zu welcher Partei oder Gruppe wir gehören. Ganz gleich, ob böse oder gute Zeiten sind. Die Mitte bleibt, Jesus bleibt. Die Möglichkeit, sich an ihn zu halten, bleibt. Machen wir davon täglich Gebrauch, dann werden wir gehalten, welche Stürme auch kommen. In seinem Namen überwinden wir alles, was kommt.

Lob und Dank sei dir, Vater. Du hast uns deinen Sohn Jesus gegeben zum Halt, zum Licht in der Nacht, zum Retter aus aller Not, zum Geleitsmann in deine Herrlichkeit. Hilf uns, daß wir das erkennen und ihn den Heiland unseres Lebens sein lassen. Amen.

Meine Zeit steht in deinen Händen. Psalm 31, 16

Der Mensch hat keine Zeit, es muß alles schnell gehen. Er kann nicht warten. Das Leben ist kurz. Er will die Erfolge und die Früchte seiner Planungen noch sehen und genießen und sich daran freuen. Weil er nicht warten kann, muß er vieles erzwingen. Aber Zwang richtet Zorn an. Der hetzende Mensch zürnt, weil es ihm nicht schnell genug geht, und der gehetzte Mensch zürnt, weil er nicht so schnell kann. Da ist keine Zeit mehr, Erlebnisse innerlich zu verarbeiten, keine Zeit zur Besinnung und darum auch keine Freude an dem Erreichten. Vom Satan heißt es: »Er weiß, daß er keine Zeit hat.« Nichts kann ihm lieber sein als die Hetze, die den Menschen um das Eigentliche seines Lebens betrügt. Nichts macht so deutlich, in welchem Maße ihm die ganze Welt schon verfallen ist, wie die Tatsache, daß sie ihr Tempo von Tag zu Tag steigert.
Lassen wir uns nicht auch betrügen! Der Vater Jesu Christi, den wir unseren Herrn nennen, ist auch der Herr der Zeit. Unsere Zeit steht in seinen Händen. Das gilt es, zu bedenken! Das Gestern steht unter seiner Vergebung. Das Heute steht unter seinem Wort: Ich bin mit dir. Das Morgen ist ihm auch anheimgegeben. Tun wir nur täglich das Aufgetragene in seinem Namen, solange wir atmen und leben. Wir haben Zeit, weil wir den zum Herrn haben, der über alles der Herr ist.

Der du die Zeit in Händen hast, Herr, nimm auch dieses Jahres Last und wandle sie in Segen. Nun von dir selbst in Jesu Christ die Mitte fest gewiesen ist, führ uns dem Ziel entgegen.
Der du allein der Ewge heißt und Anfang, Ziel und Mitte weißt im Fluge unsrer Zeiten: bleib du uns gnädig zugewandt und führe uns an deiner Hand, damit wir sicher schreiten. Amen.

»Niemand kommt zum Vater denn durch mich.«

Johannes 14, 6

Ohne Zweifel haben die Hörer, die dies Wort aus Jesu eigenem Munde vernahmen, sofort gewußt, wen er mit dem Vater meint. Vielleicht waren unter ihnen einige, die von ihm das Gleichnis vom verlorenen Sohn gehört hatten. Sie hatten erkannt, wie alle Not des jüngsten Sohnes daher rührte, daß er sein Zuhause verloren hatte und mit dem Zuhause den Vater. Ebenso aber auch, daß alle Not in dem Augenblick zu Ende war, als der Vater den Sohn wieder an sein Herz nahm. In diesem Gleichnis ist von Jesus keine Rede, erst recht nicht von seinem Tod für die Sünde der Welt. Damals hätte das ja noch niemand verstanden. Wir aber kennen beides: Das Kreuz und das Gleichnis vom verlorenen Sohn; beides ist Zeugnis dafür: »Niemand kommt zum Vater denn durch mich.«
Das Wort hat aber auch eine Kehrseite, die heißt: Jeder, der zu mir kommt, der kommt auch zum Vater. Und nun denken wir noch einmal an das Gleichnis vom verlorenen Sohn, an die Freude, als der Sohn wieder beim Vater war. Solche Freude soll auch unsere Freude sein. Jeder – ohne Ausnahme – ist zu Jesus eingeladen, ist von Jesus selber eingeladen, weil er nichts sehnlicher wünscht, als daß diese Freude in unser Herz komme.

Du, Herr Christ, hast uns offenbart, daß dein Vater auch unser Vater sein will. Wir danken dir. Du hast uns den Weg freigemacht zu ihm und wurdest selber der Weg, damit wir zum Vater fänden. Mach uns frei von allem Eigenwillen und hilf uns, den Weg gehen, der zum Vater führt. Amen.

Ich glaube, lieber Herr, hilf meinem Unglauben!

Markus 9, 24

Seit undenklichen Zeiten geht es in der Welt um die Frage nach dem Glauben. Je nach der Antwort auf diese Frage entscheidet sich: Leben oder Tod. Das mag zunächst verwundern; denn nach Ansicht der meisten Menschen handelt es sich beim Glauben um irgendwelche Vorstellungen und Meinungen. Es will ihnen nicht einleuchten, daß er so entscheidend wichtig sein soll. Und doch ist das der Fall. Beim Glauben handelt es sich eben nicht um Meinungen oder Anschauungen, sondern um die Hingabe des Herzens. Das lateinische »credo« heißt übersetzt: ich gebe das Herz.

Wer in diesem Sinne an Gott glaubt, hat den Schwerpunkt seines Lebens auf Gott verlagert, er ruht in Gott. Was solcher Glaube bedeutet, was er für eine Sicherheit gibt, für Kräfte entbindet, zu welchem Leben und zu welchen Taten er befähigt, ist in einzigartiger Weise an Jesus zu sehen. Sein ganzes Wesen und Wirken kann in den Satz gefaßt werden: Er hat Gott vertraut. Darum hat Gott ihm auch seine Macht und seine Ehre anvertraut.

Jesus denkt nicht an sich. Sein Herz gehört dem Vater und damit den Menschen, die er nach des Vaters Willen erlösen will. Er will sie dahin bringen, daß sie den Vater ehren wie er selber, aus Dank und Liebe. Er will ihnen helfen, ihr Herz ganz allein an den zu hängen, dessen Herz für sie schlägt.

Vergib uns, Herr, daß wir immer wieder unsere Hoffnung auf uns selber setzen und unsere eigene Ehre suchen. Hilf uns, mit dir das Leben zu wagen und unseren Halt und unsere Hoffnung ganz allein bei dir zu haben, dir zur Ehre und uns zum Heil. Amen.

Wir haben seinen Stern gesehen im Morgenland und sind gekommen, ihn anzubeten. Matthäus 2, 2

Gott selber sorgt dafür, daß die Anbeter an der Krippe sich mehren. Zuerst waren es die Hirten, und nun kommen »die Weisen aus dem Morgenlande«. Auch außerhalb Israels gab es die Hoffnung auf einen Erlöser. Durch einen Stern hat Gott sie geführt.
Diese drei führen einen Zug von vielen Millionen Heiden an, die im Laufe der Jahrhunderte zu Jesus gefunden haben aus allen Völkern der Welt, auch aus unserem eigenen Volk. Von den Juden ist das Heil gekommen und zu den Völkern der Welt gedrungen, damit die Gemeinde Jesu das Volk Gottes werde, das Gott im Geist und in der Wahrheit anbetet. Die sich um die Krippe sammeln, werden sich einmal um den kommenden König sammeln, der das Reich Gottes vollendet. Alles zielt hin auf die Vollendung des Planes, den Gott mit der Menschheit hat. Sie soll errettet werden und in einer neuen Welt ihm dienen in ewiger Gerechtigkeit, Unschuld und Seligkeit. Das ist keine leere Vertröstung auf ein ungewisses Jenseits. Das ist gewiß, damit Gott sei alles in allem.
Vergessen wir aber nicht: der die Krone der Ehren trägt, der trug in dieser Welt die Dornenkrone. Wir müssen darauf gefaßt sein: Auch wir müssen um seinetwillen im Leiden leben, wenn wir die Krone der Gerechtigkeit tragen wollen.

Du König der Ehren, Herr Jesus, du hast dich erniedrigt, um uns zu dir zu erhöhen und an deiner Herrlichkeit teilhaben zu lassen. Mache uns gewiß, daß alle, die in dieser Welt mit dir am Leiden teilhaben, auch an der ewigen Herrlichkeit teilhaben werden. Amen.

Der Herr hat mir das Ohr geöffnet, daß ich höre wie ein Jünger; ich bin nicht ungehorsam und gehe nicht zurück. Jesaja 50, 4.5

Es kommt darauf an, richtig hören zu lernen. Hören ist eine Kunst. Wie einer sein Radio so einstellen kann, daß er nur bestimmte Sender hört, so macht es jeder Mensch von klein auf: Was er nicht hören will, hört er nicht, er schaltet ab. Wir sind Meister darin!
Fangen wir doch einmal an, scharf einzustellen und genau hinzuhören, wenn uns Gott sein Wort sagt. Dann würde sich schon bald bei uns bemerkbar machen, daß Gottes Wort die eigentümliche Kraft hat, den Menschen, der es wirklich hört, zum Gehorsam zu bringen.
Dann würden wir entdecken, daß wir vorher geschlafen haben. Schlafen nennt die Bibel ja den Zustand, in dem der Mensch nicht mehr wahrnimmt, was Gott sagt. Jesus hat alles wahrgenommen und alles gehört, was sein Vater sagte, er hat es weitergesagt und selber getan. Vieles ist auch ihm schwer geworden: besonders sein Gang nach Jerusalem und sein Weg ans Kreuz. Aber Jesus war nicht ungehorsam, er ging nicht zurück, sondern vorwärts. Und dies Vorwärts endete zur Rechten des Vaters.
Es ist niemals vergeblich, den Gehorsam gegen Gottes Wort zu lernen und zu üben; denn es kommt zuletzt nicht auf den Weg an, sondern auf das Ziel. Das Ziel aber ist die Herrlichkeit bei Gott. Wenn wir das wissen, dann steht unser ganzes Leben in Gottes hellem Licht.

Vater, du hast uns dein Wort gegeben und Ohren, es zu hören. Schenke uns ein williges Herz, damit wir tun, was du sagst, und an uns geschehen kann, was du willst. Habe Lob und Dank! Amen.

Der Herr hat offenbart seinen heiligen Arm, daß aller Welt Enden sehen das Heil unsres Gottes.

Jesaja 52,10

Die Eisfelder der Polargebiete, die Gebirge mit ihren Berggipfeln und Gletschern, die Wüsten mit ihren Oasen, die Urwälder mit ihrer Tierwelt, die Ströme und Meere bei Stille und Sturm, Sonne, Mond und Sterne, sie offenbaren in ihrer Großartigkeit die Macht und Größe des heiligen Armes Gottes. Sie sind das, was sie sein sollen. Mitten darin steht der Mensch, winzig und klein in dieser Erhabenheit der Schöpfung, und doch ist er der von Gott über sie gesetzte Gebieter. Aber – was hat er aus dieser Welt gemacht? Bitter klingt das Wort: die Welt ist vollkommen überall, wo der Mensch nicht hinkommt mit seiner Qual. Wer will, wer kann diesen Schaden heilen? So wenig eine rechte Mutter ihr Kind läßt, so wenig läßt Gott den Menschen. Hat er Gott auch die Schöpfung verdorben, so läßt doch Gott den Menschen nicht verderben. Er hat im voraus seinen Plan zur Errettung der Welt erdacht und ihn verkündigen lassen. Jesus hat den Plan nach dem Willen seines Vaters und gegen den Willen der Menschen ausgeführt. Und dabei mußten sie ohne ihr Wissen und Wollen Gott zur Hand gehen. Sie mußten Jesus kreuzigen. Seine Kreuzigung gehört in Gottes Plan. Durch sie ist die Errettung der Menschheit geschehen. Im Kreuz ist Heil. Es gilt aller Welt.

Du willst im Dunkel wohnen, du heiliger Gott, aber du läßt uns in Jesus dein Herz sehen und deine Güte. Dich loben wir, daß du uns nicht uns selber und unserer Verkehrtheit überlassen hast und uns nicht in alle Ewigkeit strafen willst. Laß uns unter dem Kreuz dein Heil schauen und in der Auferstehung deine Herrlichkeit. Amen.

»Siehe, ich bin bei euch alle Tage bis an der Welt Ende.«

Matthäus 28, 20

Es war im Kirchenkampf während des »Dritten Reiches«, da fuhr ein Landwirt, ein bewußt evangelischer Mann, mit seinem Gespann in die Stadt. Unterwegs überholt er einen Bekannten, hält an und lädt ihn zum Mitfahren ein. Der steigt auf, und es dauert nicht lange, da sind die beiden in einem Gespräch über den Glauben. Der andere, ein Katholik, war gut unterrichtet. Als er das Gespräch mit den Worten schloß: »Nun ist's mit eurer evangelischen Kirche Matthäi am letzten«, war der Landwirt zur Überraschung des anderen gar nicht bedrückt, sondern antwortete: »Dann ist ja alles in Ordnung!« – »Wieso?« war die Gegenfrage. »Nun, Matthäi am letzten steht: ›Siehe, ich bin bei euch alle Tage bis an der Welt Ende.‹«
Ob wir selber auch so mit »Matthäi am letzten« rechnen? Jesus macht Mut mit der Zusicherung: »Ich bin bei euch«. Er ist es nicht nur gelegentlich, nicht nur bei besonders erfreulichen oder traurigen Ereignissen, nein: immer. Wir brauchen gar nicht zu fragen: wie lange? Jesus sagt es gleich: »bis an der Welt Ende«, also bis er mit der Welt, mit den Menschen und mit allem, was existiert, erreicht hat, was er will und sich vorgenommen hat. Diese unerschütterliche Zuversicht will er mit seinen Worten in die Herzen derer gießen, die seinen Namen tragen, und diese Zuversicht soll uns Tag um Tag halten.

So führst du doch recht selig, Herr, die Deinen, ja selig und doch meistens wunderlich. Wie könntest du es böse mit uns meinen, da deine Treu' nicht kann verleugnen sich! Die Wege sind oft krumm und doch gerad', darauf du läßt die Deinen zu dir gehn. Da pflegt es wunderseltsam auszusehn, doch triumphiert zuletzt dein hoher Rat. Amen.

Eure Söhne werden eure Richter sein. Lukas 11,19

Weithin lehnt die Jugend der ganzen Welt heute alle Wertmaßstäbe der Alten, ihren Rat und ihre Erfahrung ab. Sie wirft ihnen vor, daß sie die Welt in den jammervollen Zustand versetzt haben, in dem sie nun ist. Ebenso verwirft sie den Glauben der Alten, die Bibel und das Evangelium. Der Glaube hat nicht verhindern können, daß die Alten ihre verkehrten Wege gingen. Kein Wunder, daß die Jugend auch die Kirche ablehnt. Sie sind zwar als Getaufte ein Stück dieser Kirche, aber das wissen sie nicht aus ihrer Lebenserfahrung, oft nicht einmal, was das für sie bedeutet.

Hier wird nun die Schuld der Alten offenbar. Das Vorbild eines Lebens mit Christus sind sie der Jugend schuldig geblieben. Darum können sie ihr nicht helfen.

Kein Mensch hat Macht über das Herz eines anderen. Aber die Alten können für die Jungen beten, daß Jesus ihnen seinen Geist schenke. Junge Menschen, die ihren Weg zu Christus gefunden haben, können ebenso für die Herzen der Alten beten. Wer sich dem Geist Christi öffnet, der ist auf dem rechten Weg, der hat in Jesus alles gefunden. Wo dieser Ruf Jesu gehört wird, da finden die Jungen zu den Alten und die Alten zu den Jungen.

Dann entsteht durch die Kraft Christi eine Gemeinde aus Jungen und Alten, die Christus ihren Herrn nennt und Bote der Liebe sein will.

Mache, o Herr, daß wir vollkommen vergeben, damit wir einander aufrichtig lieben und dich füreinander bitten, nicht nur keinem Böses mit Bösem vergelten, sondern uns bemühen, allen nützlich zu sein. Amen.

Wohl dem, dessen Hilfe der Gott Jakobs ist, der seine Hoffnung setzt auf den Herrn, seinen Gott.

Psalm 146, 5

Stört es uns, daß Gott hier »der Gott Jakobs« heißt? Er konnte damals noch nicht der Vater Jesu Christi heißen. Die Heilandsgestalt Jesus war noch nicht erschienen. Aber Gott ist seit Jahrtausenden derselbe, und er will weiterhin sein wunderbares Werk tun. Er hat aus dem Betrüger Jakob einen neuen Menschen gemacht und ihm einen neuen Namen gegeben: Israel. Verdient hat es der Mann nicht. Er verdankt seine Umwandlung der Treue Gottes. Solch wunderbares Werk will Gott an jedem tun, der den Namen Christi trägt. Wie aus dem einen Mann mit dem Namen Israel das Volk Israel wurde, so soll aus den Christen der ganzen Welt eine Gemeinde, Gottes Volk werden.
Wenn auch die Zeiten, die Menschen und ihre Anschauungen sich gewandelt haben, hier ist das unwandelbare Angebot Gottes, fest und unverbrüchlich. Alle unsere Untreue, all unser Versagen haben Gott nicht wankend gemacht. Wer sich auf ihn verläßt, ist nicht verlassen. Wer auf ihn hofft, der hofft nicht umsonst. Der erlebt Gottes Hilfe immer von neuem – über Bitten und Verstehen.
Das ist Gottes Bitte: Du mußt es mit mir versuchen. Du wirst sehen: er macht aus dir etwas Neues. Du wirst einstimmen können in den Lobgesang von der unwandelbaren Treue Gottes.

Vater im Himmel, du hast aus einem Betrüger, dem Jakob, einen Mann Gottes gemacht. Nimm auch von uns alle Unwahrhaftigkeit und Lüge, damit wir zu denen gehören, die in der Wahrheit wandeln. Amen.

Wir leben oder sterben, so sind wir des Herrn.

Römer 14, 8

Jesus ist, wie wir in unserem Glaubensbekenntnis bekennen, der Herr. Ist er wirklich unser Herr, dann müssen wir ihm auch bedingungslos zur Verfügung stehen.
Halten wir einen Augenblick inne! Jeder überlege einmal, womit und worin er seinem Herrn zur Verfügung steht. Darf Jesus wirklich über unsere Zeit, unser Geld und unsere Kraft verfügen? Wieviel wird wohl noch von unserem menschlichen Eigenwesen sterben müssen, bis wir von uns sagen können: Ja, ganz!
Die Wegweisung des Apostels lautet: »Leben wir, so leben wir dem Herrn; sterben wir, so sterben wir dem Herrn. Darum, wir leben oder sterben, so sind wir des Herrn.« So hat es Paulus seine Gemeindeglieder gelehrt. So sind sie für den Herrn Jesus verfügbare Leute geworden. Durch sie konnte er etwas ausrichten für seine Sache. Denken wir auch an die Männer und Frauen in der Geschichte der Liebestätigkeit, die etwas ausgerichtet haben. Sie alle konnten es dadurch, daß sie sich *ganz* dem Herrn zur Verfügung stellten. »Ich muß klein werden und er groß!« sagte Vater Bodelschwingh.
Christus wartet auf Leute, über die er *ganz* verfügen kann. Lassen wir ihn wirklich warten?

Du hast uns mit deinem Blut dem Satan abgekauft, Herr Jesus. Nun gehören wir dir. Laß uns erkennen, wie teuer wir dir sind, damit wir aufhören, dem Satan zu folgen, und täglich dir dienen, unserem wahren Herrn, aus Dank und Liebe. Amen.

Und sie werden nimmermehr umkommen.

Johannes 10, 28

Voller Zuversicht haben wir das neue Jahr begonnen. Wohl liegt es noch dunkel vor uns. Wir gehen ins Ungewisse. Aber wir halten die Augen offen für Gottes wunderbares Tun und die Ohren offen für sein Wort. Wir sind mit der Hand bei der Arbeit und mit dem Herzen bei Gott.
Der soll unser Herz haben, der am vertrauenswürdigsten ist, und das ist Gott. Er hat noch niemand enttäuscht, der ihm wirklich vertraute. Gott steht zu seinem Wort.
Der soll unser Herz haben, der der Mächtigste ist. Das ist Gott. Der Leben und Atem gibt, der eine Welt schuf und erhält, der dem Meer und dem Sturm gebietet, der hinter allem Weltgeschehen steht, der ist der Allmächtige.
Der soll unser Herz haben, der uns liebt. Das ist Gott. Vom Unbegreiflichen ist dies das Unbegreiflichste. Aber es ist wahr. Jesus Christus ist der lebendige Beweis. Daß Gott ihn in eine Menschheit hinein sendet, die er genau kennt, von der er weiß, daß sie Jesus kreuzigen wird, das ist Gottes Liebeszeichen.
Dieser Gott hat uns durch Jesus Christus, seinen Sohn, sagen lassen: »Und sie werden nimmermehr umkommen.« Das heißt wörtlich: Sie werden in Ewigkeit nicht verlorengehen! Hier ist mehr als eine Zusage für ein Jahr. Hier ist die Zusicherung ewigen Lebens. In diesem Glauben gehen wir durch das neue Jahr.

Du Gott von Ewigkeit zu Ewigkeit, dir vertrauen wir uns von neuem an. Du hast uns nie enttäuscht und hast uns lieb. Bei dir sind wir geborgen in Zeit und Ewigkeit. Ziehe uns immer mehr zu deinem Sohn, damit er uns zu dir ziehe, bis wir ganz bei dir sind. Amen.

Erkennet, daß der Herr Gott ist! Er hat uns gemacht – und nicht wir selbst – zu seinem Volk und zu Schafen seiner Weide. Psalm 100, 3

Gott ist der Herr! Wie leicht wird das vergessen. Es treten so leicht andere »Götter« an seine Stelle. Wollen wir nicht einmal nachprüfen? Was ist uns denn das Allerwichtigste? Wirklich Gott? Kommt der nicht oft an zweiter oder dritter oder gar an allerletzter Stelle? Wo das geschieht, beginnt die Entgottung der Welt – und wo die geschieht, wird die Welt eine Hölle. Wo kein Gott mehr ist, gibt es keine Ehrfurcht mehr, keine Ehrfurcht vor dem Menschen, keine vor dem Recht, das Gott setzt, und auch keine mehr vor dem Leben. Da stürzt alles ein. Was ist denn der Mensch? Hat er sich selbst gemacht? Ohne Gott kennt er sich nicht einmal selbst. Der Mensch muß erst vor Jesus gestanden haben, dann lernt er sich kennen. Da gehen ihm die Augen auf. Und erst dann erkennt er, was das heißt: der Herr ist Gott. Er erkennt es daran, daß Gott nicht verwirft, sondern vergibt, daß er nicht auslöscht, was nur noch glimmt, sondern daß er anfacht und ein reines Feuer entzündet. Kein Wunder, wenn ein Mensch nicht weiß, was er eigentlich mit seinem Leben anfangen soll, wenn er das nicht erkannt hat.
Wir sind sein. Gott hat uns dazu bestimmt. Das macht Mut, das ist aber auch Verpflichtung. Gott hat uns durch seinen Sohn dem Bösen abgekauft, darum darf er uns auch beanspruchen. Darin liegt alle Seligkeit dieser und jener Welt.

Du heiliger Gott. Du hast uns für dich bestimmt und alles getan, damit wir dich hören und dir angehören können durch Jesus Christus. Reinige uns von unserer Selbstherrlichkeit und schenke uns deine Heiligkeit. Amen.

So sind wir viele ein Leib in Christus, aber untereinander ist einer des andern Glied. Römer 12, 5

Der Apostel Paulus redet hier von einer neuen Ordnung, die ihn und die Römer zusammenschließt, obwohl er das Wort Ordnung gar nicht gebraucht. Es ist keine Ordnung von außen her – nach irgendwelchen sonst üblichen menschlichen Gesichtspunkten.
Der menschliche Leib ist ein Bild für solche »Ordnung«. Sie ist wundervoll in des Wortes voller Bedeutung. Sie ist nicht vom Menschen erdacht und gemacht. Sie ist Gottes Werk und Schöpfung – eben der Leib. Darin erhalten die einzelnen Organe ihre Aufgabe und Erfüllung. »Wir sind viele«, schreibt Paulus. »Wir«, das sind Menschen aus allen Völkern und Rassen. Wir können uns die Verschiedenheit der einzelnen Gemeindeglieder gar nicht groß genug denken, aber trotz aller Unterschiede haben sie eins gemeinsam: sie haben zu Christus gefunden. Von ihm ließ sich jeder einzelne prägen und vom Geist Christi leiten. Als seine Leute sind sie alle durch ihn lebensmäßig miteinander verbunden wie die Glieder eines Leibes. Sie gehören alle organisch zueinander und sind füreinander da. Entsprechend sind die einzelnen Gemeindeglieder zusammen die Darstellung des Leibes Christi. Alle sind voneinander verschieden, und alle sind notwendig und tun Christi Dienst. Wie wir es singen: »Er das Haupt und wir die Glieder.«

Du hast uns, Herr Christ, von uns selber erlöst zu dir hin. Hilf uns doch, daß wir das glauben lernen, damit wir, dir ganz hingegeben, brauchbar werden für dich und du an und durch uns Taten tun kannst, wie du sie selber tatest, als du unter uns lebtest. Mache uns immer williger, dir zur Verfügung zu stehen. Amen.

»Darum sage ich euch: Sorget nicht!« Matthäus 6, 25

Jesus kannte den Einwand der Menschen zu diesem Wort: Wir müssen doch sorgen, wir können doch nicht in den Tag hineinleben! Er hat aber von seiner Forderung: »Sorget nicht!« nichts abgestrichen.
Nur eine Sorge, die Jesus selbst hatte, ist berechtigt: die Sorge um das Himmelreich. »Trachtet am ersten nach dem Reich Gottes.« Wer diese Sorge hat, dem bleiben alle anderen erspart. Der bekommt alles, was ihm im Leben für jeden Tag nötig ist, als Zugabe. Das meint Jesus, wenn er fortfährt: »So wird euch alles andere zufallen.«
Was heißt das? Wir werden nicht verhindern können, daß uns Sorgen überfallen; aber wir können verhindern, daß sie uns niederdrücken. Wir haben die Möglichkeit, alles, was uns Sorge macht, vor Gott zu bringen. Dann nimmt er unsere Sorgen in seine Hände, dann haben wir ausgesorgt. Damit werden wir brauchbar für das Himmelreich. Damit beweisen wir, daß wir die Zusagen Gottes ernst nehmen, und wo die Zusagen Gottes ernst genommen werden, da ist schon in dieser Welt ein Stück Himmelreich. Denken wir uns einmal aus unserem Leben alles fort, was uns das Herz beschwert und Sorgen macht. Ist dann nicht alles hell? So hell wird es, wenn wir die Sorgen auf ihn werfen.

Du siehst, Herr Jesus, wie wir von Sorgen aller Art umgetrieben werden. Du zeigst uns in deiner Barmherzigkeit, daß unser Unglaube schuld daran ist. Wir rechnen nicht mit der Fürsorge des Vaters, wie du. Hilf uns, daß wir alle unsere Sorgen ihm übergeben, damit auch wir in heiliger Sorglosigkeit leben können. Amen.

»Wenn jemand will des Willen tun, der wird innewerden, ob diese Lehre von Gott sei, oder ob ich von mir selbst rede.« Johannes 7, 17

Immer fordert der Mensch Beweise, wenn er etwas glauben soll. Was den Rahmen seiner Vernunft und der gewohnten Vorstellungen überschreitet, das lehnt er ab. Er kommt sich dabei sehr klug vor. Er ahnt nicht, daß er sich auf diese Weise zum Sklaven seiner eigenen Vernunft macht. Nun denke nur niemand: Ich soll also mein Denken drangeben! Nein, ja nicht! Im Gegenteil: forsche, denke und überlege – mehr noch: probiere, mache ein richtiges Experiment.
Jesus lädt allen Ernstes zu dem Experiment ein: tue den Willen Gottes, probiere das einmal ganz entschlossen und ohne Vorbehalt. Das meint er doch, wenn er auffordert: so jemand *will* Gottes Willen tun. Es kommt also auf den Willen an. Wir sind doch gewöhnlich stolz auf unsern Willen: was ich will, das kann ich auch. Also – setze einmal den ganzen Willen und die ganze Entschlossenheit daran, Gottes Willen zu tun. Das ist die unabdingbare Voraussetzung. Was dabei geschieht? Gott läßt einem aufgehen, was man für ein Herz hat, wie man sein Gewissen betäubt, wie lieblos man gewesen ist. Da kommen Dinge heraus, die längst vergessen schienen. Da passiert inwendig etwas. Dann versteht man den Zöllner: Gott, sei mir Sünder gnädig! Und begreift, was es heißt, wenn Jesus sagt: »Sei getrost, dir sind deine Sünden vergeben.«

Wir bekennen dir, du allwissender Gott, daß dein Wort wahr und gerecht ist. Du beweist dich an uns als der gerechte Richter, du beweisest uns aber noch viel mehr deine Vergebung und deine Barmherzigkeit. Sei gelobt in Ewigkeit. Amen.

O du Kleingläubiger, warum zweifeltest du?

Matthäus 14, 31

Für Jesus war es immer eine große Freude, daß sich Menschen fanden, die ihm glaubten, bei ihm blieben und auf diese Weise so leben lernten, wie er lebte. Wir erinnern uns, daß er seinen Jüngern zugesagt hat: »Ihr werdet größere Werke tun, als ich tue ...« Er war keiner jener Lehrer, die ihre letzten Geheimnisse nicht preisgeben, weil sie ihren Meistertitel nicht verlieren wollen. Jesus gab nicht nur seine Geheimnisse preis, sondern er sandte zuletzt noch den heiligen Geist, damit der die Jünger in alle Wahrheit leite.
Die Frage für uns ist die, ob auch wir uns im Glauben üben wollen oder ob wir uns vom Unglauben der Welt anstecken lassen. Rechnen wir doch ebenso mit dem Wirken und dem Eingreifen des lebendigen Gottes, wie Jesus damit rechnete! Oder haben wir am Ende damit noch gar nicht angefangen?
Von der Macht und Wirklichkeit Gottes erfahren wir immer nur so viel, wie wir glauben. Vielleicht darum so wenig, weil wir Kleingläubige sind. Da wird klar, warum Jesus seine Jünger wegen ihres Kleinglaubens gescholten hat.
Der Zweifel ist die Grundhaltung des modernen Menschen. Darum ist er so arm, so zerrissen und verzweifelt. Verzweiflung ist immer das Ende des Zweifels. Wir aber sind zum Glauben gerufen. Gott sei Lob und Dank. Er schenke uns, daß es ein großer Glaube werde.

Herr Jesus Christus, in dieser Welt sind wir oft enttäuscht worden durch Menschen, denen wir vertrauten. Vergib uns, daß wir so viel Mühe haben, uns dir in allem anzuvertrauen. Hilf uns, daß wir das täglich neu üben, damit wir von dir lernen, was Glauben ist. Amen.

Spricht auch ein Werk zu seinem Meister: Warum machst du mich so? Römer 9, 20

Einem andern die Schuld zuzuschieben für etwas, was wir selber verschuldet haben, das verstehen wir schon von Jugend an. Eine Entschuldigung für uns finden wir immer und die entsprechende Beschuldigung für den anderen auch. Oft machen wir sogar für unsere Schuld Gott verantwortlich und sagen: Warum hat er uns so gemacht? Er hätte uns ja einen Willen mitgeben können, der gern seinem Worte gehorcht.

Natürlich hätte Gott den Menschen so machen können, genau wie ein Töpfer aus einem Klumpen Ton ein Gefäß nach seinem Willen formen kann. Doch Gott hat dem Menschen die Entscheidung freigestellt – in der Erwartung, daß der Mensch sich für Gott entscheidet. Wie könnte er anders! Am Anfang hat der Mensch Gottes Herrlichkeit an sich getragen; aber er hat sie preisgegeben und verloren. Daß es nun überhaupt noch eine Möglichkeit für den Menschen gibt, diese verlorengegangene Herrlichkeit wiederzuerhalten, das ist das Wunder der Barmherzigkeit Gottes.

Weil das so ist, darum dürfen und sollen wir alle Ereignisse und Erfahrungen unseres Lebens so deuten, daß Gott uns durch sie zu Jesus und durch Jesus zu sich ziehen und jeden nach diesem Bilde gestalten will. Immer ist es sein Ziel, Menschen der Herrlichkeit, Menschen zu seiner Ehre zu bilden.

Vergib uns, Vater, daß wir immer besser zu wissen glauben, was für uns gut ist, als du. Hilf uns, daß wir voller Vertrauen uns ganz in deine Hände geben und dir in allen Erlebnissen zutrauen, daß niemand es so gut mit uns meint wie du. Mache uns dieses Glaubens gewiß und froh. Amen.

»Meine Stunde ist noch nicht gekommen«.

Johannes 2, 4

Durch Gottes Schöpferwort ist die Zeit geworden. In der Zeit lebt der Mensch siebzig Jahre, und wenn es hoch kommt, dann sind es achtzig Jahre. Die Zeit nimmt den Menschen mit, aber Gott ist ihr Herr. Aus seiner Ewigkeit heraus, der Zeitlosigkeit, greift er immer wieder hinein in die Zeit, und dort fängt mitten in der Zeit Ewigkeit an. Immer steht unsere Zeit in seinen Händen; ob aber seine Ewigkeit in unser Leben kommt, hängt davon ab, daß wir die Stunde erfassen, in der er uns begegnet.
Ob wir darum wissen? Jesus wußte immer darum. Darin unterscheidet er sich grundsätzlich von uns. Er wußte darum, weil er Zeit hatte, Zeit für Gott. Wir haben meist keine. Wir haben immer soviel zu tun. Wir sind in Gefahr, »unsere Stunde« zu versäumen. Was hatte Jesus zu tun! Für sein Werk der Erlösung hatte er kaum mehr als drei Jahre Zeit. Da durfte keine Stunde vertan werden. Aber Jesus kennt keine Eile. Menschen drängen ihn, sogar seine Mutter, aber er läßt sich nicht bestimmen. Er richtet sich gewissermaßen nach der Uhr seines Vater. Er wartet auf das »Ja«, das der Vater zu der Stunde sagt, die er seiner Macht vorbehalten hat. Ist die Stunde da, dann handelt Jesus. Dann leuchtet durch sein Wort und Tun die Ewigkeit des Vaters hinein in die Zeit.

Himmlischer Vater, Herr der Ewigkeit, du hast uns in die Zeit hineingestellt, damit wir in ihr deine Ewigkeit fassen. Gib uns Stille und Muße unter deinem Wort, damit wir erkennen, wo und wie du uns begegnest, damit wir die Stunden unseres Lebens nach deinem Willen nützen und die Taten tun können, durch die du deinen Namen in der Welt verherrlichst. Amen.

»Ich habe euch erwählt und gesetzt, daß ihr hingehet und Frucht bringet und eure Frucht bleibe.«

Johannes 15, 16

Schon längst haben die Eltern aus der Unsicherheit des Lebens die Folgerungen gezogen und versuchen, ihren Kindern eine Ausbildung zu geben, die ihnen den Aufbau ihres Lebens ermöglicht. Eine gute Berufsausbildung erscheint ihnen als beste Sicherung. Das ist nur bedingt richtig. Es kommt darauf an, was der junge Mensch mit dem, was er gelernt hat, macht und in wessen Dienst er sich stellt. Er kann seine Gaben und seine Bildung zum Guten und zum Bösen verwenden. Was aber ist gut? Was böse? Für uns ist das, was der Heiland sagt, der Maßstab. Was in seinen Augen böse ist, ist böse; was er als gut befindet, ist gut. Das gilt es zu lernen. Das muß mit dem Herzen gelernt werden.
Was Ergebnis des Lebens ist, nennt Jesus: Frucht. Was bei einem Leben in seinem Namen und unter seinem Geist als Frucht wächst, ist Barmherzigkeit, Güte, Freundlichkeit, Nächstenliebe und Verständnis für den anderen Menschen. Frucht ist, wenn ein Christ ein Mensch nach dem Bilde Christi, ein Mensch Gottes wird. Das hat Gott mit jedem vor.
Oft wissen alte Menschen mehr davon als junge. Jesus will aber auch die jungen Menschen. Gemeinsam sollen sie ihre Freude daran haben, daß Gottes Wort Frucht bringt. Denn solche Frucht bleibt.

Hilf du selbst uns, du unser Heiland, daß wir gute Frucht bringen. Unsere Kraft reicht nicht aus. Schaffe du aus Gnaden, daß wir in unserem Leben das werden, wozu du uns bestimmt hast. Amen.

Da brachten sie zu ihm einen Gichtbrüchigen, der lag auf einem Bette. Matthäus 9, 2

Gott will, daß allen geholfen werde. Gerade die auf die Betreuung und Pflege anderer angewiesen sind, die gehören dazu. Sie sind sogar an erster Stelle gemeint, weil Gott sich zu allererst der Erbarmungswürdigsten annimmt. Diese Hilfe haben darum alle, die mit Ernst Christen sein wollen, zu leisten. Sie wissen davon, daß bei Jesus Hilfe ist, denn sie selbst leben alle Tage von der Hilfe und Kraft Christi. Sie haben also den Dienst zu tun, den die unbekannt gebliebenen Männer dem Gichtbrüchigen erwiesen haben. Da ist zunächst die Fürbitte. Dann ist der Kranke zu besuchen, und zwar in Jesu Auftrag und zugleich in dem Wissen, daß Jesus als unsichtbarer Helfer und Heiland mit am Krankenbett stehen will.

Wieviel im Leben aufzuräumen ist und in Ordnung gebracht werden muß, wird oft erst deutlich, wenn die Menschen Zeit haben nachzudenken, also im Alter und in Tagen der Krankheit. Das sind die von Gott selber vorbereiteten Gelegenheiten, mit ihnen von Jesus zu reden. Das Gebet ist die rechte Vorbereitung für solch ein Gespräch, bei dem dann nicht von den Tagesereignissen gesprochen wird, sondern vom Zustand des Herzens. Für ein beladenes Herz weiß nur Jesus die rechte Hilfe.

Dir sei Dank, Herr Jesus, daß du besser weißt, wo unsere wirkliche Not ist, als wir selber, und daß du uns auch wirklich hilfst. Laß uns dessen immer gewisser werden, daß es keine Not gibt, die du nicht wenden, und keine Schuld, die du nicht vergeben kannst, wenn wir sie bereuen und dich darum bitten. Amen.

Und sie sprachen zu ihm: Siehe, du bist alt geworden... 1. Samuel 8, 5

Überall preisen die Anzeigen der Zeitungen Mittel an, die das Altern aufhalten sollen. Das ist ein Zeichen dafür, wie die Menschen sich vor dem Altwerden fürchten. Wie begreiflich ist das. Aber gegen das Altern gibt es keine wirksame Hilfe; es gehört zum Menschen dazu. Keiner kann es verhindern.
Vor Gott ist jeder Mensch etwas Besonderes und einmalig. Keiner ist wie der andere. Gott plant den einzelnen Menschen ein in den Bau seines Reiches. Da ist ihm jeder recht und lieb und unersetzlich.
Jesus hat uns das ausdrücklich gesagt. Wer nicht an Gott glaubt, der macht sich selbst für Gott überflüssig, der wird auch die Folgen spüren, besonders im Alter, weil er nicht weiß, wozu er da ist und was er noch soll. Wie oft geben die Menschen das einem Alten zu verstehen, und wie leidet der darunter.
Gott aber will auch den alten Menschen, sein Herz und seinen Glauben. Wer das festhält, den hält Gott. Der weiß nämlich, daß das Alter die letzte Station vor der Vollkommenheit und der Verwandlung zu einem neuen Leben bei Gott ist. Er hat eine Zukunft, die besser ist als alles, was er in diesem Leben erlebt hat. Das ist Grund zum Freuen, und Anlaß zum Danken. Er wird seine Hände dafür falten, daß andere auch zu diesem frohen Glauben kommen.

Lieber himmlischer Vater, ich bin nun alt und grau geworden, und doch hänge ich am Leben. Leite du mich. Hilf mir glauben, daß du um des Heilands willen meinen letzten Tag den seligsten werden lässest. Amen.

Wir liegen vor dir mit unserm Gebet und vertrauen nicht auf unsre Gerechtigkeit, sondern auf deine große Barmherzigkeit. Daniel 9, 18

Daniel betet: »Wir liegen vor dir mit unserm Gebet.« Darin kommt zum Ausdruck, wie unwürdig der Beter und wie gütig Gott ist, daß der Mensch kommen und beten darf. Wie oft wird das übersehen. Wir vergessen, daß wir immer wieder das Gegenteil von dem tun, was Gott von uns will. Wären wir mit einem Menschen so umgegangen wie mit Gott, wir würden es nicht wagen, ihn anzusprechen oder gar um etwas zu bitten. Wie großmütig und barmherzig ist Gott!
Aber diese Barmherzigkeit ist nicht selbstverständlich, wenn auch viele meinen: Gott muß verzeihen, das ist sein Handwerk. Er ist es von sich aus, weil er es so will. Und daß er es so will, hat er uns in Jesus Christus kundgetan. Weil Jesus weiß, wie sein Vater ist, und daß er Beter haben will, darum rät er uns zu beten: »Unser Vater.« Weil er durchschaut, was uns am Gespräch mit Gott hindern könnte, darum rät er, daß wir den Vater in seinem Namen bitten. Darum sprechen wir mit Daniel: »Wir liegen vor dir mit unserm Gebet und vertrauen nicht auf unsre Gerechtigkeit, sondern auf deine große Barmherzigkeit.«
Gott ist immer noch der, der aufrichtet, die ein zerschlagenes Gemüt haben. Nur daraufhin können wir zu beten wagen, nur um Christi willen auf Erhörung rechnen.

Vater im Himmel, wir wissen, daß deine Gnade unverdient und teuer ist. Sie hat dich den Sohn gekostet. Gerade darum bist du gnädig dem, der dich im Namen deines Sohnes bittet. Dafür danken wir dir. Amen.

Singet dem Herrn ein neues Lied; denn er tut Wunder. Psalm 98,1

Ein neues Lied! Keine besonders schöne oder kunstvoll geschulte Stimme ist dazu notwendig. Selbst wenn es nur die zitternde, fast verlöschende Stimme eines Sterbenden wäre, so kann sie doch dieses neue Lied singen.

»Ein neues Lied« ist es, weil es nicht aus dieser Welt stammt. Es besingt nicht die Größe oder die Taten der Menschen. Es singt von der Güte und Barmherzigkeit Gottes. Es ist immer das eine Lied, das Gott zur Ehre gesungen wird. Es stammt aus der oberen Welt. Darum können es einerseits alle und andererseits nur die singen, die Gott, unseren Vater, kennen und liebhaben und sich immer in seiner Hand wissen. Sie können es auch im Leid und unter Tränen, in der Knechtschaft und in Gefängnissen singen.

Das neue Lied quillt aus einem Herzen, das voller Freude und Dank ist über das Tun und Wirken Gottes. Kein Wunder, daß seit den Lobgesängen der Engel über Bethlehem der Lobgesang nicht mehr aufgehört hat, daß er sich nun in der Kirche der Jahrhunderte fortpflanzt von einer Gemeinde zur anderen, bis einmal im neuen Lied der Vollendeten, am Ende der Tage, seine ganze Fülle und Harmonie erklingt.

Wollen wir nun immer noch klagen und jammern, uns sorgen und grämen? Laßt uns doch an jedem Tage ein Klagelied weniger und dafür dem Herrn ein Loblied mehr singen!

Vergib, Herr, daß wir so viele Klagelieder singen. Tue uns die Augen und das Herz auf, daß wir deine Wunder sehen, damit wir einstimmen können in das Loblied, das alle deine Engel dir zur Ehre von Ewigkeit her singen. Amen.

Um den Abend wird es licht sein. Sacharja 14, 7

An einen schönen Sommer- oder Herbstabend ist hier nicht gedacht; auch nicht an den Lebensabend. Der kommt, ob ein Mensch will oder nicht, und manchmal viel schneller, als einer denkt. Es ist darum gut, jeden Tag so abzuschließen als sei es der letzte.
Der Prophet meint hier den Weltenabend. Dieser Abend kommt auf uns zu, auf alle Welt, die Lebenden und die Toten. Es ist der Abend, der schon das Licht der Herrlichkeit in seinem Schoße birgt. In den Augen mancher Sterbenden leuchtet dies Licht. Was diese Sterbenden schauen, ist schon der Widerschein dessen, was kommt, oder sagen wir besser: ein Glanz von dem, der kommt, der wiederkommt, um sein Reich aufzurichten.
So hängt dieser letzte Weltenabend nun doch mit unserem Lebensabend zusammen. Dieser Abend hat auch seine Schattenseiten und seine Dunkelheiten. Da stürmt das ganze vergangene Leben, das Wissen um alle seine Verkehrtheiten und Sünden auf den Menschen ein. Hinzu kommt das Gefühl, überflüssig zu sein. Aber für Gott hat auch der alte Mensch seinen Wert. Ja, er ist Gott so viel wert, wie es ihm sein eigener Sohn war. Jesus ist auch der Heiland der Alten. Er kommt am Weltenabend, um die Herrlichkeit allen zu geben, die seinen Namen anrufen und bei ihm bleiben.

Viele Abende hast du uns erleben lassen, du Herr unseres Lebens, und mancher war sehr dunkel, weil wir dein Licht nicht suchten. Sei uns gnädig und laß uns dein Licht leuchten, damit wir nach Hause finden, heim, zu dir, ins ewige Licht. Amen.

Die aber treulich handeln, gefallen dem Herrn.

Sprüche 12, 22

Für Christen ist Arbeit Dienst, Dienst am andern, Dienst in der Gemeinde und Dienst für die Welt. Weil Arbeit Dienst ist, hat sie ihre Ehre von Gott.

Es wird viel darüber geredet, ob denn ein Arbeiter oder eine Arbeiterin am Fließband überhaupt noch begreifen könne, daß auch solche Arbeit ein Dienst ist. Sie ist es, weil sie ja Dienst für den andern Menschen ist. Aber wer überlegt das? Wir sollten es jedenfalls tun, weil wir damit auch durch unsere Arbeit eine Verbindung zum andern Menschen finden. Wer das bedenkt, der wird seine Arbeit so gut machen wie irgend möglich.

Jede Arbeit, auch die anscheinend geringste, verdient, gut gemacht zu werden. Das meint dieses Wort aus den Sprüchen: »treulich handeln«. Die Arbeit muß auch vor dem unbestechlichen Auge Gottes bestehen können. Wer seine Arbeit so ansieht, der liefert keinen »Ausschuß«. Wer vor Gottes Augen bestehen möchte, der tut, was er kann, damit seine Arbeit recht geschieht. Wenn sie als Dienst für Gott und die Menschen angesehen wird, wird sie Freude. Da ist sie nicht nur Mittel zum Zweck, damit man sich in der Freizeit etwas Ordentliches leisten kann, sondern da trägt die Arbeit ihren Wert in sich, Gott zum Wohlgefallen und den Menschen zur Freude.

Lieber Vater, wir dürfen mit unserer Arbeit dir und unseren Mitmenschen dienen und etwas zu deiner Ehre schaffen. Gib uns darum, daß wir alle unsere Arbeit mit Freuden tun und gern dienen, wie dein lieber Sohn es uns vorgelebt hat. Amen.

Das ängstliche Harren der Kreatur wartet, daß Gottes Kinder offenbar werden. Römer 8, 19

Ein Vertrauensakt Gottes gab dem Menschen die Herrschaft über alle Kreatur. Damit wird dem Menschen, dem Ebenbild Gottes, eine Herrenstellung in Gottes Schöpfung angewiesen. Als Zeichen dieser Herrschaft hat er jedem Geschöpf einen Namen gegeben. Von da an teilen alle Geschöpfe ihr Los mit dem Menschen. Seine Vertreibung aus dem Paradies wird auch die ihre. Die Sintflut über die Menschheit wird zugleich eine über die Tierwelt. Noahs Errettung wird zugleich die Errettung von je einem Paar aus der Tierwelt. Gericht und Gnade an der Menschheit ist auch Gericht und Gnade an allem Getier. Was für ein Leiden hat der Mensch durch seinen Abfall von Gott über die Schöpfung gebracht, von der Gott einmal hat sagen können: es war alles sehr gut. Nun ist sie schuldlos mit unter die Schuld des Menschen geraten. Sie seufzt darunter, aber sie kann sich nicht wehren. Sie leidet – und sie leidet am meisten am Menschen.
Wann hat dies Leiden sein Ende? Es hört nicht auf in dieser Welt, ebensowenig wie Leid, Sünde und Tod aufhören. Es hört erst auf, wenn der Herr wiederkommt, um sein Reich aufzurichten. Die ganze Schöpfung wird daran teilhaben! Mit dem Leid der Tierwelt wird es dann ebenso zu Ende sein wie mit dem Leid des Menschen, und Gott wird sein alles in allen.

Du Schöpfer aller Dinge, ewiger Vater. Vergib uns, daß wir aus deiner wunderbaren Schöpfung einen Schauplatz des Leides und des Leidens gemacht haben. Wir können ihr und sie kann uns nicht helfen. Aber du hast uns in Jesus Christus alle Hilfe zuteil werden lassen. Laß sie uns mit allem Geschaffenen in deiner neuen Schöpfung erfahren. Amen.

Alle Dinge sind möglich dem, der da glaubt.

Markus 9, 23

Nicht nur der Glaube, auch der Unglaube, die entschiedene Absage an Gott, ist eine Macht. Unter dieser Macht ist noch kein Mensch seines Lebens froh geworden. Wo Gottes Macht sichtbar wird, da ist es wie Sonnenaufgang nach fürchterlicher Nacht, da überkommt Freude alle, die das Licht lieben. Wer aber die Finsternis liebt, der wird vor dem Licht fliehen, vor Jesus, der das Licht der Welt ist. Er wird ihn ebenso ablehnen, wie die Einwohner der Vaterstadt Jesu. Von ihnen berichtet der Evangelist Markus: Jesus wunderte sich über ihren Unglauben. Um ihres Unglaubens willen konnte er dort nicht eine einzige Tat tun, außer daß er einigen Siechen die Hände auflegte und sie heilte. Da wird deutlich, daß der Heiland seine Taten nicht tut, um Glauben zu wecken, sondern daß er da, wo man ihm vertraut, sehen läßt, daß man ihm nicht vergeblich vertraut und geglaubt hat.
Laut und leise machen viele den Gemeinden den Vorwurf: da geschieht nichts mehr, es geht keine Kraft mehr von ihnen aus. Liegt es daran, daß unser Glaube in Wirklichkeit keiner mehr ist und darum keine Macht mehr hat? Rechnen wir doch mit Jesus, wie andere mit Zahlen rechnen! Dann gibt es kein »unmöglich« mehr. »Alle Dinge sind möglich dem, der da glaubt.« Es ist ganz gewiß, Jesus hat es gesagt.

Herr Christ, wir müssen dir bekennen, daß unser Glaube klein ist und wir oftmals gar nicht mehr damit rechnen, daß du uns hören und erhören willst. Laß uns erfahren, daß du gewiß und wahrhaftig der Heiland bist. Hilf uns los von unserm Unglauben. Amen.

Geben ist seliger als nehmen. Apostelgeschichte 20,35

Nach diesem Wort ist Gott der Seligste, denn er gibt immer. Er gibt auch immer das Beste. Er gibt in seinem Sohn sich selbst, seine himmlische Herrlichkeit und sein Leben. Wenn Menschen anfangen, Christen zu werden, dann erfaßt sie der Geist des Gebens. Sie geben weiter, was sie selbst empfangen haben – Gnade. Damit treten sie in Jesu Fußtapfen. Sie verkündigen das Wort und tun gute Werke. Beides gehört zusammen.

Jesus wußte sich gesandt, die Herrlichkeit und die Barmherzigkeit Gottes in die Welt zu bringen. Weil Christen seinen Namen tragen, haben sie den gleichen Auftrag. Es steht ihnen nicht mehr frei, ihn abzulehnen. Wer ihn ablehnt, macht die Welt arm, weil er sie vom Reichtum Gottes abschließt. Wer ihn erfüllt, leitet die Herrlichkeit und die Barmherzigkeit Gottes hinein in die Welt. Um sie zu heilen, ist Jesus gekommen. Um das gleiche zu tun, ist seine Gemeinde da. Seien wir uns darüber klar, daß die Welt, so selbstsicher und selbstbewußt sie sich auch gibt, sich im Grunde nach dieser Herrlichkeit und Barmherzigkeit Gottes sehnt. Aus sich selbst kann sie die nicht nehmen. Sie muß ihr geschenkt werden. Und die Gemeinde muß ihr mit Wort und Tat sagen, daß sie beides von Gott haben kann.

Du Geber aller guten Gaben gibst das Beste, deine Herrlichkeit, deinen Sohn und deinen guten Geist aus lauter Güte. Hab' Dank und hilf uns dazu, daß wir alles weitergeben, was du uns gibst, daß wir uns täglich von neuem darüber freuen, wieviel mehr wir immer von dir bekommen, als wir weitergeben können. Amen.

... der deinen Mund fröhlich macht, und du wieder jung wirst wie ein Adler. Psalm 103, 5

Fröhlich kann der Mund nur sein, wenn das Herz fröhlich ist; wes das Herz voll ist, des geht der Mund über. Und sein Herz kann der Mensch nicht selber sättigen. Hier wirkt Gott. Er sättigt die Seele mit Gutem, so heißt es wörtlich. Da geht es um den inwendigen Menschen, der so leicht vernachlässigt wird. Da geht es um die Vergebung der Schuld, um die Heimkehr zu Gott, um neue Kraft zum Leben und um gewisse Hoffnung für die Zukunft. Das alles läßt Gott am Menschen geschehen, und erst da, wo das geschehen ist, wird die Seele satt. Wenn das geschehen ist, wird der Mensch von Herzen froh. Weil er weiß, von wem es geschehen ist, wird er Gott dankbar. Da ist Dank und Freude darüber, daß Gott gütig und barmherzig ist.
Da lebt es sich dann anders, als wenn jeder neue Tag dem Herzen die Last des vorhergehenden und vieler vorhergehenden aufladt. Wie können Sorgen einen Menschen alt machen, Gewissensbisse ihm die Luft zum Leben nehmen und innere Friedlosigkeit ihm jeden Tag vergällen – bis zum Krankwerden! Das ist zu Ende, wenn Gott die Seele sättigt. Wie der Adler majestätisch und kraftvoll über der Erde schwebt, so meistert der das Leben, dem Gott das Herz froh gemacht hat.

Vater, du willst nicht unser Verderben und nicht unsere Traurigkeit. Du hast uns in deinem lieben Sohn die Vergebung der Sünde und Hilfe in allen Dingen zugesagt und hast sie uns immer wieder von neuem erfahren lassen. Laß uns an keinem Tage das Danken vergessen, damit alle Freude in unser Herz komme, die du uns zugedacht hast. Amen.

Wenn ihr doch heute auf seine Stimme hören wolltet: Verstocket euer Herz nicht. Psalm 95, 7.8

»Heute« bedeutet: an diesem Tage, in dieser Stunde, in diesem Augenblick. Genau genommen besteht das Leben tatsächlich aus lauter Augenblicken, die zu Stunden, Tagen und Jahren werden. Aber die Lebensentscheidungen fallen immer in einem Augenblick. Merkwürdig, daß solch eine kurze Zeit wie ein Augenblick solch Gewicht haben kann. Aber tatsächlich verfügen wir immer nur über den gegenwärtigen Augenblick. Den vorigen können wir nicht zurück- und den künftigen nicht einholen. Sage nur keiner, daß die Menschen das nicht wüßten. Den Augenblick müssen wir festhalten, aber dabei immer wissen, daß wir in jedem Augenblick von Gott angerufen sind. Wir fällen in jedem Augenblick Entscheidungen, und jede ist entweder für oder gegen Gott.
Nun sind wir so veranlagt, daß wir unsere Entscheidungen nach unseren Erfahrungen und unserem Willen treffen, wie es uns paßt. Oft wird gar nicht gefragt, was Gott denn nun zu unseren Entscheidungen sagt. Seine Stimme und sein Anruf wird überhört, und dann stellt sich hinterher heraus, daß die Entscheidung des Augenblicks falsch war, weil sie ohne Gott getroffen wurde.
Jeder Tag ist Gottes Heute. Er weiß Mittel und Wege genug, um den Menschen anzusprechen. Ob wir aber darauf achten und seine Stimme hören?

Herr, wir danken dir, daß du uns in dein Leben rufst. Schenke uns Tag um Tag ein hörendes und gehorsames Herz, daß wir dir fest und gern nachfolgen, auch heute. Amen.

Da sie sich für weise hielten, sind sie zu Narren geworden. Römer 1, 22

In diesen Wochen tobt der Karneval wieder durchs Land. Wenn seine »Tollität« gewählt ist, dann kann die »Narrenfreiheit« beginnen und mit ihr das ganze Aufgebot der »Narrenfreuden«. Jährlich sind es Millionen, die sich für weise und klug halten, wenn sie von diesen Freuden so viel mitnehmen, wie sie nur können. Aber das ist keine Weisheit! Das ist Narrentum im höchsten Grade.
Schuld daran, daß so viele diese falsche Freude suchen, ist auch die Christenheit. Sie müßte vorleben, daß »christlich leben« eine Freude in sich trägt, die andere ansteckt. Ist das nicht der Fall, dann ist im christlichen Leben etwas nicht in Ordnung, dann ist es in der Buße steckengeblieben und nicht zu der Freude durchgedrungen, die aus der empfangenen Vergebung kommt. Echte Freude hat es mit Gott zu tun. Sie ist Freude darüber, daß Gott sich zum Menschen beugt und keinen alleinläßt, daß er Kraft gibt, zum Bösen »nein« zu sagen.
Kein Ding, keine Macht der Welt kann die Freude geben, die aus der Verbindung mit Gott kommt. Wer die hat, dem ist es immer, als wäre er aus der Fremde nach Hause gekommen. Ihm fehlt in der Welt nichts mehr als das eine, daß er Gott von Angesicht zu Angesicht schauen darf, der ihn aus lauter Barmherzigkeit in die Freude gebracht hat.

Dir sei Lob und Dank, lieber himmlischer Vater. Du zeigst uns in Jesus Christus die Freude, die aus deiner Welt stammt. Du willst mit ihr unser Leben erfüllen. Schaffe, daß wir uns damit füllen lassen und dir glauben, daß nur die Buße und die Hinwendung zu dir die Freude bringt, die bleibt. Amen.

Da erhob sich ein großes Ungestüm im Meer, so daß auch das Schiff mit Wellen bedeckt ward. Und er schlief. Matthäus 8, 24

Mitten im Sturm auf dem See Genezareth wird offenbar, was Jesus für ein Herr und wessen Sohn er ist. Sein Weg steht in Gottes Händen, über seinem Leben wacht der Vater. Mehr noch: Der Vater stellt dem Sohn sogar seine Macht zur Verfügung. Der Sohn soll es wissen, und alle sollen es sehen, daß des Menschen Sohn stärker ist als die Elemente.

»Was ist das für ein Mensch?«, fragen die Zuschauer, die die Stillung des Sturmes erleben. Gewiß, Jesus ist ein Mensch, ein richtiger Mensch, der sich müde von der Tagesarbeit in das Schiff zurückgezogen hat, um zu schlafen. Und er schläft im Frieden. Er weiß sich in Gottes Hut und kennt keine Furcht – auch dann nicht, als er von seinen Jüngern geweckt wird, weil sie um ihr Leben bangen: »Herr, hilf uns, wir verderben!« Es muß auch schlimm gewesen sein auf dem Wasser. Sie waren Fischer und kannten ihren See; aber diesmal waren sie mit ihrer Kunst am Ende. Für Jesus aber ist nie etwas zu Ende. Die Jünger erleben seine Hilfe: Er spricht zum Meer und zum Sturm, und sie gehorchen ihm. So werden die Jünger mit Jesu Macht bekanntgemacht. Sie ist Macht vom Vater. Von der leben auch wir. Sie kommt immer noch durch den Sohn zu uns. Er will die Furcht nehmen und zeigen, was für ein Herr er ist.

Herr Christ, erinnere uns daran, daß dir alle Gewalt gegeben ist im Himmel und auf Erden, damit wir uns vor niemandem und vor nichts fürchten. Wir danken dir, daß wir bei dir geborgen sind in Zeit und Ewigkeit. Amen.

Was stehet ihr hier den ganzen Tag müßig? Sie sprachen zu ihm: Es hat uns niemand gedingt.

Matthäus 20, 6.7

In dem Gleichnis von den Arbeitern im Weinberg, die trotz verschiedener Arbeitsleistung alle den gleichen Lohn bekommen, macht Jesus klar, wie gütig Gott ist. Was hätten die Letzten mit einem Viertel oder gar einem Zehntel eines Groschens als Tagelohn anfangen sollen? Davon konnten sie mit ihren Familien nicht leben. Gerade das sollten sie aber! Gott will, daß wir leben! Darum bekommen die Letzten soviel wie die Ersten – aus lauter Güte. So gütig wie der Verwalter im Gleichnis, so gütig ist Gott.
Um die elfte Stunde ist der Arbeitstag fast herum. Da haben nicht mehr die Starken, Leistungsfähigen und Tüchtigen am Markt gestanden; vielmehr die, die keiner mehr haben wollte: zu alt, zu schwach, körperlich oder geistig behindert oder gar vorbestraft, schlechte Papiere und dergleichen. Sie wurden nicht verschmäht. So gütig ist der Weingärtner: er hat Arbeit für alle am rechten Platz.
Das ist ermutigend! Lasse sich nur jeder in den Dienst für Gottes Sache stellen. Nicht jeder hat eine große Kraft; erst recht kann nicht jeder alles. Aber hier ist nach der Willigkeit, nach der Bereitschaft und der Hingabe gefragt. Wenn die da sind, kann auch eine kleine Kraft Großes ausrichten.

Dir sei Dank, du Herr der Welt und deiner Gemeinde, daß du jedem eine Aufgabe und die Gabe gibst, deine Aufgaben zu erfüllen. Mache uns die Augen auf, damit wir sie sehen. Öffne uns das Ohr, damit wir deinen Ruf hören. Vor allem aber gib uns ein williges Herz, daß wir gern und freudig alle Arbeit anpacken, die du uns zu tun gibst. Amen.

»Laß dir an meiner Gnade genügen; denn meine Kraft ist in den Schwachen mächtig.« 2. Korinther 12, 9

Versteckte Eitelkeit ist es, wenn einer so tut, als könnte er nicht viel und dann – ans Werk gestellt – Großes leistet. Solche Eitelkeit war dem Apostel Paulus fremd. Er war wirklich krank. Daß er trotzdem mehr als andere geleistet hat, das hat er nicht als Verdienst, sondern als besondere Gnade angesehen. Wir wissen nicht, wie oft der verständliche Wunsch so vieler Behinderter auch ihm zu schaffen gemacht hat: »Wenn ich doch gesund wäre!« Wie wird er um Heilung gebetet haben. Er hat eine Antwort bekommen, die jeder Beter sich ins Herz schreiben sollte: »Laß dir an meiner Gnade genügen.« Gott hat ihn anders erhört, als Paulus dachte. Den »Pfahl im Fleisch« mußte er behalten, aber in all seiner Schwachheit sollte die Kraft Christi ihn stärken. So hat ihn der Herr vor Eitelkeit und Stolz bewahrt und ihn in der Demut erhalten.
Daß der frühere Verfolger der Gemeinde ein Apostel geworden war, daß durch seine Verkündigung Menschen für Christus gewonnen wurden, daß er ein um das andere Mal das direkte Eingreifen seines Herrn erlebte, war Gnade. Paulus hat es erkannt und seine Schwachheit als unabdingbare Voraussetzung für seine Wirksamkeit getragen. In der Schwachheit des Paulus offenbarte der Herr seine Kraft. Paulus hat sich die Seelsorge seines Herrn gefallen lassen und zu seinem Wege mit ihm »Ja« gesagt.

Du, Herr, fragst nicht danach, was wir waren und was wir sind. Du willst dich auch an uns und in unsern Schwachheiten und Gebrechen verherrlichen, damit nicht unser, sondern dein Name zu Ehren komme. Dir allein sei die Kraft und Herrlichkeit. Amen.

Was kein Auge gesehen hat und kein Ohr gehört hat und in keines Menschen Herz gekommen ist, was Gott bereitet hat denen, die ihn lieben.

1. Korinther 2, 9

»Ich komme, weiß nicht woher; ich gehe, weiß nicht wohin, mich wundert's, daß ich fröhlich bin.« Ob der wohl wirklich fröhlich war, der das geschrieben hat? Kann man fröhlich sein, wenn man nicht weiß, wo der Weg hingeht? Wie fragwürdig ist dann das Leben, wie fragwürdig wird der Mensch sich selbst. Was soll das Leben? Was hätte alles für einen Sinn? Wäre es dann nicht doch richtig, auch zu sagen: »Laßt uns essen und trinken und fröhlich sein, denn morgen sind wir tot!«? Ist dieser Grundsatz nicht weithin die letzte Weisheit der Menschen, auch der klügsten?
Wer wollte leugnen, daß solche Lebensauffassung durch alle Schichten der Völker geht? Wer wollte leugnen, daß daher auch alles Elend der Welt kommt? Alle Klugheit der Menschen hat dies Elend nicht beseitigen können. Im Gegenteil! Der Mensch ist nur elender geworden. Der Sprung ins Nichts ist oft genug der letzte Ausweg, und er ist doch keiner! Dahin kommt eine Welt, die kein Auge hat für Gottes Tun, kein Ohr für sein Wort, die ihr Herz ihm verschließt.
Wir aber haben seine Herrlichkeit gesehen, sein gesundmachendes Wort gehört und ihm unser Herz gegeben. Er wird uns teilhaben lassen an seinem ewigen Reich.

Du weißt, Vater, wie wir an uns selber und an der Welt herumrätseln und nicht zum Ziele kommen. Mach uns dessen gewiß, daß unsere Hingabe an Jesus uns alle Rätsel löst. Amen.

Christus ist gekommen und hat eine ewige Erlösung erworben. Hebräer 9, 11.12

Was ist dem Menschen noch unmöglich? Es scheint Wahrheit geworden zu sein: Der Mensch ist Herr über alles. Wird er aber durch auch nur eine Erfindung besser und freier? Und wenn er das ganze All erobert – was er hier ist, nimmt er überall mit hin. Auf neu besiedelten Sternen fängt keine neue Menschheit an. Den neuen Menschen hat noch keiner erfunden.
Die Geschichte des neuen Menschen hat aber angefangen – in einer von heute aus gesehen unvorstellbar primitiven Welt. Jesus ist gekommen, der neue Mensch von Gott gesandt. Er hat, so übersetzt Luther, »eine ewige Erlösung erworben«. Sagen wir ruhig, »erfunden«, kein Mensch hat sie erdacht. Sie ist das Größte, das Kostbarste, das Wichtigste und das Unentbehrlichste für den Menschen. Was sie zustande bringt, ist am Leben des Erlösers abzulesen. Wie er ist, sollen die erlösten Menschen werden. Sie sind sein Werk. Kein Mensch kann es nachmachen. Aber die sich zu Jesus halten, wissen, daß er es macht. Sie freuen sich, daß es an ihnen geschehen ist.
Wir tun recht daran, die Jahre von Jesu Geburt an zu zählen. Jede Jahreszahl ist ein Denkmal für ihn und jedes Kreuz seine Zusage, daß der alte Mensch von sich selber erlöst werden und als ein neuer auferstehen kann.

Dir sei Lob und Dank, Vater im Himmel! Du hast den neuen Menschen in diese heillose Welt gesandt, deinen Sohn Jesus. Du willst uns durch ihn zu neuen Menschen machen, frei vom Bösen, frei von uns selber, frei für dich. Laß es an uns geschehen zu deiner Ehre. Amen.

»Mein Vater wirket bis auf diesen Tag, und ich wirke auch.« Johannes 5, 17

Soeben hat Jesus den Kranken am Teiche Bethesda geheilt. Die Juden müßten mit dem Geheilten zusammen Gott dafür loben; statt dessen klagen sie Jesus an, er hätte mit dieser Heilung den Sabbat entheiligt. Ein Vorwand! Jesus antwortet: »Mein Vater wirket bis auf diesen Tag, und ich wirke auch.«
Wir bekommen durch diese Worte einen Einblick in die engen Lebensbeziehungen zwischen Jesus und Gott. Jesus ist anders als die Juden – ein *rechter* Sohn. Darum gibt ihm der Vater Vollmacht. Jesus tut alles im Geist und aus dem Geist seines Vaters. Eben das tun die Juden, die sich an Jesus ärgern, nicht. Sie sind keine rechten Söhne. Gott hatte ihnen zwar in seinem Gesetz alles gesagt, was sie tun müßten, um »das Leben« zu haben, aber sie waren ihm nicht gehorsam! An ihnen konnte Gott sich nicht verherrlichen. Sie hatten sich selbst um die Gaben gebracht, die ihnen Gott zugedacht hatte und die sie an Jesus aufleuchten sahen. Sie erkannten nicht, daß Gott selber am Werk war, ihnen eben durch diesen Jesus die Erlösung zu bringen, nach der sie sich durch Jahrhunderte gesehnt hatten.
Erkennen wir, daß Gott heute noch an dem gleichen Werk ist? Jesus will es an uns vollbringen.

Du wirkest eine ewige Erlösung für uns, du treuer Gott. Du hast sie mit deinem lieben Sohn begonnen und vollendet. Laß dir von Herzen danken und gib, daß wir ihrer alle Tage von neuem froh werden. Amen.

»Wer mir will nachfolgen, der verleugne sich selbst und nehme sein Kreuz auf sich und folge mir nach.«

Markus 8, 34

»Wenn mir jemand nachfolgen will«, heißt es wörtlich im Urtext. »Wenn«, das sind nur vier Buchstaben, im Urtext sogar nur zwei. An diesem kleinen Wort »wenn« aber scheiden sich die Geister, da teilt sich die Menschheit für Zeit und Ewigkeit.
Die eine Gruppe erwählt sich aus ihrer Mitte Menschen als Führer. An der Spitze der andern Gruppe geht Jesus. Gleich hinter ihm der Schächer am Kreuz. Stört dich das? Mit einem wirklichen Verbrecher in Reih und Glied? Aber der Schächer hatte angesichts des gekreuzigten Jesus erkannt: vor Gott kann ich nicht bestehen. Darum hatte er gebeten: »Herr, gedenke an mich, wenn du in dein Reich kommst.« Damit hatte er zu sich selber »nein« und zu Jesus »ja« gesagt.
Jesus fragt: Willst du mir nachfolgen? Willst du zu mir und meinem Wort »ja« und zu dir selber »nein« sagen? Die Leute lachen über die Frommen. Aber das gehört zum Kreuz. Laß sie lachen! Denke daran, daß Jesus Spott und Hohn von denen hat erdulden müssen, die ihm nicht nachfolgen wollten. Wie sollte es uns anders gehen? Es ist das Zeichen, daß wir auf dem rechten Wege, auf dem Weg ins ewige Leben sind.

Herr, wir danken dir, daß du uns ins ewige Leben rufst. Mach aus deinem Ja zu uns unser Ja zu dir und aus unserm Nein zu dir das Nein zu uns selber, damit wir recht nachfolgen können, bis wir da hinkommen, wo du bist. Amen.

Mache dich auf, hilf uns und erlöse uns um deiner Güte willen! Psalm 44, 27

Oft scheint es so, als schlafe Gott, als hätte er seine Leute vergessen, als wollte er sie für immer in Nöten und Ängsten lassen. Tatsächlich kommen auch fromme Menschen um, und Gerechte werden dahingerafft, und die Ungläubigen lachen sich ins Fäustchen und höhnen: wo ist denn nun Gott? Haben sie nicht recht? Worauf wollen wir uns denn berufen, wenn wir das Verlangen nach Hilfe zu Gott hinausschreien? Sind wir sie denn wert? Gewiß nicht. Sind wir denn besser als die anderen? Gewiß nicht. Worauf aber? Eben nur darauf, daß Gott uns durch Jesus zugesagt hat, er wolle uns helfen. Mehr noch, er *hat* uns durch Jesus geholfen. Er *hat*, das will ins Herz genommen und wirklich und gewiß geglaubt sein. Glauben ist immer: es mit Gott wagen.
Wir glauben, Gott läßt *uns* warten, in Wirklichkeit wartet *er* darauf, daß wir auf Jesus trauen und seine Hilfe annehmen. Dann ist uns geholfen! Auch dann, wenn die äußere Lage sich nicht ändert, sogar wenn sie noch schlimmer wird. Dann wird es wahr: alle Dinge sind möglich dem, der da glaubt. Alle Dinge!

Ach Herr, wir haben verdient, daß wir in Angst und Nöten schweben, denn wir haben uns selbst hineingebracht. Dennoch flehen wir dich an, denn du hast uns geboten, dich anzurufen, und verheißen, du wollest uns erhören. So nehmen wir dich beim Wort: hilf uns um deiner Güte willen. Amen.

Setzet eure Hoffnung ganz auf die Gnade, die euch dargeboten wird in der Offenbarung Jesu Christi.

1. Petrus 1, 13

Es gibt zwei Arten von Hoffnung. Die eine ist mit dem Wort beschrieben: »Hoffen und Harren macht manchen zum Narren.« Die ist trotz der Narrheit die am weitesten verbreitete. Die andere Hoffnung beschreibt Paulus: »Hoffnung läßt nicht zuschanden werden.« Diese Hoffnung stammt nicht aus dem Herzen des Menschen. Sie hat ihren Ursprung in dem Angebot Gottes. Darum hat sie festen Grund und Bestand. Die Hand Gottes ist Jesus Christus. Seine Worte sind wie bare Münze und wollen ernst genommen sein. Gott bietet seine Gnade an, damit wir eine feste Hoffnung haben.
Stößt sich jemand an dem Wort Gnade? Etwa mit dem Gedanken: Ich bin doch kein Verbrecher, mir kann doch niemand etwas nachsagen! Stellen wir einmal die Gegenfrage: Wo ist denn unter uns Menschen der Mensch, dem keiner etwas nachsagen könnte? Den gibt es doch nicht. Wenn es den aber nicht gibt, dann ist doch tatsächlich jeder auf Gnade angewiesen. Und Gott will uns seine Gnade schenken. Daß er uns in Jesus Christus seine Hand hinhält, ist seine Gnade, sein immerwährendes Angebot, uns zu halten und hindurchzuhelfen. Jetzt kommt alles darauf an, daß wir diese hingehaltene Hand Gottes fassen und uns daran festhalten.

Du hast dich zu uns herabgeneigt, Herr Jesus, um uns in die Herrlichkeit deines Vaters zu holen. Nun setzen wir auf dich allein unsere ganze Hoffnung. Du läßt uns nicht zuschanden werden. Hab Lob und Dank dafür! Amen.

Wir haben seine Herrlichkeit selber gesehen.

2. Petrus 1,16

Petrus weiß, sein Leben geht bald zu Ende; deswegen teilt er seinen Gemeinden als letztes Vermächtnis mit, was sie um ihres Heiles willen festhalten müssen und auf keinen Fall aufgeben dürfen. Gottes Gedanken vertragen keine Änderung durch menschliche Gedanken. Als Schüler seines Meisters und vom Heiligen Geist ausgerüstet hat Petrus das gewußt. Er hat nur verkündigt, was er selber gesehen, erfahren und erlebt hat und ist auf diese Weise Zeuge Jesu geworden. So war es licht geworden in seinem Herzen, und so sollte es bei seinen Hörern auch geschehen.
Das alles hat Petrus nicht erdacht und nicht erfunden. Auf dem Berge, auf dem er zusammen mit Jakobus und Johannes die Verklärung Jesu erlebt und die unerklärbare Stimme gehört hat: »Das ist mein lieber Sohn, an dem ich Wohlgefallen habe«, ist ihm diese Herrlichkeit aufgegangen. Dort hat er einen unauslöschlichen Eindruck davon bekommen, wie Jesu Herrlichkeit aussieht und was Gott allen Anhängern Jesu zu schenken vorhat.
Darum liegt Petrus daran, daß seine Gemeinden sich diese Zusage Gottes nicht durch noch so kluge Einwände nehmen lassen. Sonst hätte ihr Leben seinen Sinn verloren; sonst wären sie von Gott getrennt und von seiner Herrlichkeit ausgeschlossen. Dann wäre Christus umsonst gekommen, umsonst gestorben und umsonst auferstanden. Darum legt Petrus, vom Geist getrieben, Zeugnis ab.

Wir sehen dein Licht hier unten nicht; doch glauben wir und bauen auf den Trost, der uns verspricht: Ihr sollt mein Antlitz schauen. Amen.

Was ist der Mensch, daß du seiner gedenkst?

Psalm 8, 5

»Du hast den Menschen wenig niedriger gemacht denn Gott, und mit Ehre und Schmuck hast du ihn gekrönt«, heißt es weiter im gleichen Psalm. Der Beter dieses Psalms hat etwas gewußt von dem Besonderen des Menschen. Von allen Geschöpfen der Erde bekommt allein der Mensch den »Atem« Gottes. Damit wird ausgedrückt, daß der Mensch zu Gott gehört. Er allein trägt etwas vom Wesen Gottes an sich als Abbild Gottes. Von keinem Tier wird gesagt, daß es mit dem Atem Gottes begabt sei. Der Mensch bleibt immer das Besondere.
Andererseits hat diese Begabung nicht verhindert, daß der Mensch unter das Tier sinken kann. Was Menschen einander antun, wie Menschen mit Menschen umgehen, mit welcher satanischen Raffiniertheit Menschen andere Menschen quälen, das tun Tiere untereinander nicht. Was an Grauenvollem über die Behandlung von Menschen zu allen Zeiten bekannt wurde, gehört zu dem Dunkelsten der Geschichte. Aber in diesem Dunkel ist ein helles Licht aufgegangen: Jesus! Es sollte nicht dunkel bleiben. Gott hat an den Menschen gedacht. Und weil seine Gedanken zugleich sein Tun einschließen, hat er Jesus gesandt. Er soll dem Menschen wieder zu der Ehre vor Gott verhelfen, die er verloren hat. Was der Mensch einmal war, soll er wieder werden. Christus soll uns dazu machen.

Dir sei Dank, Vater, du hast uns nicht vergessen. Dir sei Dank, Herr Christ, du bist zu uns gekommen, um wiederzubringen, was wir verloren haben. Mache uns zu Menschen deines Geistes. Amen.

Aus dem Herzen kommen arge Gedanken.

Matthäus 15, 19

Mit der Auswertung der wunderbaren Erfindungen unserer Tage ist dem Menschen eine ungeheure Macht zugewachsen, zugleich aber auch eine ungeheure Verantwortung übertragen. In dem Wort Ver-antwortung steckt der Tatbestand, daß der Mensch auf Gottes Frage zu antworten hat: »Was hast du mit all den Gaben, die ich dir anvertraut habe, gemacht?« Hier kommt alles auf das Wie an. Wie wird der Mensch damit umgehen? Das wird immer davon abhängen, was für ein Herz der Mensch hat.
Wer könnte auf die Feststellung Jesu: »Aus dem Herzen kommen arge Gedanken« antworten: »Bei mir ist das nicht so.« Das ist doch der Fall – leider. So stehen wir vor der entsetzlichen Möglichkeit, daß all das hervorragende Neue zum Schaden der anderen benutzt werden kann. Höchste Gefahr!
Kann sie gebannt werden? Gott sagt: »Ja.« Jesus sagt: »Ja.« Die Möglichkeit ist vorhanden. Diese Möglichkeit wird da Wirklichkeit, wo der Mensch sich unter Gott stellt. Mit seinem Ja hat Gott seinen Frieden angeboten. Es kommt alles darauf an, diesen Frieden Gottes anzunehmen und ihn im Umgang mit dem Nächsten zu bewähren.

Du bleibst, lieber Vater, der unveränderliche Gott in unserer sich ständig verändernden Welt. Dir sei Dank, daß du uns unaufhörlich zu Jesus und damit in deine Nähe ziehst und uns mit deinem Frieden erfüllst. Hilf uns, als Kinder des Friedens zu leben. Amen.

Dein Alter sei wie deine Jugend. 5. Mose 33, 25

Es finden sich nicht viele Leute, die Lust haben, ihr Leben noch einmal zu leben. Im Gegenteil erwidern viele Alte, wenn man ihnen noch recht viele Lebensjahre wünscht: »Bloß nicht!« Sie wissen um die Nöte und Beschwerden des Alters und möchten sie nicht gern verlängert haben. Aber es ist ein guter Segenswunsch: Solange du lebst, währe deine Kraft. Das meint Mose.
Gewöhnlich wird es so aufgefaßt: Die Jugend möchte am liebsten nicht altern, und die Alten möchten am liebsten wieder jung sein. Diese Wünsche sind unerfüllbar. Dennoch sagt der Segen des Mose etwas Mögliches und Erfüllbares. Er steht nur unter einer Bedingung, die unerläßlich ist und nicht übersehen werden darf. Sie lautet: deine Zuflucht ist der ewige Gott. Das gilt für das Alter ebenso wie für die Jugend. Mancher junge Mensch hatte für die Sache Gottes ein brennendes Herz; im Alter war es ausgebrannt; er hatte zuviel Not und Unrecht gesehen und hatte resigniert. Zu Unrecht! Mancher findet erst im Alter zu Gott. Dem hätte man wünschen mögen: deine Jugend sei wie dein Alter. Und mancher wünschte, es wäre so gewesen. Gott kann schenken, daß das heilige Feuer, das er im Herzen angezündet hat, und die Liebe zum Heiland nicht nur die gleichen sind wie in der Jugend, sondern noch zunehmen. Das ist dann ein gesegnetes Alter.

Du, ewiger Gott, bist immer derselbe. Laß dir von ganzem Herzen für deine Treue danken. Laß uns solche Leute werden, die dir in der Jugend und im Alter ihre Loblieder singen für alle deine Güte. Amen.

»Hebe dich weg von mir, Satan!« Da verließ ihn der Teufel. Matthäus 4,10.11

Jesus mußte leiden, weil er nach dem Willen seines Vaters lebte und ihm gehorsam war. Die ersten Menschen mußten leiden wie alle anderen nach ihnen, weil sie Gott ungehorsam waren und sind. Jesu Passion und die Passion der Menschen haben nichts miteinander gemein. Die Menschen sind selber schuld daran, daß sie leiden müssen, auch wenn sie das Leiden scheuen. Jesus ist schuldlos. Daß er das Leiden auf sich nimmt, ist sein freiwilliger Liebesdienst an der Menschheit, um ihr aus ihrem Leid herauszuhelfen und ihr zu einem neuen Leben zu verhelfen, damit sie, wie er selber, zum Bösen »Nein« sagen kann.
Der Satan weiß: Seine Existenz steht auf dem Spiel, darum versucht er Jesus. Hat er das »Ja« Jesu für seine Vorschläge, dann hat er gewonnen. Aber Jesus sagt »Nein«. Er verweigert das Brotwunder, das Schauwunder und die Übernahme der Reiche der Welt und ihrer Herrlichkeit, vor allem verweigert er dem Satan die Anbetung und den Gehorsam. Jesus bleibt Sieger in dieser Stunde der Versuchung, und dann dienen ihm die Engel.
Jesu »Nein« zum Satan steht am Beginn der Passion. Sie ist verursacht durch uns Menschen, die dem Satan ihr »Ja« sagen. Auch heute noch. Es ist die Frucht der Passion Jesu, zum Satan ein »Nein« und zu Jesus ein »Ja« sagen zu können. Dafür hat Jesus gelitten.

O klare Sonn, du schöner Stern, dich wollten wir anschauen gern. O Sonn, geh auf! Ohn' deinen Schein in Finsternis wir alle sein! Amen.

Du stellst meine Füße auf weiten Raum. Psalm 31, 9

Noch ist alles Verheißung. In der Not und Bedrängnis kann David nur hoffen. Gewiß, er hat schon viel Durchhilfe erfahren. Darum betet er auch so zuversichtlich, sicher viel zuversichtlicher als viele von uns. Aber bei ihm ist es eben nur ein Hoffen, daß er endlich aus seiner Enge in die Freiheit kommen werde. Wenn er auch als ein erfahrener Beter so betet, als habe er schon die Erhörung, so muß er doch um seine Befreiung bitten.
Dem Beter des Neuen Testaments aber hat Gott in Jesus die Freiheit geschenkt. Jesus macht frei. Vom Blindgeborenen sagt er: an ihm sollen die Werke Gottes offenbar werden. Von der Krankheit sagt er: die Krankheit ist nicht zum Tode, sondern zur Ehre Gottes, daß der Sohn Gottes dadurch geehrt werde. Von der Sünde und ihren Folgen sagt Johannes, daß Jesus erschienen sei, daß er die Sünden wegnähme. Das alte Lied singt ganz richtig: Jesus ist kommen, nun springen die Bande. Wo Jesus wirkt, ist Weg und Ausweg und weiter Raum.
Hier ist kein »Hoffen und Harren«, hier ist ein »Haben«. Gott hat uns seinen Geist gegeben und mit diesem Geist die Freiheit. Da sind wir die unfaßbar Beschenkten. Da stehen wir mit beiden Füßen fest auf der Erde und zugleich in dem weiten Raum des Reiches Gottes, und er hat uns fest an seiner Hand.

Du, unser Befreier, hast uns losgemacht aus allen Banden der Angst und der Not. Wo kein Weg war, bist du unser Weg geworden. Wo wir am Ende waren, machtest du mit uns einen neuen Anfang. Du hast uns hineingestellt in die Weite deines Wesens, das alles erfüllt. Lob sei dir, o Christe. Amen.

Bittet, so wird euch gegeben. Matthäus 7, 7

Jesus steht unter den Betern aller Zeiten an erster Stelle als Meister des Gebets, unerreicht und unerreichbar. Alles, was Jesus selbst gesagt und getan hat, ist aus seinem Gebet erwachsen. Es war sein Leben. Wenn Jesus also sagt: »Bittet, so wird euch gegeben, suchet, so werdet ihr finden, klopfet an, so wird euch aufgetan«, wenn er mit diesem unüberhörbaren und unvergeßlichen Dreiklang »Bitten, Suchen, Anklopfen« zum Beten Mut macht, dann spricht er aus seiner eigenen Erfahrung: mein Vater hört mich allezeit.

Nun könnten wir einwenden: es ist aber ein Unterschied zwischen ihm und uns. Wer sind wir, und wer ist er? Das ist richtig. Bedenken wir aber: Die Jünger und die Hörer Jesu waren auch Menschen wie wir. Wenn Jesus ihnen und uns trotzdem empfiehlt: bittet, suchet, klopfet an, dann erprobt er unsern Glauben und unsern Gehorsam. Auf uns selbst und unsere Unzulänglichkeit sollen wir gerade nicht sehen, sondern auf Jesus. Der Böse möchte uns gern daran hindern. Er weiß, daß wir aus seinem Teufelskreis ausbrechen, wenn wir Gottes Namen anrufen und im Namen Jesu beten.

Alle eigene Ohnmacht, alle Mutlosigkeit angesichts so vieler Bosheit, alle eigene Kraftlosigkeit wird überwunden, das Gebet holt die Hilfe Gottes herbei. Bei ihm ist nichts unmöglich! Jeder, der betet, soll es erfahren.

Welch ein Geschenk, du heiliger Gott! Du erlaubst uns, zu beten und mit dir zu reden wie die lieben Kinder mit ihrem lieben Vater. Habe Dank, daß du uns antwortest und uns besser erhörst, als wir bitten. Schenke uns allezeit den Mut, dir alles anzuvertrauen, damit wir, in allem von dir beraten, den Weg sicher gehen, der bel dir endet. Amen.

Der Herr, dein Gott, ist bei dir, ein starker Heiland.

Zephanja 3, 17

Die Sprechstunden der Seelsorger und der Ärzte sind voll von Menschen, die über ihre Einsamkeit klagen. Es fehlt ihnen etwas. Sie spüren es, aber sie wissen nicht was. Darum haben sie auch keine Hilfe. Und doch ist ein Helfer da! Das Wort des Propheten gilt: »Der Herr, dein Gott, ist bei dir, ein starker Heiland.« Aber nach dem fragen sie nicht, von dem erwarten sie nichts. So müssen sie denn – trotz vielleicht vieler Bekannter und Verwandter – in einer letzten Einsamkeit bleiben.
Diese Einsamkeit soll nach Gottes Willen ein Ende haben. Sie geht auch überall da zu Ende, wo das Herz sich für Christus öffnet. Den hat Gott gesandt, damit keiner mehr einsam sei. Nichts kann ihn hindern, in unser Herz einzuziehen bei jedem, der das an sich geschehen lassen will. Sie alle bindet er an seine Person und damit alle untereinander zusammen. So schafft er eine neue Gesellschaft aus Menschen mit neuen Herzen. Das Neue Testament nennt sie »Gemeinde«.
Wir wissen zwar, daß es in unsern Gemeinden noch längst nicht so ist, wie es sein sollte; auch da fühlt sich mancher einsam. Aber Christus läßt keinen allein. Er hat versprochen: »Ich bin bei euch alle Tage.« Christus kann ihn auch »Genossen des Glaubens« finden lassen.

Du läßt keinen allein, lieber Vater. Du hast es uns selbst gesagt. Gib, daß wir deiner Zusage mehr trauen als dem Gefühl der Einsamkeit, damit wir erfahren, daß du zu deinem Wort stehst und bei uns bist und uns nicht verläßt. Amen.

Wir predigen Christus als göttliche Kraft und göttliche Weisheit. 1. Korinther 1, 24

Solange diese Erde besteht, bleibt der Auftrag gültig, den der Auferstandene Paulus gegeben hat: unter allen Umständen überall zu verkündigen, daß nur einer, Christus, der Herr und der Retter der Welt ist. Das ist auch der Auftrag an die Christenheit in allen Erdteilen und der persönliche Auftrag an jeden, der sich Christ nennt. Wer sich diesem Auftrag entzieht, bringt sich selbst um die göttliche Kraft und göttliche Weisheit, die Gott ihm durch Christus zugedacht hat, und er verfehlt sein Ziel.
Wer erlebt, wie schwer die christlichen Völker sich miteinander verständigen, wie sie immer wieder Kriege gegeneinander geführt haben und noch führen und auf diese Weise das Evangelium in der Welt unglaubwürdig machen, der muß bangen. Aber der Herr Jesus hat seiner Gemeinde verheißen, daß auch die Pforten der Hölle sie nicht überwältigen werden. Nur – und das bleibt unerläßliche Voraussetzung – muß die innere Zugehörigkeit zum Herrn der Kirche fest bestehen. »Marán athá – Komm, Herr!« hat die erste Gemeinde gebetet. Das muß auch unser Gebet sein. Christus hört kein Gebet lieber als dieses und kommt, um zu erwecken, wie er selbst durch sein Wort Menschen erweckt hat. Er ist immer noch derselbe wie damals und bleibt derselbe bis in Ewigkeit.

Herr, mit meinen Brüdern fleh ich nun Tag und Nacht: Komm, o komm, laß uns erfahren deine Liebe, deine Macht. Komm, vom lauen, trägen Wesen uns allmächtig zu erlösen. Nimm hinweg, was uns beschwert und was dir den Zugang wehrt. Amen.

Alle eure Sorge werfet auf ihn, denn er sorget für euch.

1. Petrus 5, 7

Heute können wir uns kaum eine rechte Vorstellung davon machen, wie schwer es für die ersten Gemeinden war, ihrem Glauben zu leben. Wo und wie sollten sie denn zusammenkommen, wenn nicht einmal ein Raum dafür da war; wenn Sklaven, die Christen geworden waren, Tag und Nacht von ihren Herren beansprucht wurden; wenn Frauen, die Christinnen geworden waren, ihren Mann mit anderen Frauen teilen mußten und sich nicht allein aus dem Hause entfernen durften? Wie sollten sie sich bei den Götterfesten und heidnischen Feiertagen verhalten, die sie doch mit gutem Gewissen nicht mehr mitmachen konnten? Wie sollten sie sich rechtfertigen, wenn sie durch ihre Zusammenkünfte andern verdächtig schienen und man sie Übeltäter nannte? Das alles und noch vieles mehr war täglich lastende Sorge für alle, die christlich leben wollten. Aber diese Sorge darf und soll nicht sein! Petrus sagt, was man mit ihr macht: auf Gott werfen! Christus selbst sagt: Sorget nicht!
Leute, die ihre Sorgen Gott hingegeben haben und dadurch froh geworden sind, bedenken dann nur noch das Wohl und die Errettung der anderen, die in ihren Sorgen dahinkümmern. Aber auch diese Sorge bringen sie vor Gott.

Du hast uns vorgelebt, Herr Christ, wie der Mensch das Sorgen verlernt. Du hast dich ganz deinem Vater überlassen. Schenke uns den Mut, daß wir auf dein Wort hin deinem Beispiel nachfolgen. Amen.

Den Alten sage, daß sie nüchtern seien, ehrbar, besonnen, gesund im Glauben, in der Liebe, in der Geduld. Titus 2, 2

Wer Christus angenommen hat, der ist nie allein, auch nicht im Alter, weil der Herr, an den er glaubt, bei ihm ist, und zwar gerade dann, wenn er an seinen eigenen Kindern und Angehörigen Enttäuschungen erlebt. Der schließt sich um so enger an Christus an. Der hört nicht auf, liebzuhaben und Liebes zu erweisen, wo er kann, weil sein Heiland auch nicht aufhört, ihn liebzuhaben. Der hört nicht auf, für die zu beten, die er liebhat und die ihm Not machen, weil der Heiland auch nicht aufhört, für ihn bei dem Vater zu bitten. Und auch für die, die nicht mehr oder noch nicht beten, daß sie es lernen und Frieden finden; für die Gemeinde und für das Volk.

Wo das geschieht, da ist kein Tag ein verlorener Tag. Da geschieht der wichtigste Dienst, der Dienst der Fürbitte. Denn was kein Mensch kann, das vermögen die Beter. Sie schützen die Welt. Die Stützen der Welt stehen an ganz andern Stellen, als die meisten Menschen meinen, nämlich in den Stübchen und Kämmerchen, ja sogar an den Krankenbetten der Alten, die nicht müde werden zu beten. Da ist Geduld, die darum keine Ungeduld wird, weil der Heiland selber Geduld hat mit ihnen.

Über »Geduld und Glaube der Heiligen« liegt schon etwas von dem Glanz der kommenden ewigen Herrlichkeit.

Dir sei Lob und Dank, Herr Christ, daß du fragst nach Alten, Kranken und Siechen auch. Du offenbarst dich in der Stille der Einsamkeit als der Tröster und Helfer und lehrst Glauben, Liebhaben und Geduld, bis du uns vollendest nach deinem heiligen Willen. Amen.

Dazu ist erschienen der Sohn Gottes, daß er die Werke des Teufels zerstöre. 1. Johannes 3, 8

Wo das Reich Gottes gebaut werden soll, müssen die Werke des Bösen radikal zerstört werden. Es geht nicht anders. Beides hat nebeneinander keinen Platz. Jesus ist erschienen, die Werke des Teufels zu zerstören. Dem Wort »erschienen« haftet der Glanz der Herrlichkeit Gottes an, die über dem ganzen Leben Jesu leuchtet. Vor ihr mußte alle Finsternis des Teufels weichen. Jesus deckte sie überall auf, wo er hinkam. Darum haben ihn alle geliebt, die aus dieser Finsternis herauswollten, und alle gehaßt, die die Finsternis liebten, weil ihre Werke böse waren.
Aber Jesus liebte beide, die ihn haßten und die ihn liebten. Er hoffte immer und hofft noch heute, daß sich auch die aus ihrer Finsternis herauslieben lassen, die ihn jetzt noch hassen. Sie wissen nicht, was sie damit tun. Sie wissen nicht, daß sie mit solchem Haß ihr eigenes und anderer Leben verderben, daß sie die Werke des Teufels tun. Jesus sieht es. *Das* Böse und *den* Bösen, den Teufel, bekämpft er, aber *die* Bösen und die Sünder hat er lieb. Er ist dazu erschienen, sie vom Teufel zu lösen, aber nicht, um sie zu verderben, sondern um sie zu erretten aus der Macht der Finsternis. Also hat Gott die Welt geliebt, daß er seinen eingeborenen Sohn gab, auf daß alle, die an ihn glauben, nicht verloren werden, sondern ewiges Leben haben.

Lieber Vater im Himmel, wir danken dir, daß keiner von uns bleiben muß, wie er ist. Du hast uns aus deiner Herrlichkeit den Sohn gesandt, der über das Böse Herr wurde, um uns aus aller Finsternis herauszureißen, damit wir dem Bösen absagen und dir dienen. Amen.

Seid stille und erkennet, daß ich Gott bin. Psalm 46, 11

Wenn wir nur immer daran denken würden, daß Gott uns Menschen, unsere Gedanken, Worte und Wege genau beobachtet. Er kennt uns besser als wir uns selber und will uns nicht in falschen Wegen und Entscheidungen lassen. Dazu hat er uns viel zu lieb, und dazu sind wir zu teuer durch das Blut seines Sohnes erkauft. Er will uns nicht verlorengehen lassen. Das will schon kein rechter irdischer Vater, und keine Mutter, und er erst recht nicht.

Unter den »vielen tausend Weisen«, die Gott hat, uns zu helfen, ist eine besonders häufig: Gott hält uns auf unserem Weg an. Er verschafft uns Muße, Stille und Zeit, um uns zur Besinnung zu bringen.

Solche Muße verschafft er uns auch durch Krankheit. Gewiß ist sie eine »böse Muße«. Sie ist von uns nicht gewollt. Sie bringt alle Pläne und Vorhaben durcheinander. Wie verwünscht mancher Kranke aus diesem Grunde seine Krankheit. Er kommt gar nicht auf den Gedanken, daß sie ihm von Gott verordnet sein könnte!

Gott will uns zur Stille und Einkehr helfen. In der Stille will er uns erkennen lassen, daß er immer Besseres mit uns vorhat, als wir ahnen, und gerade durch die schweren Wege möchte er uns die Augen für seine wunderbare Führung öffnen.

Hilf uns, lieber Vater, daß wir dir unbedingtes Vertrauen schenken, auch dann, wenn wir nicht gleich erkennen, was du vorhast. Mache du unser unruhiges Herz getrost in der Gewißheit, daß du uns nicht verlassen wirst. Amen.

Die Liebe verträgt alles, sie glaubet alles, sie hoffet alles, sie duldet alles. 1. Korinther 13, 7

In diesem wunderbaren Kapitel von der Liebe ist von der menschlichen Liebe nicht die Rede. Vom Geist getrieben, beschreibt Paulus die Liebe, mit der Gott liebt, die in Jesus Christus Gestalt gewinnt und die Gott durch seinen Geist auch im Menschen lebendig werden läßt.
Mit dem Wort Liebe hat Paulus das Wesen Christi bezeichnet. Wenn wir an die Stelle des Wortes Liebe den Namen Christus setzen, dann ist der ganze Text eine Biographie Christi: Christus ist langmütig und freundlich, er eifert nicht, Christus verträgt alles, er glaubet alles, er hoffet alles, er duldet alles. So ist Jesus der Mensch, wie Gott ihn haben will. So stellt Jesus in seiner Person das Wesen Gottes dar; denn Gott ist Liebe.
Allein diese menschgewordene Gottesliebe ist für unser stückhaftes Wesen die Erlösung von uns selber und der Beginn des Himmelreiches in uns. Das führt dazu, daß wir, von Christi Liebe gewonnen, das gleiche Liebhaben üben und lernen. Wir können nichts anderes mehr als liebhaben, weil Christi Liebe uns unaufhörlich dazu drängt. Er ist dabei immer am Werk, wir müssen ihn nur in uns wirken lassen.
Das ist kein schöner Traum, keine Phantasie. Christus macht es zur Wirklichkeit unseres Lebens. Er hört damit nicht auf, bis alles Stückwerk in Gottes Herrlichkeit vollkommen ist.

O Liebe, du durchdringest und durchbohrst, du zerreißest und bindest, du regierst alle Dinge, du bist Himmel und Erde, Feuer und Luft, Blut und Wasser: Du bist Gott und Mensch. Dir sei Lob und Ehre! Amen.

Gott ruhte am siebenten Tage von allen seinen Werken. 1. Mose 2, 2

Tagesarbeit, Verkehr, und viele notwendige und manche überflüssigen Beanspruchungen kosten Kraft und Nerven. Wie lange kann ein Mensch diese tägliche Belastung und oft genug Überlastung körperlich und seelisch wohl aushalten? Und wenn dann die Ruhetage auch nicht zur Ruhe und Entspannung benutzt werden, darf sich niemand über böse Folgen wundern.
Alle diese gehetzten Menschen haben einen Arzt mit Vollmacht nötig, der ihnen Ruhe verordnet und darüber wacht, daß sie auch wirklich eingehalten wird. In der Hetze des täglichen Lebens bekommt das alte Wort aus der Schöpfungsgeschichte: »Gott ruhte am siebenten Tage von allen seinen Werken« ein besonderes Gewicht. Der Mensch als Gottes Ebenbild sollte auch ausruhen mit Leib, Seele und Geist. Gott hat das in seinem Gebot dem Menschen verordnet.
Wirklich »ausruhen« kann der Mensch nur unter Gottes Wort. Der Geist, der aus dem Wort weht, hat die Kraft, den Menschen, der bis in die letzten Fasern seines Wesens und seines Gewissens zermürbt ist, schöpferisch wiederherzustellen. Im Strome dieses Geistes kommt der Mensch zu sich selbst. Und Gott ist immer am Wirken, ihn durch seinen Geist zu formen, damit er dem Bilde entspricht, dem er gleichen soll.

Lieber Vater, du hast uns in deiner Weisheit einen ganzen Tag der Ruhe verordnet. Hilf uns, daß wir ihn nutzen, und schenke uns durch dein Wort neue Kraft, die Aufgaben, die auf uns warten, in deinem Geiste zu erfüllen. Amen.

Es ist aber der Glaube eine gewisse Zuversicht des, das man hofft, und ein Nichtzweifeln an dem, das man nicht sieht. Hebräer 11, 1

Der Irrtum scheint unausrottbar, daß der Glaube eine Sache des Verstandes sei. Wo das Wissen aufhört, fängt der Glaube an, heißt es immer wieder. Glauben bedeutet aber ursprünglich geloben (gloeben), angeloben. »Ich glaube« meint: ich gelobe mich dir an, ich gehöre zu dir. Es ist die Willenserklärung, sich mit seiner ganzen Person einem anderen hinzugeben. Das ist eine Sache des Herzens und nicht des Verstandes. Wenn Gott Glauben fordert, dann verlangt er unser Herz, den ganzen Menschen. Man gibt sich ganz und vertrauensvoll in Gottes Arme. Man traut jedem Wort, das Gott sagt, in der festen Zuversicht, daß Gott treu ist und zu seinem Wort steht, auch wenn es allem äußeren Anschein und unserer eigenen, ach so kleinen, Erfahrung widerspricht.
Unter dem Kreuz höhnen die Feinde Jesu: er hat Gott vertraut, der erlöse ihn nun. Menschlich gesehen, war für Jesus nichts mehr zu hoffen. Aber Gott blieb seinem Sohn den Beweis für seine Treue nicht schuldig. Er erlöste ihn vom Tod und setzte ihn zu seiner Rechten. Nichts ist verloren für den, der sein ganzes Herz an Gott hängt, im Gegenteil, es ist alles gewonnen.

Laß uns doch, du treuer Gott, zu denen gehören, die deinem Wort mehr trauen als dem, was sie sehen. Dein Werk liegt nicht offen am Tage, aber du wirkst still und unaufhörlich auch an uns. Laß uns dessen gewiß und froh werden und dir danken, daß du so treu bist. Amen.

Denn ich bin arm und elend; der Herr aber sorgt für mich. Du bist mein Helfer und Erretter, mein Gott, säume doch nicht. Psalm 40, 18

Armut und Elend sind kein Grund, sich von Gott abzuwenden, und erst recht keiner, ihn deswegen anzuklagen. Im Gegenteil, beides sollte ein gewichtiger Grund dafür sein, sich an ihn zu wenden, denn alle Armen und Elenden liegen ihm zunächst am Herzen. Darum wartet er gerade auf ihren Anruf, um sie erfahren zu lassen, daß er ihr Gott ist, um ihnen zu beweisen, daß er gern hilft.
Natürlich kann ein Menschenherz ins Zweifeln und Fragen kommen, wenn es lange auf die Hilfe warten muß; aber das ist kein Grund zum Verzagen und zum Verzweifeln. Gott ist doch immer der Helfer und der Erretter. Darin hat sich seit den Tagen Davids nichts geändert. Im Gegenteil, Gott hat damit, daß er seinen Sohn sandte, ein für allemal bestätigt, daß von ihm alle Rettung und alle Hilfe kommt. Nun ist das ganz sicher! Um so zuversichtlicher darf sich nun jeder, der arm und elend ist oder sich arm und elend fühlt, an ihn wenden. Hilft Gott nicht so, wie man es erbittet und wünscht, so wird er besser helfen, als ein Mensch bitten kann. Er ist der Herr. Er hat größere Möglichkeiten, als wir ahnen. Bei Gott ist kein Ding unmöglich.

Du unser Heiland, du Helfer und Erretter, du allmächtiger Gott. Siehe an all das Elend, in dem wir stecken, das wir noch gar nicht in seiner ganzen Tiefe erkannt haben, und erweise dich auch an uns als der Helfer in allen Nöten, damit wir bezeugen können, daß du so gern hilfst, und mit allen Erretteten dir für deine Hilfe Lob und Dank sagen durch Jesus Christus, unsern Herr. Amen.

Strebet nach der Liebe!

1. Korinther 14, 1

Diese Liebe ist eine von den Geistesgaben, die Gott allen geben will, die zu Jesus kommen, und zwar die größte. Wenn alle anderen Geistesgaben aufhören, wenn der Glaube zum Schauen wird und die Hoffnung zur Erfüllung, dann bleibt die Liebe, was sie ist. Sie hört nimmer auf. Zuvor aber will sie das Leben des Christen bestimmen, und wir sind gefragt, ob wir ihr das zulassen. Uns dazu zu reizen, hat Gott keinen anderen Weg gewählt, als den, durch Jesus Christus am Kreuz zu zeigen, was Liebe ist und was sie kann: Sie kann alles! Sie kann täglich reichlich vergeben und an jedem neuen Tag mit dem Liebhaben anfangen, und zwar in dem engsten Lebenskreis. Was ist uns allen nötiger!
Der Apostel Johannes sagt in einem Brief einmal ausdrücklich: »Wer Gott liebt, daß der auch seinen Bruder liebe!« Das bedeutet mehr, als nur etwas zu seinem Lebensunterhalt beizusteuern. Im Grunde hungern die Menschen nach der Liebe, wie sie das Neue Testament meint. Streben wir doch nach dieser Liebe, erbitten wir sie verlangend von Gott. Und lassen wir dann niemanden mehr auf eine Tat unserer Liebe warten.

Dich beten wir an, lieber Vater im Himmel, um deiner Liebe willen. Du hast uns an deinem Sohn offenbart, wie groß und heilig die Liebe ist, mit der du uns liebst und alle, die um uns sind. Hilf uns, daß wir sie lieben lernen, weil du sie liebst. Amen.

»Des Menschen Sohn ist nicht gekommen, daß er sich dienen lasse, sondern daß er diene und gebe sein Leben zu einer Erlösung für viele.« Markus 10, 45

Wunder aller Wunder: ein Herr aller Herren, der dient! Es durfte kein Geringerer sein. Er mußte allen Verführungskünsten Trotz bieten können und durfte doch die Grenzen seines Menschseins nicht überschreiten. Er durfte die Steine nicht in Brot verwandeln, um seinen Hunger zu stillen. Er durfte sich nicht von der Zinne des Tempels herablassen, um die Menschen von seiner Macht zu überzeugen. Er durfte sich nicht alle Reiche der Welt und ihre Herrlichkeit geben lassen, um ein »Herr von Satans Gnaden« zu sein. Er durfte sich keine zwölf Legionen Engel schikken lassen und nicht vom Kreuz herabsteigen. Er mußte alle Ungerechtigkeit und zuletzt den Tod erleiden. Das alles war Dienst, Gottes Dienst an uns.

Nie ist ein so ungleicher Tausch geschehen. Gott gab den einzigen, der ihm gefiel, für die, von denen ihm keiner gefiel. Mit Jesu Willen! So hat der Menschensohn gezahlt: mit seiner Herrlichkeit, seinem Leben und Sterben – für alle!

Aber das ist sein Leid: nicht alle glauben ihm! Viele meinen, sie könnten sich selbst erlösen. Für sie ist der Heiland umsonst gestorben. Die Erlösten aber lieben ihn um seines Dienstes willen. Ihre Liebe wird Dienst für ihn am anderen Menschen.

Hab Dank, lieber Heiland, daß du unsere Ketten zerreißt und uns von allen unsern Gebundenheiten erlöst hast. Hilf uns, das zu glauben, damit wir die Wirklichkeit unserer Erlösung erfahren. Amen.

In allen Dingen erweisen wir uns als Diener Gottes.

2. Korinther 6, 4

»Ich aber bin unter euch wie ein Diener«, sagt Jesus seinen Jüngern. Tatsächlich war alles Dienst, was er sagte und tat, Dienst am Menschen im Auftrage Gottes.
Für den Menschen geht es dabei um ein Doppeltes: Zuerst sich den Dienst Christi gefallen – und zum anderen sich für den gleichen Dienst beschlagnahmen zu lassen. Als Beschlagnahmter Christi steht er im Dienst Gottes.
Der unsichtbare Gott hat also in der Welt seine sichtbaren Diener. Das können wir genauso werden wie Paulus. Unsere Lebensumstände sind die von Gott gegebenen Gelegenheiten, sich als Diener Gottes zu bilden, zu erweisen und zu bewähren. Die Gaben, die die Diener bekommen, sind immer größer als die Aufgaben, weil der Herr seine Diener mit seiner eigenen Kraft ausrüstet. Sie können unterliegen, aber auch in ihren Niederlagen macht der Herr, der am Kreuz gesiegt hat, sie seines Sieges gewiß. Das macht ihren Weg sieghaft und sie selber unüberwindlich. Und Christus liegt nichts mehr am Herzen, als durch seinen eigenen Dienst jeden Menschen zu einem Diener Gottes zu machen.
Die ewig alte und doch immer wieder neue Frage des Menschen: Was soll bloß aus mir werden? hat Gott ein für allemal beantwortet: Ein Diener Gottes, und damit zugleich, wie Gott es will, ein Diener am Menschen. Die Welt wartet darauf, das an uns zu sehen.

Hab Dank, Herr aller Herren, daß du uns den schmutzigsten Dienst tust: Du räumst unsere Sünde weg. Hilf, daß wir aus Dank an dich und Liebe zu dir auch jeden Dienst anpacken, um Menschen zu helfen. Amen.

Um deines Namens willen, Herr, vergib mir meine Schuld, die so groß ist! Psalm 25,11

Jede Schuld, auch wenn sie gering scheint, lähmt und drückt. Man möchte sie los sein. Nie hätte sonst David in allen seinen Liedern so heiß um Vergebung gerungen. Er spricht von großer Schuld. Er muß es ja wissen. Aber auch da, wo sie dem Menschen zunächst gar nicht groß vorkommt, wächst ihr Gewicht. Es ist wie beim Koffertragen. Beim Anheben kommt er einem gar nicht schwer vor, aber die Länge macht die Last. Wenn man ihn dann einen Kilometer und immer noch einen Kilometer tragen muß, dann wiegt er wie Blei. Mit der Schuld ist es auch so. Viele hoffen, mit der Zeit verfliegt auch die Schuld, aber das Gegenteil ist richtig. Unvergebene Schuld wirkt hemmend auf alle Lebensäußerungen und macht unfroh. David wußte das. Gottes Geist zeigte es ihm, und daraus zog David entschlossen und tapfer seine Folgerung.
Anders können auch wir heute nicht bitten: um Jesu willen, vergib mir meine Schuld. So gewiß, wie Jesus versprochen hat, daß sein Vater das Gebet in seinem Namen erhört, so gewiß, wie das Kreuz das Zeichen der Vergebung Gottes ist, so gewiß dürfen wir wissen, daß Gott vergibt, wo so gebetet wird. Wo aber Vergebung der Sünden ist, da ist Leben und Seligkeit.

Den Gott aller Gnade nennen wir dich, Herr, tue uns nach deinem Namen, sei uns gnädig und vergib uns, denn wir tragen Schuld um Schuld. Hilf uns glauben, daß deine Barmherzigkeit kein Ende hat, und laß uns dieses Glaubens froh werden. Amen.

Sie kam aber und fiel vor ihm nieder und sprach: Herr, hilf mir! Matthäus 15, 25

Gott versteht uns. Das ist ein großer Trost. Oft wissen wir selber nicht genau, wie es um uns bestellt ist. Wir wissen nicht einmal, was wir beten sollen, aber wenn wir nur beten, dann vertritt uns der Geist aufs Beste mit unaussprechlichem Seufzen. Dann werden uns auch die Worte eingegeben, die geradenwegs zum Herzen Gottes gehen. So steht es in dem Bericht über die Begegnung des kanaanäischen Weibes mit Jesus auch. Zuerst schreit sie Jesus nach. Dann erzählt sie ihr ganzes Elend, aber das alles wird immer kürzer und knapper und endet zuletzt in dem kurzen Schrei, der doch wieder alles enthält: Herr, hilf mir! Darin ist die ganze Hilflosigkeit und Verlorenheit der Frau mit ihrer kranken Tochter beschrieben und zugleich das grenzenlose Vertrauen, das sie zu Jesus hat. Sie überläßt ihm ganz, was er tun will. Sie hat sich ganz in seine Hände gegeben. Das aber ist gerade das, was Gott von uns erwartet, wenn er uns helfen soll.

Was das kanaanäische Weib alles unternehmen mußte, um Jesu Hilfe zu erfahren, bleibt uns erspart. Daß wir aber zum Kreuz kommen müssen – sei es auch mit dem kürzesten Gebet: Herr, hilf mir! – das bleibt uns nicht erspart. Dann aber dürfen wir sicher sein, daß Jesus uns auf seine Weise hilft. Es kann sein, daß nicht das geschieht, was wir wollen und wünschen, aber es wird Besseres und Größeres geschehen, als wir uns vorstellen.

Herr Christ, vergib, daß wir erst dann zu dir kommen, wenn wir nicht mehr weiterwissen. Nimm unsern Kleinglauben von uns und gib, daß wir gleich und zuerst mit allem zu dir kommen. Und dir danken, daß du so gern hilfst. Amen.

Ringet danach, daß ihr stille seid.

1. Thessalonicher 4, 11

Seltsam, schon vor 1900 Jahren bittet Paulus: Setzt alles daran, daß ihr Stille habt. Dabei gab es damals die Hetze noch nicht, die den Menschen von heute umtreibt. Aber Paulus meint zunächst etwas anderes. Die Botschaft: »Christus kommt wieder« hatte es der Gemeinde in Thessalonich besonders angetan. Es war eine unnüchterne Unruhe über sie gekommen. Darum werden sie zur Stille und zur Ruhe ermahnt.
Heute möchte man der Gemeinde Jesu fast das Umgekehrte wünschen. Sie sollte im Blick auf Jesu Wiederkunft mehr Unruhe haben und viel mehr, als das geschieht, in aller Öffentlichkeit darauf hinweisen, daß alle Welt dem letzten Tag entgegengeht. Aber gerade um diesen Dienst richtig ausrichten zu können, braucht jedes Glied der Gemeinde die Stille. Laßt uns einmal still werden und sinnen! Der Herr ist im Kommen. Was ist das Wichtigste? Doch daß wir bereit sind, ihm entgegenzujubeln. Sind wir es? Wird all das, was an uns herantritt, wirklich unter dieser Sicht gesehen? Nehmen wir uns auf jeden Fall die Zeit und die Muße, das zu tun. Jeder neue Tag bekäme ein anderes Gesicht als jetzt. Durch Stillesein und Hoffen würden wir stark sein.

Hilf uns, du Gott über Zeit und Ewigkeit, daß der erste und letzte Gedanke des Tages dir gilt, damit unser Tag umfaßt sei von dir mit allem, was darin ist. Gib uns auch mitten im Tag die Besinnung auf dich, damit wir in aller Gelassenheit zu sehen und zu tun vermögen, was du von uns forderst. Amen.

Er ist allen, die ihm gehorsam sind, der Urheber ihres ewigen Heils. Hebräer 5, 9

Erfahrungen machen wir nicht nur mit Worten, die wir von Menschen hören, sondern auch mit dem Wort, das Gott dem Menschen zur Gestaltung und Meisterung seines Lebens gab. Wäre Gott nicht Gott, dann würde er den Menschen und die Welt sich selbst überlassen. Aber weil er Gott ist, stellt er den in die Welt, der horcht und gehorcht und – trotz aller Schwierigkeiten mit sich und anderen – seinen eigenen Willen und seine eigene Entscheidung immer so faßt, wie der Vater es will. Er war ein Mensch wie wir, darum hätte er auch ungehorsam sein können. Und er war doch ganz anders als wir, weil er gehorsam war. Seinen Gehorsam hat er in allen Lebensumständen bewiesen. Er war immer schwerer durchzuhalten, weil sein Leiden immer schwerer wurde bis zum Gebet: »Dein Wille geschehe.«
So steht Jesus als der einzige vollkommene Mensch in dieser Welt. Seine Ehre sucht er nicht bei den Menschen. Auf ihn selbst kam es ihm nie an, sondern auf die anderen, die manchmal Ja und manchmal Nein zu dem sagten, was sie von Gott hörten. Wie Gott selber, so will auch Jesus das Heil der Menschen, und er vertritt sie vor Gott wie ein rechter Hohepriester sein Volk. Wir wollen uns von diesem Beauftragten Gottes rufen lassen und bei ihm bleiben.

Dein Wort ist Wahrheit und Leben, du heiliger Gott. Hilf uns hören und gehorchen, damit wir nicht in Sünde und Schuld fallen, weil wir dich nicht fürchten. Wir danken dir, daß du uns heimsuchst und uns von unserer Schuld löst, damit wir dich fürchten, weil du so heilig, und dich lieben, weil du so gnädig bist. Amen.

»Heiliger Vater, erhalte sie in deinem Namen, den du mir gegeben hast.« Johannes 17, 11

Jesus betet für seine Jünger. Welche Vorsorge und Fürsorge. Nie sollen sie, nie soll auch die Gemeinde befürchten müssen, daß sie verlassen seien und niemand sich ihrer annähme. Sie sollen im Gegenteil wissen, daß ihr Herr und Meister sie den Händen anvertraut hat, die die Welt tragen und von Ewigkeit her die Erlösung der Welt bereitet haben. Sie brauchten das, denn die Stunde lag noch vor ihnen, in der der Meister aus ihrer Mitte gerissen wurde und sie allein ließ. Das Wissen um seine Fürbitte sollte sie tragen und halten. Nirgends wird erwähnt, daß die Jünger in den schrecklichen Tagen zwischen Golgatha und der Auferstehung an diese Fürbitte gedacht und sich daran aufgerichtet haben, aber die Fürbitte hat sie tatsächlich durchgetragen. Sie sind nicht zusammengebrochen, trotz ihrer Flucht, trotz ihrer Verzweiflung, trotz ihrer Angst.
Auch die Kirche ist nicht zusammengebrochen. Sie lebt, weil sie von der Fürbitte Jesu getragen wird, weil der Vater diese Fürbitte seines Sohnes hört und erhört. Der heilige Vater selber erhält sie in seinem Namen.
»Ich habe für dich gebeten, daß dein Glaube nicht aufhöre«, sagt der Herr zu Simon. Er hat nicht aufgehört. Der unsere soll auch nicht aufhören, der Herr bittet für uns.

Ach Herr, wie hilfst du uns! Wenn keiner für uns betet, du tust es. Wenn sich alle von uns trennen, du nicht! Wenn alle uns aufgeben und verdammen, du nicht. Dir sei Dank, daß du uns mit deiner Fürbitte in die Hände deines Vaters legst. Amen.

Sie nahmen ihn und stießen ihn zum Weinberge hinaus und töteten ihn.

Matthäus 21, 39

Der Sohn im Gleichnis, das Jesus erzählt, ist er selber. Kein Wunder, daß die Juden ihn töteten. Sie konnten ihn nicht ertragen. Er war ihr böses Gewissen, das wollten sie zum Schweigen bringen. Noch heute wird Jesus von keinem ertragen, der meint, er brauche auf Jesu Rat und Stimme nicht zu hören. Wo man Gott gehorsam ist, da ist Frieden. Das ist am ganzen Leben Jesu abzulesen. Das macht Gott damit deutlich, daß er dem Ausgestoßenen, Gekreuzigten recht gab gegen das Todesurteil der Juden. Jesu Kreuz ist der Weg in den Frieden. Lehnen wir den ab? Oder nehmen wir ihn an?

Die Annahme ist das Gegenteil unserer natürlichen Veranlagung. Es ist eine Kehrtwendung. Die macht einer erst, wenn er nicht mehr aus noch ein weiß und unter dem Kreuz, das er sich selber gezimmert hat, zusammenbricht. Jesu Kreuz aber steht am Ende unserer selbstischen Wege. Nun liegt es an jedem einzelnen von uns, ob wir dieser Wegweisung folgen wollen.

Im Kreuz ist Heil, Rettung aus der Ichsucht, aus dem Habenwollen, aus dem Herrschenwollen. Rettung hin zu Gott, der in Christus gezeigt hat, wo allein der Friede Gottes ist. Wer zum Kreuz Christi kommt, der kommt vom Ich los, zur Übereinstimmung mit Gott, der hat Frieden gewonnen. Wir sind zu diesem Frieden gerufen.

Dir sei Dank, Herr Christus. Du hast uns bis heute getragen und trägst uns noch. Hilf, daß wir uns von dir mahnen und den Weg zeigen lassen in der Gewißheit, daß du uns Vergebung und deinen Frieden schenken kannst. Mache uns von uns selber los und ziehe uns ganz hinein in deinen Willen. Amen.

Christus hat uns erlöst, da er ward ein Fluch für uns. Galater 3, 13

Aus seinem eigenen Leben weiß jeder, daß er nicht ist, wie er sein soll, wenn er sich noch so viele Mühe gibt und es auch noch so gern möchte. Wenn wir bedenken, daß wir alles vor Gott zu verantworten haben, wo bleiben wir da? Wir wollen einmal zu sagen wagen: da wird der Herr Christus unser »Double«.
Das Stück, das »Unser Leben« heißt, muß gespielt werden und soll nach Gottes Plan zu einem guten Ende kommen. Keiner aber kann sein Leben aus eigener Kraft zu solchem guten Ende bringen. Da versagt jeder. Darum hat Gott, der Herr des Lebens, Christus zu unserem »Double« gemacht. Er wurde ein Mensch, genauso wie wir. Nur in dem einen, so Ausschlaggebenden unterschied er sich von uns: er gehorchte Gott in allem. Wo wir versagt haben und schuldig geworden sind, tritt er für uns ein. Und Gott läßt das gelten!
Das will uns das Kreuz sagen. Ans Kreuz, ans Fluchholz gehören eigentlich und von Rechts wegen wir. Jesus trägt und erträgt es für uns, in Stellvertretung. Und ganz zuletzt, im Gericht, wenn jeder sich vor Gott verantworten muß, tritt Jesus auch für uns ein und antwortet für uns. Und *seine* Antwort läßt Gott gelten.

Wir danken dir, du barmherziger Gott, daß du deinen Sohn zu unserer Errettung und an unserer Statt hast richten lassen. Wir danken dir, barmherziger Heiland, daß du das harte Urteil angenommen hast, damit wir im Gericht vor deinem Vater bestehen können, daß du uns rettest ins ewige Leben und in die Herrlichkeit. Amen.

Das war das wahrhaftige Licht. Johannes 1, 9

Hier und da sind auf den Türmen der Kirchen Kreuze angebracht, die des Nachts weithin leuchten. Ein eindrucksvoller Anblick: über einer dunklen Stadt das Licht vom Kreuz. Es will verkünden: Gott liebt die Welt und will sie erleuchten. Dazu ist Jesus in diese Welt hineingekommen, die alles andere als licht ist.
Welche Leuchtkraft von Jesus ausging, bekamen alle zu spüren, die ihm gegenübertraten. Ihnen »fielen alle ihre Sünden ein«. Kein Wunder, daß viele diese Entlarvung als unzumutbare Demütigung empfanden. Aber es sollte keine Demütigung sein. Im Gegenteil! Es war eine zutreffende Feststellung aller verborgenen Lebensschäden, die beseitigt werden mußten, wenn Menschen nicht an Leib und Seele verderben sollten. »Des Menschen Sohn ist nicht gekommen, der Menschen Seelen zu verderben, sondern zu erhalten.« Das Kreuz erinnert daran!
Aber Gott bleibt beim Liebhaben. Er erweckt seinen Sohn aus dem Grabe. Das Kreuz, das Zeichen des Hasses der Menschen, macht er zum Zeichen seiner unablässigen Liebe. Der Auferstandene ruft unters Kreuz, in sein Licht, um aus allen, die kommen, zu machen, was er selber ist: Licht der Welt. Er fragt nicht, was sie vorher waren, woher sie kommen, was alles hinter ihnen liegt. Er fragt nur, ob sie sich in sein Licht stellen und erleuchten lassen wollen, um auch andern zu leuchten.

Ach, wir können leuchten von uns selber nicht, ob wir's gleich versuchen, gibt's oft gar kein Licht. Jesus, unsre Sonne, du nur kannst's allein, dring mit deinen Strahlen tief ins Herz uns ein! Dann in Jesu Glanze können leuchten wir; du in deiner Ecke, ich in meiner hier. Amen.

»Sehet, wir gehen hinauf nach Jerusalem.«

Lukas 18, 31

»Sehet«! Da ist mehr, als natürliche Augen sehen können. Die sehen nur den Weg nach Jerusalem hinauf, das letzte Mahl, die Gefangennahme, die Peinigung und die Kreuzigung; aber es gilt zu sehen, was *Gott* damit meint. Jesus sah das im Geiste. Er möchte, daß wir das auch sehen, nachdem er seinen Weg vollendet und zunächst den Emmausjüngern gedeutet hat, welchen Sinn sein Leben, Sterben und seine Auferstehung haben: die Erlösung von unserem alten Leben zu einem neuen, an seiner Hand.
Es ist doch so, daß wir alle am Leben leiden und an uns selber. Es klingt durchaus unglaubhaft, daß ein Mensch von sich selber los und in ein neues Leben kommen könnte. Gerade deswegen hängt Jesus am Kreuz. Mit Jesus stirbt der alte Mensch mit all seinen Sünden. Er ist so gewiß tot, wie Jesus tot war, und er wird so gewiß ein neuer Mensch, wie Jesus vom Tode erstand. Er lebt nicht mehr für sich, so wenig wie Jesus für sich selber lebte; er lebt für Jesus, der für ihn gestorben und auferstanden ist. Das ist die große und entscheidende Wendung, die den natürlichen Menschen zum Christen macht und ihn in die Gemeinde des Auferstandenen hineinstellt. Noch ist sie unvollkommen; aber sie wird vollendet werden.

Dir sei Dank, Herr Jesus! Du hast gewußt, was dir in Jerusalem geschehen würde. Du bist den Weg dennoch gegangen. Du hast nicht an dich gedacht, sondern an uns. Hilf, daß wir das sehen und glauben und dadurch zu dem neuen Leben kommen, das du uns erworben hast. Amen.

»Vater, die Stunde ist da: verherrliche deinen Sohn, auf daß dich der Sohn verherrliche.« Johannes 17, 1

Das hohepriesterliche Gebet zeigt uns Jesu Herz. Es enthüllt das Geheimnis seines Lebens, sein Vertrauen zum Vater und seine Liebe zur Menschheit. Es enthüllt zugleich das Herz Gottes, seine Absicht, die eigene Herrlichkeit und sein göttliches Wesen weiterzugeben. Bei uns gelingt ihm das wegen unseres Ungehorsams nur recht unvollkommen und stückweise. Aber bei seinem Sohn, dem Gehorsamen, ist das anders. Auf ihm ruht die ganze Herrlichkeit des Vaters. Das unsichtbare Wesen Gottes leuchtet sichtbar in Jesus auf.

Nun steht Jesus am Anfang seines letzten Weges. Die dunkle Stunde, die Macht der Finsternis kommt heran. Jesus weiß das. Er bittet darum, daß die Herrlichkeit Gottes auch im Leiden und Tode nicht verdunkelt werde, ja daß sie gerade dann um so heller aufleuchte. Wie wunderbar ist sein Gebet erhört! Am Kreuz und im Gekreuzigten leuchtet die Herrlichkeit Gottes am hellsten auf. Das Kreuz ist die irdische Kehrseite der Herrlichkeit Gottes. Aber auch umgekehrt: die Herrlichkeit Gottes wird in dieser Welt nur da sichtbar, wo Menschen sich unter das Kreuz stellen. Da soll sie nach Gottes Willen auch an uns sichtbar werden.

Von Herzen danken wir dir, himmlischer Vater, daß du deine verborgene Herrlichkeit da an deinem Sohn hast aufleuchten lassen, wo der Haß der Menschen triumphierte. Wie groß ist deine Herrlichkeit! Laß sie auch an uns gerade dann sichtbar werden, wenn wir unter Haß und Unrecht leiden. Mache uns gewiß, daß du die Fürbitte deines Sohnes für uns erhörst. Amen.

Christus, der mich geliebt hat und sich selbst für mich dargegeben. Galater 2, 20

Es kommt nur auf eins an, auf die völlige Hingabe an Christus: »Wie er mich liebt, so liebe ich ihn, wie er sich für mich hingibt, so gebe ich mich für ihn hin.« Das ist der Lebensinhalt für den Apostel Paulus geworden. So hat er es seinen Gemeinden verkündigt, so hat er selber gelebt.
Da sind alle Gesetze und Ordnungen des Alten Testaments außer Kraft gesetzt. Durch keine Ordnung, kein Gesetz und kein Opfer kann erreicht werden, was Christus verschaffen kann: das Wohlgefallen bei Gott. Gott ist nicht ein Gott der Unordnung, sondern des Friedens! Gott hat in seiner unbegreiflichen Liebe seinen Frieden, den Frieden Gottes mit dem Menschen, gemacht. Christus stellt diesen Frieden dar. Wer zu ihm kommt, der hat ihn, und daneben gilt kein Werk! Wer das vergißt, wer etwa meint, er brauche zu seiner Erlösung noch irgendwelche »Ordnungen« und guten Werke, der macht Christus überflüssig. Christus hat alles getan. Seine Selbsthingabe ist ein vollkommenes Opfer: Gott hat ihn geopfert, Jesus hat sich geopfert, die Menschen haben dies »Opfer« vollzogen, und Gott hat es angenommen. Gott brauchte dies Opfer nicht, Jesus brauchte es nicht zu bringen, aber – die Menschen brauchten es: zu ihrer Erlösung! Paulus, der frühere Verfolger Christi, hat das am tiefsten erkannt.

Dir hat es gefallen, barmherziger Gott, allen Menschen sichtbar dich selbst in der Gestalt deines Sohnes zum Opfer zu geben für die, die solch Opfer nicht wert sind. Laß uns daraus erkennen, was wir dir wert sind, damit wir dir anhangen und dich lieben von allen Kräften unseres Herzens, zu deiner Ehre. Amen.

»Heilige sie in der Wahrheit; dein Wort ist die Wahrheit.« Johannes 17,17

Geheiligt, das heißt gereinigt zu werden, das haben wir immer nötig, genauso nötig wie das Waschen und Baden. Darum bittet Jesus den Vater um Reinigung für seine Gemeinde.
Womit aber reinigen? Wir wissen doch alle, wie fest Unarten und Sünden in unserm Herzen sitzen. Die wäscht keine Menschenhand heraus. Darum betet Jesus: »Heilige sie in der Wahrheit« und meint: in deinem Wort. Das Wort, das Gott spricht, reinigt. Das haben die Jünger im Umgang mit Jesus erfahren. Die Worte, die er mit ihnen redete, deckten alles in ihren Herzen auf. Aber sie erfuhren auch, daß Jesus nicht mit ihnen redete, um sie zu richten, sondern um sie zu reinigen.
Wer sich unter Jesu Wort beugt, der wird durch das Wort Jesu auch gereinigt. Er sagt es selbst: »Ihr seid schon rein um des Wortes willen, das ich zu euch geredet habe.« Solche Macht hat sein Wort! Wir können nicht dankbar genug dafür sein, daß Gott auf alle Weise versucht, uns durch sein Wort zu erreichen. Es ist gar nicht auszudenken, was aus der Gemeinde und aus der Welt würde, wenn sein Wort verstummte und kein Mensch mehr wüßte, was nun eigentlich Wahrheit ist. Darum muß sie Gottes Wort in ihrer Mitte haben und sich an sein Wort halten. So wird sie zur Gemeinde und immer wieder gereinigt.

Herr Christus, du hast unsere Reinigung von allen Sünden am Kreuz vollbracht. Nun schenke uns deinen heiligen Geist, daß solche Reinigung ständig an uns geschehe, daß wir deinen Vater loben, weil er solches Werk an uns tut. Amen.

Pilatus sprach zu ihnen: Was soll ich denn machen mit Jesus?

Matthäus 27, 22

Ob uns ganz aufgegangen ist, daß die Passion Jesu da immer wieder anfängt, wo man so fragt? Ob uns aufgeht, daß die Herrlichkeit Jesu da besonders aufzustrahlen beginnt, wo er alles mit sich geschehen läßt und doch nicht aufhört, die liebzuhaben und um die zu werben, die ihm Gewalt antun? Sein Gebet am Kreuz: »Vater, vergib ihnen; denn sie wissen nicht, was sie tun« offenbart die ganze Herrlichkeit seiner Liebe. Sie ist so groß und unfaßbar wie die Sonne und offenbart sich in einem kleinen, schmalen Gesicht, dem Gesicht des Dornengekrönten. In die Sonne kann man nicht blicken, wohl aber in dies bleiche Gesicht. Weil wir die Herrlichkeit Gottes nicht schauen könnten, ohne daran zu sterben, läßt der himmlische Vater sie uns am Kreuz sehen, damit wir *leben* können. Das ist die frohe Botschaft vom Kreuz.

Diese Botschaft ist und klingt deshalb so unglaublich, weil an uns nichts Liebenswertes ist. Sie ist aber so Wirklichkeit, wie das hölzerne Kreuz und der Gekreuzigte Wirklichkeit sind. Diese Liebe Jesu zum Sünder macht den Menschen wieder zum Menschen Gottes. So will es der Vater, so will es der Sohn. So kündet es das Kreuz. Wo das aufhört, wird die Welt zur Hölle; wo es anfängt, da ist das Himmelreich angebrochen – mitten in der Welt!

Vergib, Herr Jesus, daß wir am liebsten auch über dich Herr sein und dich einordnen wollen in unsere Art und unser Wesen. Hilf uns, daß wir Menschen deiner Art werden und aus Liebe zu dir auch anderen Liebes erweisen, wo wir nur können. Amen.

Wenn das Weizenkorn nicht in die Erde fällt und stirbt, so bleibt's allein; wenn es aber erstirbt, so bringt es viel Frucht. Johannes 12,24

Jesus enthüllt das Geheimnis, wie seine Gemeinde wird. Es geht so zu wie auf dem Acker: das Korn fällt in die Erde, es »erstirbt«, aus ihm entsteht Keim, Halm, Ähre und Frucht. Ohne dies »Ersterben« gibt es keine Früchte. Ohne Jesu Tod gäbe es keine Gemeinde. Gott will die Gemeinde, darum läßt er Jesus sterben, Jesus will die Gemeinde, darum gibt er sein Leben.
Sein Leben ist ein anderes Leben als das unsere. Da ist Wahrheit, Lauterkeit, Güte, Barmherzigkeit, Macht über alles Böse, über Dämonen, Krankheit, Sünde, Satan und Tod, mit einem Wort: Herrlichkeit. Herrlichkeit ist das Wesen und die Eigenart Gottes, sie ist auch das Wesen Jesu. Dies Leben will er geben. Immer da, wo Menschen »etwas vom Leben haben wollen«, steht die Sehnsucht nach diesem Leben dahinter, aber sie wissen es nicht, und wenn man es ihnen sagt, dann glauben sie es nicht. Früchte aus dem Weizenkorn sind die Menschen, denen Jesus den Hunger nach Leben gestillt hat. Aus ihm sind sie erwachsen, so geheimnisvoll wie alles Wachsen ist. Um dieser Früchte willen mußte er sterben.

Lieber himmlischer Vater, du hast uns in deiner Barmherzigkeit das Leben zugedacht, das dein ist und von dir kommt. Du hast es uns anschauen lassen an deinem lieben Sohn, und du hast es uns zuteil werden lassen durch deinen Geist. Wir danken dir, daß du uns aus dem Tode ins Leben gerufen hast. Erhalte uns in diesem Leben. Amen.

Dies ist mein lieber Sohn, an welchem ich Wohlgefallen habe; den sollt ihr hören! Matthäus 17, 5

Dieses Wort ist die Beglaubigung Gottes für den Leidensweg des Sohnes. Aber das erkennen die Jünger noch nicht. Waren sie vorher voller Jubel über ihr Erlebnis, so daß sie am liebsten an diesem Ort der Verklärung ihres Meisters ihre Bleibe aufgeschlagen hätten, so sind sie nun zu Tode erschrocken über diese Stimme aus der lichten Wolke. Sie erkennen den großen Abstand zwischen ihrem Meister und sich selber. Sie kommen erst wieder zu sich, als er seine Herrlichkeit abgelegt hat und sie mit seinem »Fürchtet euch nicht« wieder aufrichtet.
Der Mensch von heute kennt den Abstand nicht mehr. Er fürchtet sich nicht mehr vor der Herrlichkeit und Heiligkeit Gottes. Der Gott, den sich der Mensch erdenkt, ist nicht größer als der Mensch selber. Solchen Gott braucht er nicht zu fürchten. Aber das rächt sich damit, daß sich ein Mensch vor dem anderen fürchtet. Jesus aber ist gekommen, daß wir wieder Gott fürchten und lieben lernen.
Darum legte der Verklärte seine Herrlichkeit wieder ab und ging seinen Weg ans Kreuz bis zum Ende. Die Jünger ahnten es nicht, er aber wußte es. Sie hörten es und verstanden es doch nicht. Erst als es geschehen war, erinnerten sie sich an dieses Ereignis. Und dann bezeugten sie: Er ist der Erlöser der Welt.

Herr, du behältst deine Herrlichkeit nicht für dich allein. Du lehrst sie uns erkennen und läßt uns an ihr teilhaben. Wir danken dir, daß du uns in deine Erlösung mit hineingenommen hast. Laß uns von dieser großen Freude weitergeben. Amen.

Da nun die Menschen das Zeichen sahen, das Jesus tat, sprachen sie: Das ist wahrlich der Prophet, der in die Welt kommen soll. Johannes 6, 14

Es war geschehen. Die Speisung war ein »Zeichen«, eine Beglaubigung Jesu durch seinen Vater. So haben es alle Beteiligten verstanden. Jesus war also wirklich der Prophet, auf den Mose hingewiesen hatte: »Einen Propheten wie mich wird der Herr, dein Gott, dir erwecken aus dir und deinen Brüdern; dem sollt ihr gehorchen«. Nur eben, das »Hören« und das »Gehorchen« lag ihnen fern. Sie waren alle von dem Erlebnis, daß er Brot für alle hatte, so erfaßt, daß sie Jesus zum König machen wollten. Sie wollten etwas aus ihm machen. Aber gerade das ging gegen den Willen und die Absicht Jesu. Er wollte etwas aus ihnen machen: Kinder Gottes.
Er ist selber das Brot, von dem sie leben, wirklich leben sollen und können, aber sie sehen nicht ihn, sondern nur das Brot, das er ihnen gibt und mit dem sie den Magen füllen. Sie erwarten, daß er das alle Tage tut. Er aber will ihnen das Herz und das Leben mit seinem eigenen Wesen füllen, wenn sie auf ihn hören; das erkennen sie nicht. Wie er Brot die Fülle für ihren Hunger hatte, so erst recht Brot die Fülle für ihre Seelen. Und dies letzte muß immer das erste sein, sonst hungert der Mensch mit sattem Magen, ißt und wird doch nicht satt.

Lieber Vater, du hast uns in deinem lieben Sohn das Brot vom Himmel gegeben, Brot die Fülle, das unsere Seele sättigt. Wir danken dir. Erhalte uns den Hunger nach deinem Wort, damit wir immer nach ihm greifen und erfahren, daß aus ihm alle Kraft zu einem rechten Leben kommt. Laß unsere Seele stets an dir satt werden. Amen.

Das Wort vom Kreuz ist eine Torheit denen, die verloren werden; uns aber, die wir selig werden, ist's eine Gotteskraft. 1. Korinther 1, 18

Christus am Kreuz ist das Abbild vollkommener Ohnmacht. Er ist aller Bosheit wehrlos ausgeliefert und aller Gewalt der Menschen preisgegeben. Es war eine Freude der Mächtigen, die sich so oft an Jesu vollmächtigen Worten und Taten geärgert hatten, den nun gänzlich Machtlosen aller Öffentlichkeit zu zeigen, und zugleich ihre Rache dafür, daß sie ihn nicht hatten überwinden können.
So ist es immer in der Geschichte der Menschheit gewesen, und in der Lebensgeschichte Jesu war es nicht anders. Aber er stellt sich ganz hinein in die Geschichte dieser sündigen Menschheit, auch dadurch, daß er unter ihr leidet und sich verhöhnen läßt.
Dieses selbe Kreuz, das Jesus als den Ohnmächtigen zeigt, steht heute zu ungezählten Millionen in allen Teilen der Erde da, wo die Ohnmacht des Menschen am deutlichsten sichtbar wird, auf den Gräbern. Wie groß muß die Macht sein, die die Menschen bewogen hat, das Kreuz gerade an diesen Platz zu stellen und auf den Gekreuzigten gerade an der Stelle hinzuweisen, wo alle menschliche Größe aufhört!

Herr Christ, nie können wir dir genug danken. Du kamst uns zugut, du lebtest uns zugut, du gabst dein Leben uns zugut. Du stellst unser Leben auf einen neuen Grund, machst uns los vom Bösen und schenkst uns Kraft, ihm abzusagen und dir zu leben. Laß dein Kreuz das Siegeszeichen in unserem Leben werden. Amen.

»Wenn nun ich, euer Herr und Meister, euch die Füße gewaschen habe, so sollt ihr auch euch untereinander die Füße waschen. Ein Beispiel habe ich euch gegeben, daß ihr tut, wie ich euch getan habe.« Johannes 13, 14.15

Das Gegenteil von dem, was Jesus getan hat, versteht der Mensch gut: dem andern den Kopf waschen. Wir stellen uns hoch, so daß wir den andern unter uns haben, und dann fangen wir von oben herunter an, ihm alles aufzuzählen, was er sich hat zuschulden kommen lassen. Hinterher sind wir dann noch stolz darauf.
Hier geht es nicht ums Kopfwaschen, sondern ums Füßewaschen; dazu muß man sich bücken. Der Herr und Meister tut's. Es sollte seinen besonderen Sinn haben; es soll Beispiel sein für die Jünger, aber auch für seine Gemeinde. Diese Fußwaschung ist außerdem ein Hinweis auf eine andere Waschung, auf das Abwaschen der Sünde. Keiner kann das, nur Jesus. Durch sein Wort: »Dir sind deine Sünden vergeben«, durch sein Blut.
Jesu Fußwaschung ist beispielhaft für das Zusammenleben seiner Jünger. Kein rechter Jünger erhebt sich über den andern, vielmehr hilft jeder dem andern. Er verweist ihn auf die Vergebung, die Christus erworben hat, und vergibt selbst dem andern auch. Dieser Liebesdienst ist Jesu Gabe an seine Gemeinde zu ihrer ständigen Reinigung und Erneuerung. Jeder kann ihn tun.

Dir sei Lob und Dank, Herr Jesus. Du reinigst uns von unsern Sünden. Keiner kann es dir nachtun. Aber hilf uns dazu, daß wir um deines Liebesdienstes willen auch dem andern vergeben und ihm zum Glauben an dich verhelfen, um deines Beispiels willen. Amen.

Eure Hände sind mit Blut befleckt und eure Finger mit Verschuldung. Jesaja 59, 3

Ob wir immer daran denken, daß, wie der ganze Mensch nach dem Bilde Gottes, so auch unsere Hände nach der Hand Gottes gemacht sind? Sie sind zum Guten bestimmt wie seine eigene. Aber was klebt alles an Menschenhänden! In ihnen prägt sich aus, was der Mensch ist. Davon spricht der Prophet, wenn er von den blutbefleckten Händen redet. Sie erheben sich so schnell gegen den andern und tun so wenig für den andern. Da sind sie alle gleich. Mit einer Ausnahme! Jesu Hände! Sie tun immer, was der Vater will. Sie taten es auch, als er mit der Geißel die Wechsler aus dem Tempel trieb. Erst recht, als er die Kinder segnete, den Aussätzigen anrührte, dem Blinden über die Augen strich und dem Taubstummen die Finger in die Ohren legte! Gute Hände. Sie wurden die schönsten und barmherzigsten Hände als sie ganz stillhielten, die Nägel sie durchbohrten und sie blutbefleckt am Kreuz hafteten. Es war aber kein fremdes Blut an ihnen, es war das eigene. Das gab er – für dich und für mich. Diese blutbefleckten Hände sind das Abbild der guten Hand Gottes über uns. Sie greifen nach uns, sie wollen uns ziehen und halten, bis unsere Hände anfangen, Gutes zu tun wie seine. Gott hat das mit ihnen vor.

Vater! Du streckst deine Hände aus nach uns. Du läßt uns das sehen an den Händen deines Sohnes am Kreuz. Laß uns doch inne werden, daß keine anderen Hände uns retten und führen können, und laß uns diese Hände fassen, damit auch unsere Hände Gutes wirken wie seine. Amen.

Und als er nahe hinzukam, sah er die Stadt an und weinte über sie und sprach: »Wenn doch auch du erkenntest zu dieser Zeit, was zu deinem Frieden dient!« Lukas 19,41.42

Gott will Frieden mit dem Menschen, denn er hat ihn lieb. Gegen die geballte Faust stellt er die geöffneten Arme am Kreuz, gegen den Haß die Barmherzigkeit. Aber wer glaubt ihm? Muß Jesus nicht wieder weinen wie damals über Jerusalem? Über uns und alle Völker? Droht der Menschheit nicht ein noch viel schrecklicherer Untergang als der Jerusalems? Wollen wir auch nicht erkennen, was die Menschen damals nicht erkannten? Wollen wir nicht in seinem Namen zur Buße rufen, damit, wenn der Untergang der Welt kommt, viele gerettet werden? Wir sind ihnen das Evangelium schuldig in Tat und Wort. Damit allein können wir den Frieden in die Welt bringen, den Frieden Gottes.

In der Welt ist Krieg. Der Krieg ist des Menschen Werk. Er entstand in dem Augenblick, als der Mensch sich gegen Gott auflehnte. Der Friede ist Gottes Werk. Er wurde in dem Augenblick offenbar, als Gott Frieden mit dem Menschen machte am Kreuz. Diesen Frieden annehmen, heißt zum Frieden kommen. Zu diesem Frieden sind wir gerufen, täglich neu. Zu diesem Frieden sollen wir auch andere rufen!

Herr Jesus, du hast für uns mit deinem Vater Frieden gemacht am Kreuz. Du hast es dich dein Leben kosten lassen, uns zum Frieden zu verhelfen. Verleihe uns, daß wir diesen Frieden annehmen, solange wir noch Zeit haben, damit wir wirklich zum Frieden kommen. Amen.

So oft ihr von diesem Brot esset und von diesem Kelch trinket, verkündigt ihr des Herrn Tod, bis daß er kommt. 1. Korinther 11, 26

Immer wieder lädt Jesus Menschen an seinen Tisch. Das ist das unveränderliche Zeichen dafür, daß er uns liebt. Er lädt alle ein, die kommen wollen. Er ist selbst dabei. Er hat es gesagt: das Brot, das ist mein Fleisch; der Wein, das ist mein Blut. Aus Fleisch und Blut besteht der Mensch. Er sagt mit diesen Worten: Ich bin dabei, du kannst mich in dich hineinnehmen. Der Vorgang ist mehr als ein Zeichen. Er stellt die Wirklichkeit dar, daß Jesus selber zum Menschen kommt, weil er ihn liebt. Er ist Gastgeber und Mahl zugleich. Da speist er die Seelen mit sich selbst und mit seiner Kraft. Er macht aus ihnen seine Gemeinde, weil er sie liebt, damit sie untereinander eins werden in seiner Liebe.

In vielen Gemeinden wird das Abendmahl an jedem Sonntag gefeiert. Jesus wollte mehr, er hat das Abendmahl an jede Mahlzeit jedes Tages gebunden. Die ersten Christen hatten das begriffen und es auch so mit dem Abendmahl gehalten. Es war ihre tägliche Speise. Darum liebten sie sich auch so untereinander! Die Erinnerung daran ist bis in unsere Tage gekommen. Jesus möchte, daß es nicht nur Erinnerung bleibt, sondern neu Wirklichkeit wird.

Dir sei Dank, Herr Jesus. Du holst uns an deinen Tisch und gibst dich selbst als Speise und Trank. Du machst unsere Seele satt und erfüllst uns mit der Gewißheit, daß wir einmal mit dir in deiner Herrlichkeit an deinem Tische sitzen werden. Dann wird uns nie mehr hungern und dürsten. Amen.

Gottes Wort ist nicht gebunden. 2. Timotheus 2, 9

In mehr als tausend Sprachen ist die Bibel oder sind Teile davon übersetzt. Die Völker und Stämme können sie in ihrer Muttersprache lesen. Nun strömt durch dies Buch unaufhörlich ein neuer Geist in die Herzen, der Geist Jesu Christi. Der schafft aus den Völkern der Welt ein neues Volk, das Volk Gottes.

Was verdankt unser Volk der Bibel! Sie gab durch Luthers Übersetzung unsern Vorfahren *eine* Sprache. Sie legte das neue Lied in ihren Mund, den Choral. Sie gab ihnen das kurze Lehrbuch für den Glauben, den Katechismus. Der Geist dieser drei Bücher – Bibel, Katechismus, Gesangbuch – hat unser Volk immer wieder aufgerichtet. Wo Deutsche ihre Heimat verließen, oft genug um ihres Glaubens willen, nahmen sie diese drei mit und mit ihnen die Heimat ihres Glaubens. So hatten sie festen Grund in der Fremde.

Noch immer ist die Bibel das am meisten verbreitete Buch. Wird sie aber noch gelesen? Noch wichtiger – wird sie noch gelebt?

Nur wenigen ist aufgegangen, wo die eigentlichen Ursachen für die Nöte der Zeit liegen: in der Gleichgültigkeit gegen Gottes Wort. Gleichgültigkeit ist gefährlicher als der Haß. Wo das Menschenwort gilt und nicht mehr das lebendige Wort, der Herr Christus, die Mitte ist, da fällt alles auseinander. Wo wir uns nicht an Gottes Wort gebunden halten, da fehlt auch seine bindende Kraft.

Dir sei Dank, du lebendiger Gott. Du gibst uns dein Wort und in deinem Wort das Leben. Du hilfst uns auf den Weg, der geradenwegs an dein Herz und in deine Herrlichkeit führt. Hilf uns, täglich aus deinem Wort zu leben. Amen.

»Des Menschen Sohn muß viel leiden und verworfen werden von den Ältesten und Hohenpriestern und Schriftgelehrten und getötet werden.«

Lukas 9, 22

Die Passionszeit war viele Jahrhunderte hindurch eine stille Zeit. Alle lauten Lustbarkeiten waren verboten. Das ist längst dahin! Trotzdem, wer die Anklage des Kreuzes vernimmt: »Dahin hast du mich gebracht«, dem wird das Herz still. Schrecklich, am Tode eines andern schuld zu sein, und noch dazu solch eines Menschen! Das Kreuz klagt an! Wie oft haben wir uns nicht zu Jesus bekannt. Wir fürchteten, leiden zu müssen. Aber er *hat* gelitten. Mit jeder neuen Passionszeit wird die Anklage schwerer, denn wieder steht das Kreuz da als Zeichen Gottes: das tat ich für dich! Das sagt derselbe, den wir ans Kreuz haben bringen helfen. Wer nie gewußt hat, was Vergebung ist, der kann es hier sehen. Wer wissen will, was wirklich Liebe ist, der kann es hier lernen. Wer erkennen will, wie Gott über uns denkt, der sehe den Gekreuzigten an. Da hängt er, wo der Mensch hängen müßte. Da stirbt er, wo der Mensch sterben müßte. Da geht er in die Hölle der Gottverlassenheit, in die der Mensch gehörte. Da leidet er alles, was der Mensch leiden müßte.
Wo in aller Welt gibt es solche Güte? Nirgends als am Kreuz.

Du hast dich nicht geweigert, Herr Christus, dich martern und aus deinem Volk ausstoßen zu lassen. Du hast am Kreuz nicht angeklagt, die dich dahin brachten, du klagst auch uns nicht an. Wir sehen an dir eine Liebe, die wir nicht haben, aber wir fühlen, es ist die Liebe Gottes. Erbarme dich unser und schenke sie uns. Amen.

»Mußte nicht Christus solches leiden und zu seiner Herrlichkeit eingehen?« Lukas 24, 26

Sagen wir es doch ohne Umschweife: Begreifen und mit dem Verstande erfassen läßt es sich nicht, daß Gott seinen Sohn dahingibt in Tod und Hölle, damit nicht *wir* in Tod und Hölle dahingegeben werden müssen. Aber wir dürfen dem ein wenig nach-denken, daß es so sein mußte. Es geht uns dann wie dem Mose. Er darf, trotz seiner Bitte, die Herrlichkeit Gottes nicht sehen; doch darf er, wenn Gott an ihm vorübergegangen ist, »hinterher sehen«. Hinterher, nachdem Karfreitag, Ostern und Himmelfahrt geschehen sind, öffnet der Heilige Geist zu Pfingsten uns Augen und Herz, daß wir etwas davon erkennen können, warum auf keine andere Weise die Rettung der Welt erfolgen konnte als durch den Tod Jesu.
Gott ist ein heiliger Gott. Er muß seine Heiligkeit unverändert und unveränderlich behalten. Er will aber deutlich machen, daß er den Menschen liebt und will. Das tat er durch Jesus. Der ruft die Sünder aus ihrer Sünde heraus, tritt für sie vor den heiligen Gott, der Heilige für die Unheiligen, damit die Unheiligen heilig würden und vor dem heiligen Gott bestehen können. Nun ist das Kreuz das ewige Zeichen der Liebe Gottes. Jeder hat die freie Wahl, sich am Kreuz für oder gegen Jesus zu entscheiden. Damit entscheidet er aber auch über sein Leben, sein ewiges Leben.

Du ewiger, heiliger Gott, barmherziger Vater! Du hast uns durch deinen lieben Sohn offenbart, daß du heilig und barmherzig zugleich bist. Mache uns durch deinen Geist heilig und barmherzig, wie dein Sohn es war und wie du es bist. Mache uns zu deinen rechten Kindern. Amen.

Christus, ob er wohl in göttlicher Gestalt war, nahm er's nicht als einen Raub, Gott gleich zu sein.

Philipper 2, 6

Noch immer gedenkt die Christenheit am Karfreitag daran, daß Christus seine Liebe zu ihr bestätigt hat, indem er am Kreuz für sie sein Leben gab. Und was für ein Leben! Wie in einer Biographie hat Paulus den Christen in Philippi dieses Leben geschildert. Es fängt nicht erst bei Jesu Geburt, sondern vorher bei Gott an. In seiner Familie, in seiner Heimat und in seinem Volk war er wie ein Fremdling. Aber alle, die ihm begegneten, ließ er merken, daß er sie liebte und zu ihnen gehörte. Über niemand erhob er sich und war immer für den da, der ihn brauchte. Und wer ihn brauchte, das wußte Jesus oft besser als der betreffende Mensch selber. Er fragte nicht danach, was die Menschen dazu sagten, ob ihnen das gefiel oder nicht. Für ihn kam alles darauf an, daß er tat, was der Vater wollte.
Durch Propheten hatte Gott lange vorher verkündigen lassen, daß er seinen Sohn für die Sünden der Menschen würde ans Kreuz schlagen lassen. Das hat Paulus sich nicht erdacht, auch nicht die erste Christenheit oder die spätere in der Welt. Das hat Gott in seiner Barmherzigkeit so bestimmt und geschehen lassen. Dieses Geschehen ist mit dem Namen Jesu gezeichnet.
Gott hat an diesen Namen das Heil der Welt gehängt. Wohl dem, der sich diesem Namen verschreibt; denn dieser Name umfaßt Zeit und Ewigkeit.

In meines Herzens Grunde dein Nam und Kreuz allein funkelt all Zeit und Stunde, drauf kann ich fröhlich sein. Amen.

Sind wir aber mit Christus gestorben, so glauben wir, daß wir auch mit ihm leben werden. Römer 6, 8

Was eigentlich vorgeht, wenn der »alte Adam« zu einem »neuen Menschen« wird, kann sich keiner vorstellen, denn solche Verwandlung ist ein direkter Eingriff Gottes, und der läßt sich bei seinem Tun nicht belauschen. Daß solche Verwandlung geschehen ist, läßt sich hinterher feststellen, aber nicht, wie sie geschieht. Sie ist nur deshalb möglich, weil Jesus Christus kein Toter, sondern ein Lebendiger ist, der von der rechten Hand Gottes her weiterhin verwandelnd wirkt.

Den Vorgang der Verwandlung sieht Paulus im Sterben und in der Auferstehung Jesu gleichnishaft abgebildet. Jesu Tod am Kreuz für die Sünder sterben alle Sünder mit, die an ihn glauben, ihr alter Adam stirbt mit Christus. An Jesu Auferstehung zu einem Leben in Ewigkeit haben alle teil, die sich an den Auferstandenen hängen. Er nimmt sie als Mitauferstandene in sein neues Leben hinein. Das kleine Wort »mit« verwendet Paulus, um das Ineinander und Miteinander zwischen Christus und dem von Christus Erfaßten zu bezeichnen: mit Christus gestorben, mit Christus auferstanden, mit Christus leben. So fängt das Christwerden an. Schon hier beginnt die neue Welt Gottes, die er einmal in Herrlichkeit vollenden wird.

Du Herr des Lebens, wir danken dir, daß du aus allem Vergehen und Sterben uns herausrufst in das neue Leben, das von dir kommt. Laß uns erkennen, was für ein großes Angebot das ist, und danach trachten und uns daran freuen, daß wir dein Leben mit dir teilen dürfen. Amen.

Herr, wir wollten Jesus gerne sehen. Johannes 12, 21

Der Wunsch der aus dem Ausland zum Passahfest gekommenen Juden ist begreiflich. Sie hatten von Jesus gehört, man würde sie nach ihrer Rückkehr vielleicht sogar nach ihm fragen. Sie konnten nicht zurückkehren, ohne ihn gesprochen oder wenigstens gesehen zu haben. Was bei ihnen sonst noch hinter diesem Wunsch stand, vielleicht eine persönliche Messiaserwartung, wird hier nicht gesagt. Aus dem Bericht ist nicht einmal zu erkennen, ob sie Jesus tatsächlich gesehen haben. Aber Jesus nimmt diese Bitte der hellenistischen Juden zum Anlaß, um den Jüngern und der mithörenden Menge etwas ganz Grundsätzliches über die richtige Stellung, die man zu ihm einnehmen muß, zu sagen.
Es kommt gar nicht darauf an, daß man Jesus mit seinen Augen erblickt, sondern daß man an ihn glaubt. Thomas, der nicht glauben wollte, daß Jesus auferstanden sei, wenn er nicht seine Finger in die Nägelmale und die Hand in die Speerwunde legen könne, mußte sich vom Auferstandenen sagen lassen: Selig, die nicht sehen und doch glauben. Es muß also grundsätzlich ohne das Sehen gehen.
Daß doch auch von uns gesagt sein möchte, was Petrus in seinem Brief schreibt: »Welchen ihr nicht gesehen und doch liebhabt, und nun an ihn glaubet, wiewohl ihr ihn nicht sehet«!

Herr Jesus, unsere Augen sehen dich nicht, aber unser Herz kennt dich. Du weißt, wie gern und oft wir dich bei uns hätten, um dich zu fragen und uns von dir raten zu lassen. Hilf uns glauben, daß wir das immer können, auch wenn wir dich nicht sehen, und laß uns erfahren, daß du immer bei uns bist. Amen.

Er soll die Starken zum Raube haben, weil seine Seele sich abgemüht hat, und er sein Leben in den Tod gegeben und die Sünde der Vielen getragen hat. Jesaja 53,11.12

Er, Jesus, ist allein und wirklich der Starke. Er widersteht dem Satan. Er widersteht allen Versuchungen, ob sie aus dem Kreise seiner Jünger oder seiner Feinde kommen. Er widerstrebt dem Übel nicht und sucht nicht sein Recht. Er geht seinen Weg unbeirrt. Er hört auf keine andere Stimme als auf die seines Vaters. So erfüllt sich an ihm das Wort des Propheten.
Wörtlich heißt es: »Er hat sein Leben ausgegossen in den Tod«. Bewußt ausgegossen. Natürlich haben seine Henker ihn getötet, aber er hat dem nicht widerstrebt. Er hat alles getragen, was sie und alle andern ihm antaten. Fragt man, was ihn dazu veranlaßt hat, so lautet die Antwort: Liebe. Liebe. Es ist die Liebe, die das gerechte Gericht Gottes, das über uns um unserer Sünden willen hätte kommen müssen, über sich ergehen läßt. Er tritt an unsere Stelle.
Die Starken in der Welt sind anders als der Starke am Kreuz. Die lassen andere für sich sterben. Dieser stirbt für die andern, darum ist er stärker als alle, die vor ihm starben und nach ihm noch sterben werden, ganz anders. Ist es noch eine Frage, auf wessen Seite wir uns stellen wollen?

Herr Christ, du Überwinder alles Bösen, du Träger aller Schuld, dich beten wir an! Du stellst dich unter unsere Schuld, du tauschst unsere Verdammnis gegen dein Leben, du wartest auf deine Stunde bei den Großen und bei den Geringen, damit sie für Zeit und Ewigkeit dein seien in Kraft und in Herrlichkeit. Amen.

Sei nicht ferne von mir, denn Angst ist nahe; denn es ist hier kein Helfer.

Psalm 22, 12

Der Schrei Jesu am Kreuz: »Mein Gott, mein Gott, warum hast du mich verlassen?« ist notvolle Wirklichkeit. Es ist tatsächlich kein Helfer da. Jesus ist wirklich und wahrhaftig losgelassen von seinem Vater. Der Abgrund der Hölle verschlingt ihn. Und das hatte Jesus gar nicht verdient und gar nicht nötig. Aber er ging in die Hölle! Es war sein freier Wille uns zugut. »Daß ich mög' trostreich prangen, hast du ohn' Gott gehangen«, singt ein altes Kirchenlied. Und er hat die Bresche geschlagen aus der Hölle heraus – für uns. Er ist dahin gegangen, wo von Rechts und Gesetzes wegen jeder Mensch hingehört – du und ich auch. So hat er die Strafe auf sich genommen und das Gesetz erfüllt – für uns. Er hat die Gerechtigkeit erworben – für uns. Das ist seine unausdenkbare Liebestat – für uns.

Zugegeben, daß solche Botschaft dem zweiflerischen Menschen unserer Tage ganz unglaublich erscheint, aber das ändert an der Tatsache nichts, daß Jesus vorhat, jeden aus aller Angst zu reißen, der zu ihm flüchtet. Es ist jedes Menschen persönliche Angelegenheit, sich davon zu überzeugen. Keiner soll mehr sagen müssen: Es ist kein Helfer da! Jesus ist der Helfer.

Vater, wir haben dich oft verlassen, du ließest uns nie. Du hast deinen Sohn verlassen, und er ließ dich nie. Ihn ließest du entgelten, was wir dir taten. Herr Christ, wir danken dir, daß du es ertrugst um unsertwillen. Nun hilf uns glauben, daß uns der Vater nie läßt – um deinetwillen. Laß uns dessen froh und gewiß sein. Amen.

Ist aber Christus nicht auferstanden, so ist unsre Predigt vergeblich, so ist auch euer Glaube vergeblich.
1. Korinther 15, 14

Mit Ostern hat für Paulus ein Leben begonnen, wie er es sich in seinem Herzen ersehnt, durch eigene Kraft nicht gefunden, aber durch die Erscheinung des Auferstandenen geschenkt bekommen hat. Alles, was er hinterher gesagt, getan und erlitten hat, ist dafür sein persönliches Zeugnis. Ohne das alles wäre die Geschichte der Christenheit bis heute nicht denkbar. Sie fußt auf der Gewißheit, die auch Paulus zuteil geworden war, daß die Auferstehung Jesu Wirklichkeit und lebendige Quelle zu einem neuen Leben ist, das der Mensch aus eigener Kraft nicht gewinnen kann.
Von da an war es für ihn der Sinn seines Lebens, anderen zu diesem Leben zu verhelfen. Das konnte nur so geschehen, daß jeder einzelne den Auferstandenen zur Mitte seines Lebens machte wie Paulus selber. Ohne diese Mitte wäre die Menschheit um die lebendige Hoffnung gebracht, ohne die sich das Leben nicht lohnt. Was ist schon Leben nur in dieser Welt wert mit dem Tod als Abschluß und der Unvollkommenheit, die allem Leben anhaftet? Alles Schwere, aller Spott, alle Verfolgung und alles Elend wiegt die Vollkommenheit nicht auf, die Jesus allen zugesagt, die sich an ihn halten.

Herr Jesus Christus, überwinde allen Zweifel in uns und laß uns im Glauben dich als den Lebendigen erkennen. Laß uns hoffen auf die Zeit, da wir mit dir vereinigt sein werden bei unserem Vater im Himmel. Amen.

Entsetzet euch nicht! Ihr suchet Jesus von Nazareth, den Gekreuzigten. Er ist auferstanden.

Markus 16, 6

Überraschend ist die Botschaft von der Auferstehung Jesu von den Toten noch immer. Jesus von Nazareth nimmt sich das Leben wieder, das er ganz bewußt und mit seinem eigenen Willen hingegeben hat. Er ist wirklich auferstanden!

Wir wissen, was ins Leben kommt, geht auch eines Tages wieder aus dem Leben. Das ist ein Naturgesetz. Aber nun ist alles anders. Es ist *doch* ein Kraut wider den Tod gewachsen. Es ist *doch* einer von den Toten wiedergekommen. Der Tod hat *doch* nicht das letzte Wort, und wenn er auch jetzt noch die Herrschaft hat: er *bleibt* nicht der Herr. Sieger über ihn ist der Herr Jesus Christus. Er hat dem Tode die Macht genommen und das Leben und ein unvergängliches Wesen an das Licht gebracht.

Und das Herrlichste: dieser Herr ist derselbe, der auf alle Weise – wirklich auf alle, bis zum Einsatz seines Lebens! – uns zu der Überzeugung bringen will, daß er uns liebhat. Mit den Engeln im Himmel freut er sich darüber, wenn einer zu ihm findet und bei ihm bleibt. Er wartet darauf, daß wir endlich anfangen, ihn wiederzulieben, weil es keinen Menschen gibt, der solche Liebe von uns verdient, wie er. Leben, Freude und Zukunft sind nur da, wo man an Jesus hängt. Zu ihm ruft dich die Botschaft von seiner Auferstehung. Auch du sollst das Leben haben!

Alle Angst vor dem Tod und alle Furcht vor dem Sterben willst du uns nehmen, lieber Herr. Dazu bist du selber durch die gleiche Angst und Not gegangen wie wir, uns zugut. Dir sei ewiglich Dank. Amen.

Spricht Jesus zu ihm: Weil du mich gesehen hast, Thomas, so glaubst du. Selig sind, die nicht sehen und doch glauben! Johannes 20, 29

Was für ein unglücklicher Mensch ist Thomas in seinem Unglauben. Er wünscht sich, sein Herr und Meister möchte noch leben. Aber er weiß von dem Tod am Kreuz und der Grablegung. Jesus ist tot, das ist eine Tatsache. Und nun sagen ihm seine Mitjünger: Jesus lebt, wir haben ihn gesehen. Aber weil er den Tod für etwas Endgültiges und eine Auferstehung für etwas Unmögliches hält, will er selber sehen oder lieber in seiner Verzweiflung bleiben. Wie schwer ist der Schritt in den Glauben!
Von den Millionen Christen haben nur ganz wenige den Auferstandenen gesehen. Wir auch nicht. Zweifeln wir wie Thomas? Jesus fordert uns auf, ihm mehr zu glauben als uns selber. Wer sind wir schon? Stückwerk, sterblich und haltlos. Elend und verloren ist jeder, der sich nicht an den Auferstandenen hält. Thomas hat es begriffen.
Wir sollten ihn nicht mehr den ungläubigen Thomas nennen. Er ist ja zum Glauben gekommen, und wir sollen es auch. Es kommt nicht darauf an, ob wir das wie Thomas mit den Worten sagen: »Mein Herr und mein Gott«. Auf Worte kommt es überhaupt nicht an, aber darauf, daß wir den Auferstandenen zum Herrn haben und seine Jünger werden.

Hilf uns, Herr Christ, daß wir das Maß aller Dinge und die Mitte der Welt nicht in uns selber sehen, sondern in dir. Hilf uns, unser Herz an dich zu hängen und unser Leben für dich einzusetzen, damit wir werden, was du aus uns machen willst. Amen.

Jesus wird vor euch hingehen nach Galiläa; da werdet ihr ihn sehen. Markus 16, 7

Es ist alles anders, als die Frauen denken, die zum Grabe kommen, um die Salbung Jesu nachträglich vorzunehmen. Das Grab ist offen, des Herrn Platz ist leer. Die Trauer der Frauen wird Entsetzen, als sie aus Engelsmund die Botschaft hören: »Jesus ist auferstanden.« Sie erhalten den Auftrag, das den Jüngern zu sagen und mit ihnen nach Galiläa zu gehen. Wahrscheinlich wären auch wir genau wie die Frauen voller Entsetzen von diesem Grabe geflohen. Kein Wunder, daß die Frauen schweigen. Sie sind viel zu erschüttert, um reden zu können.
Dieser kurze Bericht über das Erlebnis der Frauen am Grabe des Auferstandenen trägt alle Merkmale des Eingreifens Gottes. Gott greift ein, und der Tod ist nicht mehr. Das ist Gottes Ostertat. Jesus hat gesagt, er werde am dritten Tag auferstehen. Gott hat das wahrgemacht. Darin zeigt sich Jesu Einssein mit dem Vater und seine Zugehörigkeit zu ihm. Damit bestätigt Jesus sein Wort: »Ich bin die Auferstehung und das Leben«, und damit garantiert er den Seinen, sie sollen durch ihn auch das Leben der Auferstehung haben.
Das ist die Osterbotschaft Gottes an die Welt. Wer sie annimmt, wird für immer das Leben haben. Für den ist der Weg durch die Welt der Weg zum Leben in der Herrlichkeit Gottes.

Jesus lebt! Ihm ist das Reich über alle Welt gegeben. Mit ihm werd' auch ich zugleich ewig herrschen, ewig leben. Gott erfüllt, was er verspricht. Dies ist meine Zuversicht. Amen.

Gott aber ist nicht der Toten, sondern der Lebendigen Gott; denn sie leben ihm alle. Lukas 20, 38

Das war immer schon so: Wer keine Auferstehung will, findet für seine Behauptung, daß es keine gäbe, auch Beweisgründe. Darum erzählen die Sadduzäer Jesus die Geschichte von den sieben Brüdern, die nach der Anweisung des Mose jeder nach dem Tode des vorhergehenden Bruders die hinterbliebene Frau geheiratet und keine Kinder hinterlassen haben. Für sie als Schriftgelehrte steht damit die Torheit der Auferstehungshoffnung fest. Sie meinen, Jesus müsse sich entweder gegen die Vorschriften des Mose entscheiden oder zugeben, daß es keine persönliche Auferstehung gibt.
Jesus ist aber ein besserer Schriftgelehrter als sie. Er beweist ihnen aus der Schrift, daß Gott sich dem Mose am brennenden Dornbusch mit den Worten vorstellt: »Ich bin der Gott deines Vaters, der Gott Abrahams, der Gott Isaaks und der Gott Jakobs«, und er fügt hinzu: »Gott ist nicht der Toten, sondern der Lebendigen Gott.« Gott bewacht nicht die Gräber der drei Erzväter, sondern ist noch jetzt in gleicher Weise ihr Gott wie zu ihren Lebzeiten. Sie leben ihm alle.
Wie Gott sich Mose im Dornbusch zuwendet, so hat er sich in Jesus Christus jedem zugewendet, der sich an ihn hält. Mit der Auferstehung seines Sohnes hat der lebendige Gott die Schriftauslegung Jesu bestätigt. Durch seine Worte und durch seine Auferstehung bestätigt es Jesus auch uns: Wir werden auferstehen!

Du Auferstandener, laß uns hier mit dir leben, damit wir einst immer bei dir leben können. Amen.

»Ich war tot, und siehe, ich bin lebendig von Ewigkeit zu Ewigkeit.« Offenbarung 1, 18

Jesus, der hier dem Johannes als der »Herr der Herrlichkeit« erscheint, sagt: Ich war tot. Das bedeutet doch: der Tod ist Vergangenheit, der war einmal, der ist vorüber. Nun bin ich lebendig in Ewigkeit. Da wird durch Christi Wort weiter Raum hinter dem Tod, dem engen Sarg und den stillen Gräbern. Und Gott hat dafür gesorgt, daß der Auferstandene »sich sehen ließ« – »erschien«, wie Luther übersetzt. Was man mit eigenen Augen gesehen hat, das ist sicher, daran kann man nicht mehr zweifeln. Jeglicher Zweifel an der Botschaft: »Jesus lebt hinter dem Sterben« sollte ausgeräumt werden. Der Seher Johannes glaubt der Botschaft zwar, sonst wäre er nicht der Zeuge Jesu geworden, aber um des besonderen Auftrags willen, den er hier erhält, darf er noch einmal »sehen«. Es ist eine große und gewaltige Stunde, als ihm der Herr erscheint. Sie überwältigt ihn, daß er ist »wie ein Toter«.
Wenn der Herr selber von drüben her die Wand durchbricht, die die obere und die untere Welt voneinander scheidet, dann darf der so Begnadete »sehen« wie einst Johannes. Das geschieht, wie und wann der Herr es für nötig hält. Es geschieht aber immer nur darum, damit wir seine Zeugen werden.

Dir sei Dank, Herr Christ, daß du Menschen zu Zeugen deiner Auferstehung und deiner Erhöhung gemacht hast. Nun dürfen wir wissen, daß dem Tode die Gewalt genommen ist und alle die Deinen dich in deiner Herrlichkeit schauen und dir in deiner Herrlichkeit dienen dürfen wie die Engel und Mächte deiner himmlischen Welt. Amen.

Da wurden die Jünger froh, daß sie den Herrn sahen.

Johannes 20, 20

Den Jüngern war der Himmel eingestürzt, als ihnen Jesus genommen wurde. Es war wirklich geschehen. Er hing am Kreuz und starb. Das hatte sie in Schrecken und fassungslose Trauer versetzt. Dazu kamen noch die Selbstvorwürfe, daß sie sich so feige benommen hatten, und die Furcht, die Hände der Hohenpriester und Pharisäer könnten auch nach ihnen greifen. Wie sollte ihr Leben nun weitergehen, nachdem der von ihnen gegangen war, um den sie sich gesammelt hatten?

Und dann geschah das Unfaßliche: Er erschien ihnen, obwohl man ihn doch ins Grab gelegt hatte. Kein Wort hörten sie von ihm, das sie gescholten oder beschämt hätte, nur den schlichten, alltäglichen und von den Jüngern diesmal als Erlösung empfundenen Gruß: Friede sei mit euch. Jesus steht mitten unter ihnen, als wäre gar nichts gewesen. Er will sie nur davon überzeugen, daß er es wirklich ist.

Da wurden die Jünger froh. Alles, was in ihren Herzen vor sich ging, steckt in diesen Worten. Er war wieder zu ihnen gekommen. Er hatte sie wieder angenommen. Mehr, er sandte sie wieder aus wie früher. Noch mehr, er rüstete sie aus mit seinem eigenen Geist und seiner Vollmacht. Nun wußten sie, daß dieser Auferstandene wirklich der »Christus« war. Ihnen war das Leben wiedergegeben.

Du auferstandener Siegesfürst. Hilf uns doch, an deinen Sieg über Gewalt und Lüge, über Ungerechtigkeit und Unbarmherzigkeit zu glauben. Du weißt, wie wir darunter leiden, daß es davon so viel in der Welt und auch bei uns gibt. Wir möchten so gern froh sein. Mache du selber uns froh durch deinen heiligen Geist. Amen.

Ich werde wandeln vor dem Herrn im Lande der Lebendigen. Psalm 116, 9

Jeder führt sein Leben, wie es ihm gefällt. Das liegt so im Wesen des Menschen. Dabei kommt erfahrungsgemäß vieles heraus, was dem Menschen nicht gefällt. Und dann ist er gewöhnlich um den weiteren Weg verlegen. Er weiß weder Weg noch Ziel.
Weil Gott das weiß und helfen will, hat er Jesus gesandt, Weg und Ziel zugleich. Wir verdanken dem Todesüberwinder Jesus die Errettung vom Tode, vom ewigen Tode. Nicht so, daß wir nicht zu sterben brauchen, das wird uns nicht abgenommen; sondern daß wir in Christi Herrlichkeit als die Verklärten um ihn sein werden. Er trocknet die Tränen, die wir um unserer Schuld willen weinen müssen, durch seine Vergebung. Er bewahrt uns davor, daß wir verkehrte Wege gehen, indem er die Führung unseres Lebens in seine eigenen Hände nimmt. Das wird an jedem Tag neue Wirklichkeit, und jede einzelne Guttat ist wie ein Seil, an dem Gott uns hält und zieht. Er tut eine Wohltat nach der andern, daß wir aus dem Danken für die Güte Gottes gar nicht heraus-, vielmehr immer mehr ins Danken hineinkommen.

Ewiger Gott und Vater. Du hast dich unser erbarmt. Du hast unsere Furcht vor dem Tode und unsere Tränen gesehen. Du sahst, wie wir fielen und nicht wieder aufstehen konnten. Du selber hast durch deinen lieben Sohn uns aufgerichtet und für uns einen Platz in deinem Reich bereitet. Dir sei Dank, daß wir uns darauf freuen dürfen. Amen.

So liegt es nun nicht an jemandes Wollen oder Laufen, sondern an Gottes Erbarmen. Römer 9,16

Eine der großen Taten menschlichen Forschergeistes in der jüngsten Zeit war die Entdeckung der vierten Dimension. Zu den drei bekannten: Länge, Breite und Höhe trat eine vierte »Raum und Zeit«. Die drei ersten sind faßbar, die vierte nicht. Raum und Zeit kann der Mensch nicht in den Griff bekommen. Im Gegenteil, er ist ihnen unterworfen. Was hier auf dem Gebiet der Physik neu entdeckt ist, war auf dem Gebiet des Glaubens längst bekannt.
»Wollen und Laufen«, knapper läßt es sich kaum sagen, machen den Inhalt des menschlichen Lebens aus. Leben aber geschieht ständig vor Gott, der Herr über Raum und Zeit ist. Ihm ist der Mensch ausgeliefert, ob er will oder nicht. Aber in Raum und Zeit hinein hat Gott etwas einmalig Besonderes gegeben. Der Mensch Jesus Christus ist gekommen, Raum und Zeit unterworfen wie unsereiner. Aber er hat den letzten Raum, in dem der Mensch am Ende seines Lebens liegen wird, durchbrochen, und die Zeit, die sonst dem Leben ein Ziel setzt, ebenfalls. Er ist auferstanden. Das Grab hat ihn nicht gehalten.
Christus lebt. Bei Christus findet unser »Wollen und Laufen« ein Ziel. An Christus erkennen wir, wer Gott ist: Gott ist der Gott des Erbarmens.

Du Herr der Welt, Vater unseres Herrn Jesus Christus, du neigst dich hernieder in unsere Armseligkeit, du enthüllst unsere Ohnmacht und offenbarst uns, daß in dir alles Heil ist und alle Kraft. Du gibst uns die Freude, die unaussprechlich und unvergänglich ist. Dir sei Ehre und Lob in Ewigkeit. Amen.

Aber ich will sie aus dem Totenreich erlösen und vom Tode erretten. Tod, ich will dir ein Gift sein; Totenreich, ich will dir eine Pest sein. Hosea 13, 14

Überall und zu allen Zeiten hat es in der Welt Zustände gegeben, da regiert die nackte Selbstsucht und der Wille, dem andern zum Tode zu helfen. Das sind die dunklen Blätter in der Geschichte. Jedes Volk kennt sie und keines läßt sich gern daran erinnern. Aber gern erinnert es sich an die Männer, denen es gelang, solchen Zuständen wenigstens zeitweise ein Ende zu machen. Das war dann immer eine Befreiung für viele, denen der Tod bereits zugedacht war.

Sicher haben die meisten, die damals die Worte des Propheten Hosea hörten, ihn so verstanden. Aber damit hätten sie ihn nur halb verstanden. Hosea sieht tiefer. Er spricht vom Tod des Todes und vom Sterben des Totenreiches. In seinem Wort weht der Atem der Auferstehung. Es ist ein österliches Wort. Der Heilige Geist hat es ihm eingegeben. Mit der Auferstehung Jesu hat die Erfüllung seines Wortes angefangen.

Gott steht zu seiner Verheißung: Ich will sie erlösen! Gottes »Ich will« wird immer Wirklichkeit. Gott sei von Herzen Dank, daß in einer Welt, in der soviel und so schrecklich gestorben wird, die Botschaft von dem Todesüberwinder erklingt und zum Leben und Sterben froh macht!

Du allmächtiger Gott. Wir danken dir, daß du eine ewige Erlösung erfunden hast. Wir danken dir, Herr Christ, daß du sie vollbracht hast. Du hast die Verheißungen deines Vaters zu erfüllen angefangen und wirst sie herrlich vollenden. Laß uns dessen gewiß sein, damit wir getrost und fröhlich leben und sterben können in deinem Namen. Amen.

Diesen Jesus hat Gott auferweckt; des sind wir alle Zeugen. Apostelgeschichte 2, 32

Wichtige Meldungen stehen als Schlagzeile mit großen Lettern in den Zeitungen, an jedem Tag eine neue. Gottes Wort aber hat eine einzige Schlagzeile, nämlich die Botschaft: Gott hat Jesus auferweckt. Die soll die Menschen aufhorchen lassen, ob ihnen das paßt oder nicht. Sie müssen dazu Stellung nehmen. Darum war sie auch das Thema der Predigt des Petrus. Die meisten Hörer hatten Jesus von Angesicht gekannt. Sie wußten um seinen Tod am Kreuz. Aber wenn nun nichts weiter zu sagen gewesen wäre? Petrus hatte mehr zu sagen: Jesus ist auferstanden.

Wir müssen uns einmal vorstellen, wir hätten davon noch nie etwas gehört. Und nun käme einer, wie damals Petrus, und verkündigte: Wir, meine Brüder und ich, bezeugen, daß dieser Jesus lebt. Wir haben ihn gesehen und mit ihm gesprochen. Und damit keiner sagen kann: wer weiß, was der Petrus da in seiner Sehnsucht gesehen hat, werden die Frauen und sogar ein Kreis von über 500 als Zeugen angeben.

Was würde diese Botschaft von der Auferstehung, nun zum ersten Male gehört, wohl für einen Eindruck auf uns machen? Und welche Folgerungen würden sich für uns aus ihr ergeben? Sie soll der Anfang eines neuen Lebens werden!

Du willst unser Leben, du lebendiger Gott. Du willst uns nicht dem Tode lassen. Wir danken dir, daß du uns zu dem Leben berufen hast, das du selber lebst. Du hast uns an deinem Sohn erkennen lassen, wie herrlich solch Leben ist. Hilf uns, daß wir es erlangen und uns seiner hier und in Ewigkeit freuen. Amen.

Er ist auferstanden, wie er gesagt hat. Matthäus 28, 6

Das ist Botschaft aus Engelsmund. Was Jesus vor seinem Tode gesagt hat, wird vom Boten Gottes verkündigt, nachdem es geschehen ist.
Wer unbefangen die Berichte über Jesu Leben liest und sieht, welchen Machenschaften Jesus schließlich zum Opfer fällt, der atmet bei der Botschaft der Auferstehung richtig auf. Nun dürfen Haß, Lüge und Verrat doch nicht triumphieren! Jesus, die Wahrheit und Gerechtigkeit, bekommt Recht! Gott sorgt dafür, daß sein Sohn nicht im Tode bleibt. Jesus ist glänzend gerechtfertigt. Es ist wirklich zum Freuen! Noch mehr Grund zum Freuen ist aber: Jesus hat auch für uns gesiegt. Sein Sieg gilt für alle Menschen aller Zeiten. Also auch für uns – vorausgesetzt, daß er unser Herr ist.
Der Engel verkündet: »Er ist auferstanden, wie er gesagt hat.« Jesus verkündet: »Ich lebe, und ihr sollt auch leben.« Wir sollen also auch das Leben mitleben, das Jesus nach seiner Auferstehung lebt. Wir haben damit die Gewißheit, daß seine Worte sich an uns verwirklichen. Welche Aussicht! Es geht durch Sterben und Tod zu ihm in die Herrlichkeit, die jeden Tag in dies Leben hineinleuchtet.

Du gerechter und treuer Gott, du stellst die Ungerechtigkeit der Menschen durch dein gerechtes Gericht ins helle Licht. Du führst deinen Sohn aus dem Tod heraus. Wir rühmen deine große Macht; noch mehr deine Barmherzigkeit, daß du auch uns willst geschehen lassen, was deinem Sohn geschah, obwohl wir nur das Gericht verdient haben und nicht die Auferstehung zum Leben. Gelobt sei deine Barmherzigkeit. Amen.

Gelobt sei Gott, der Vater unseres Herrn Jesus Christus, der uns nach seiner großen Barmherzigkeit wiedergeboren hat zu einer lebendigen Hoffnung durch die Auferstehung Jesu Christi von den Toten. 1. Petrus 1, 4

Die tote Hoffnung besteht aus menschlichen Wunschbildern. Die lebendige Hoffnung ist ein Geschenk, das Gott anbietet. Die geboren sind, sollen nach seinem Willen wiedergeboren werden, hinein in eine lebendige Hoffnung. Sie fängt da an, wo ein Mensch nichts mehr von sich selbst, sondern alles von Jesus Christus erwartet.
Am Karfreitag wird auf Golgatha der Unterschied deutlich: Ein Mitgekreuzigter, voll toter Hoffnung, endet in Verzweiflung; und der andere, der nach einem verfehlten Leben seine Hoffnung auf den setzt, der »in sein Reich kommt«, erhält die größte Zusage, die je einem Menschen gegeben wurde: »Heute wirst du mit mir im Paradiese sein!« Die Ostersonne ging auf, einem der Mitgekreuzigten zum ewigen Leben, dem andern zum Gericht.
Am Auferstandenen scheiden sich die Wege der Menschen. Die Ungläubigen haben die Auferstehungsgläubigen immer wieder Narren gescholten. Das darf uns nicht anfechten. Der Auferstandene möchte, daß wir trotzdem an unserer lebendigen Hoffnung festhalten. Er wird sie erfüllen, und dann wird des Lobens kein Ende sein.

Herr, Gott, dich loben wir, daß du uns zu deinen Kindern gemacht hast durch deinen lieben Sohn. Du hast uns aus lauter Barmherzigkeit das Leben geschenkt, das von dir stammt, und erhältst uns bei dir. Du hast uns in unsere Hoffnungslosigkeit hinein die lebendige Hoffnung gegeben, die ihre Erfüllung vom Auferstandenen erwartet. Dir sei ewig Dank. Amen.

Ihr seid mit Christus begraben durch die Taufe, und mit ihm seid ihr auch auferstanden durch den Glauben, den Gott wirkt, welcher ihn auferweckt hat von den Toten. Kolosser 2, 12

Die Kolosser, die das lasen, haben es verstanden, weil sie ein neues Leben hatten. Sie waren einmal »tot«, sie lebten wie alle andern Leute auch, ohne nach Gott zu fragen. Aber sie waren nun »erweckt« und »auferweckt« worden aus diesem Tode. Ihnen war gesagt worden: Glaubt an den Gekreuzigten und Auferstandenen. Das hatten sie getan. Gott hatte ihr Herz angerührt, und sie hatten die Botschaft angenommen. Darum hatten sie sich auch taufen lassen. Damit war ihr altes Wesen tot. Fasse es, wer will. Wer glaubt, der hat. Sie hatten, denn sie glaubten dem Wort der Predigt.
Das Auftauchen aus dem Wasser wird ein Gleichnis: Gott hat euch mit Christus lebendig gemacht. Der Jesus, der ins Grab gelegt wurde, und der, der aufersteht, ist derselbe und doch nicht mehr derselbe, denn er trägt nun einen verklärten Leib. So ist der auf den Namen Jesu Getaufte im Glauben an den Auferstandenen zwar dieselbe Person, aber doch nicht mehr derselbe Mensch, der er vorher war. Er hat Leben, Geist aus Gott bekommen, um nun Tag für Tag in diesem Geist zu leben.

Du Schöpfer eines neuen Lebens, wir danken dir, daß du uns aus dem alten Leben herausgeholt und mit Christus in ein neues Leben versetzt hast. Du hast dich unser erbarmt und dein Wort bei uns Glauben finden lassen. Erhalte uns fest im Glauben an den Auferstandenen, daß wir aus seiner Kraft leben. Amen.

»Und nach drei Tagen wird er auferstehen.«

Markus 10,34

Ein Acker in einer Gemeinde hieß: der Heidenfriedhof. Es war ein alter Flurname wie viele andere. Beim tiefen Pflügen waren hin und wieder einige Scherben zum Vorschein gekommen. Wie diesen wird es ungezählte, bisher nicht aufgefundene Begräbnisplätze geben. Sie würden, wenn man sie alle wüßte, einen erheblichen Teil der bewohnten Erdoberfläche ausmachen. Es würde sich herausstellen, daß sie ein ungeheurer Friedhof ist. Seine Toten waren Menschen wie wir. Sie schufen ihren Toten noch eine Wohnung, die Urne, und gaben ihnen das persönliche Eigentum mit. Wohin? Darüber hatten sie keine Gewißheit.
Das alles wäre so geblieben bis heute, wenn nicht aus dem Munde Jesu von Nazareth die Vorhersage gekommen wäre: »Und nach drei Tagen wird er auferstehen.« Sie hat sich erfüllt, wie sich in seinem Leben alles erfüllt hat, was er gesagt hat. Er ist auferstanden. Das Grab ist leer, und Jesus begegnet den Seinen als der Lebendige.
Ob Menschen das glauben oder nicht, ob es ihnen lieb ist oder leid, das ändert nichts an der Tatsache. Diese Tatsache aber ändert das Leben und die Welt. Sie bedeutet den endgültigen Sieg der Sache Jesu. Sie bedeutet den Bestand seines Reiches über Welt und Tod hinaus bis in die Ewigkeit. »Des soll'n wir alle froh sein!«

Herr Jesus, du willst, daß wir an Gräbern stehen dürfen als Menschen, die eine gewisse Hoffnung auf die Auferstehung haben. Laß es für uns keine Auferstehung zum Gericht, sondern zur Herrlichkeit sein. Erbarm dich, Herr. Amen.

Nun aber ist Christus auferstanden von den Toten.

1. Korinther 15, 20

Alle Tatsachen, auf denen unser Glaube ruht, sind zutiefst ein Geheimnis: Die Menschwerdung Jesu, die Macht seines Wortes, seine Macht über Krankheit und Tod, über die Herzen, über die bösen Geister und den Satan und seine Macht über den eigenen Tod. »Ich habe Macht, mein Leben zu lassen, und habe Macht, es wiederzunehmen.« Wer von uns könnte das sagen? Wer von uns könnte das tun? Jesus hat es getan, beides, sein Leben gelassen und es wiedergenommen. Es war niemand dabei, als er das Leben wiedernahm. Gottes Geheimnis vollzieht sich immer in der Stille. Die Auferstehung bleibt Geheimnis, aber sie ist geschehen. Sie ist so geschehen, wie die Bibel von Anfang an vom Geschehen redet: »Gott sprach, und es geschah also.«
Die Verkündigung des Paulus und sein Glaube an den Auferstandenen haben festen Grund. Die Korinther konnten ihn danach fragen. Diesem Auferstandenen glauben auch wir, auf den rechnen wir, aus seiner Kraft leben wir, dem gehen wir entgegen im Leben und durch den Tod. Dieser Glaube bleibt unser Siegeslied: »Leben wir, so leben wir dem Herrn; sterben wir, so sterben wir dem Herrn. Darum, wir leben oder wir sterben, so sind wir des Herrn.« – »Des Herrn«, das ist unser Grundstein. Er ist fest und sicher; denn Gott selber hat ihn gelegt.

Dich grüßen wir, den Auferstandenen, den Sieger über den Tod. Du bist die Tür geworden aus dem dunklen Reich, aus dem es bisher keine Rückkehr gab. Du wirst alle, die ihr Leben dir anvertraut haben, in das Reich deines Vaters führen für alle Ewigkeit. Dir sei Dank, daß wir solche Gewißheit haben. Amen.

Ihr seid nun bekehrt zu dem Hirten und Bischof eurer Seelen.
1. Petrus 2, 25

Seit Jesus von sich gesagt hat: »Ich bin der gute Hirte« und: »Mir ist gegeben alle Gewalt im Himmel und auf Erden«, darf niemals und nirgends auch nur der leiseste Zweifel daran aufkommen, daß jeder Mensch, der sich Christus anschließt, bei ihm geborgen ist.
Jesus hat auch die Leitung und damit die Versorgung und die Bewahrung seiner Gemeinde in seine Hände genommen; und seinen Händen kann sie niemand entreißen. Das Vertrauen zu dieser Zusage Jesu droht aber der Gemeinde immer wieder verlorenzugehen. Es ist die alte Sache: Was unsere Augen sehen, was die Gemeinde erlebt, sieht oft so aus, als gelte Jesu Wort nicht. Petrus hat um diese Gegensätzlichkeit zwischen dem Augenschein und dem Glauben gewußt, darum schreibt er seinen Brief. Er wußte sich für die christliche Gemeinde verantwortlich, war sie ihm doch zur Betreuung übergeben. Er sah ihre Bedrängnis und wußte, wie schwer es ist, in solcher Lage den Glauben an das Wort Christi zu bewahren.
Petrus wußte noch mehr! Er wußte aus eigenem Erleben, daß alles, was an einen Menschen und die Gemeinde von außen und von innen herankommt, Prüfungen Gottes sind. Durch sie prüft der Herr den Glauben.

Herr Christus, du zündest ein Feuer an, wo du willst, nach deinem Wohlgefallen. Wir danken dir, daß du selbst am Werk bist, deine Gemeinde zu bauen, wo wir es nicht vermuten. Du wirst fortführen, was du angefangen hast. Hilf, daß wir mit unserer Art nichts hindern, sondern eins werden mit allen, die dir gehören wollen. Amen.

Du hast meine Seele vom Tode errettet, mein Auge von den Tränen.

Psalm 116, 8

»Es muß gestorben sein«, das ist aller Menschenweisheit letzter Schluß. Weiter kommt sie nicht! Aber ihr gegenüber steht die frohe Botschaft, daß der Vater den Sohn gesandt hat, die Welt vom Tode zu erretten. »Wer an den Sohn glaubt, der hat das ewige Leben, ob er gleich stürbe.« Gewiß, der Dichter, der unser Psalmlied sang, wußte noch nichts von Ostern. Und doch konnte er singen: »Du hast meine Seele vom Tode errettet.« In Gottes Plan lag schon fest, in welch herrlicher Weise das zu Ostern Wahrheit werden sollte. Zu Ostern brach der Sieger über den Tod des Todes Tür von innen her auf. Von nun an können alle, die sich an den Sieger halten, »im Lande der Lebendigen« wandeln. Da gibt es keinen Tod, keine Tränen mehr und keinen Sturz in irgendwelche Schuld. Das ist vorüber.
Der Glaube, daß der Herr aus dem Tode reißt, ist mitten im Sterben vollkommener Trost. Wer den Tod nicht zu fürchten braucht, was sollte der noch fürchten? Wir haben eine Zukunft, die unser Leben hier bestimmt. Wir wandeln in dieser Welt vor dem Herrn, das bewahrt uns vor dem Gleiten. Wir freuen uns an jedem Tage neu auf das »Land der Lebendigen«, die Herrlichkeit des Vaters. Sie macht uns in allem Dunkel die Gegenwart hell und die letzte Stunde zur seligsten.

Herr, wie bald kannst du es machen, daß mit Lachen unser Mund erfüllet sei. Du kannst durch des Todes Türen träumend führen und machst uns auf einmal frei. Du hast Sünd und Straf getragen; Furcht und Zagen muß nun ferne von mir gehn. Tod, dein Stachel liegt darnieder, meine Glieder werden fröhlich auferstehn. Amen.

»Ich bin der gute Hirte und kenne die Meinen, wie mich mein Vater kennt und ich kenne den Vater. Und ich lasse mein Leben für die Schafe.«

Johannes 10, 14.15

Jesus hat die Worte »Ich bin« stark betont. Das jüdische Ohr hörte sofort den Gleichklang mit dem Wort: »Ich bin der Herr, dein Gott«. Hier spricht einer, der gleicher Art ist wie Gott selbst. Menschenworte verhallen, das Wort Jesu bleibt wie er selber. Und er sagt von sich: »Ich bin der gute Hirte.«

Seine Willigkeit zum Tragen hört nie auf. Er sucht immer jemand, der sich tragen läßt. Welch wunderbare Einladung für alle, die unter ihren Lasten seufzen und mit dem Leben nicht fertig werden. Er will uns mit unseren Lasten tragen. Das kann kein anderer. Er denkt nicht an sich. Er denkt nur an die anderen und fragt nicht einmal nach seinem eigenen Leben. Das läßt er sogar für die Seinen. So liebt er, einmalig und einzigartig, die ganze Welt.

Dieser Einmalige und Einzigartige versichert, daß er alle Vorsorge und Fürsorge für den Menschen auf sich nehmen will. Sollten wir das ausschlagen? Wer jetzt noch klagt, der klagt sich selbst an, weil er Jesus nicht ernstgenommen und seine Einladung »Ich bin der gute Hirte« nicht angenommen hat. Aber hierzu besteht noch jeden Tag die Möglichkeit!

Hab Dank, Herr Christ, daß du aller Müdigkeit, Unrast und Last unseres Lebens ein Ende machst und uns in deine Hut nimmst. Du kennst uns und weißt besser als wir, was uns fehlt und was wir brauchen. Hilf uns los von uns selber und zieh uns immer mehr an dein Herz. Amen.

»Meine Schafe hören meine Stimme, und ich kenne sie, und sie folgen mir; und ich gebe ihnen das ewige Leben.« Johannes 10,27.28

Wie ein wilder Junge von seinem Vater, so hat sich der erste Mensch von Gott losgerissen. Er wollte es auf eigene Faust und ohne Gott versuchen. Dadurch wurde die Menschheitsgeschichte eine Geschichte voller Herzeleid, Blut und Tränen, und alle leiden mit. Einer aber ist gekommen, der sich nicht von Gott losgerissen hat. Den hat der Vater gesandt, die Losgerissenen wiederzuholen. Er ist auf die Suche gegangen. Wo er hinkam, hat er das Herzeleid in Freude verwandelt.

Er ist der gute Hirte. Er gibt dem Leben die gottgewollte Schönheit wieder. Der »schöne« Hirte nennt ihn der Urtext. In das oft so sinnlos erscheinende Leben der Menschheit ruft er hinein: Wer will leben? Richtig leben, ein Leben, das nicht reut?

Die sich rufen lassen, sind seine Herde. Er hat sie aus Einsamkeit und auswegloser Verzweiflung herausgerissen. Er hat um sie unter Einsatz seines Lebens gerungen. Ist es ein Wunder, daß sie ihn schon an seiner Stimme erkennen? Daß sie folgen, wenn er sie ruft? Keiner vorher hat geben können, was er gibt: Leben, das sich lohnt. Jetzt gibt es eine lebendige Beziehung zwischen ihm und dem Menschen. Er ruft, sie hören. Sie folgen und er gibt.

Liebster Herr Jesus. Wieder und wieder hast du uns gerufen. Wir haben viele Stimmen in der Welt gehört, sie haben uns genarrt. Aber du hast dein Wort gehalten. Du hast die Wunden unseres Gewissens geheilt und zählst uns zu den Deinen. Mach uns immer williger, dir nachzugehen, bis wir dahin kommen, wo du bist. Amen.

Daran erkennen wir, daß wir Gottes Kinder lieben, wenn wir Gott lieben und seine Gebote halten.

1. Johannes 5, 2

Johannes läßt keinen Zweifel daran, was für ihn selber, seine Hörer und Leser das entscheidend Wichtige ist: Wer glaubt, daß Jesus der Christus (sein Retter) ist, der ist von Gott geboren, der ist Gottes Kind.
Damit ist beschrieben, soweit sich das überhaupt beschreiben läßt, was Jesus für den Menschen bedeutet. Jesus ist nicht nur Vorbild, das Leitbild für den Menschen, sondern der, der den Menschen entsündigt und ihn in eine Verbindung mit Gott bringt. Der Mensch kann das von sich aus auf keine Weise zustande bringen. Weil der Mensch diese Verbindung aber haben muß, um wirklich ein Mensch zu sein, darum hat Gott Jesus gesandt. Der allein schafft sie. Jesus ist das leibhaftige und sichtbare Zeichen der Liebe Gottes zum Menschen. Wer das glaubt und faßt und auf solche Weise zu der Einsicht kommt, daß Gott ihn in Jesus liebt, der kann gar nicht anders als Gott wiederlieben. Das kommt darin zum Ausdruck, daß er auch die Menschen liebt, die genau wie er selber, Gottes Kinder sind.
Dieses Liebhaben des Nächsten ist ja keine Last, sondern etwas, was Jesus jedem Menschen erweist und anbietet. Von ihm ist es zu lernen. Je besser wir es ausführen, um so mehr hält uns Jesus zusammen, um so mehr sind wir seine Gemeinde in dieser Welt.

Herr, hab Dank für deine große Liebe. Laß sie in mir so mächtig werden, daß ich aus ihr leben und daran als dein Kind erkannt werden kann. Amen.

Und ob ich schon wanderte im finstern Tal, fürchte ich kein Unglück; denn du bist bei mir, dein Stecken und Stab trösten mich. Psalm 23, 4

Über die ganze Erde hin, in allen Sprachen der Welt, in Angst, Gefahr, auf der Flucht, in Schlachten und im Ungewitter, vor allem in der Not des Sterbens haben Menschen dem David diese Worte nachgebetet und sich daran getröstet, gestärkt und aufgerichtet. Sie sind geblieben. Gott ist derselbe geblieben, und der Mensch ist zuletzt auch derselbe geblieben in seiner Hilflosigkeit und seiner Vergänglichkeit. Die Welt hat sich verändert, aber der Mensch kämpft darin immer noch seinen Kampf um seine Existenz und um sein Leben. Und ganz zuletzt kann kein Mensch dem andern helfen.

Er kann nur tun, was David und mit ihm alle Frommen in der Welt getan haben: Gott anrufen, auf dessen Hilfe bauen und sich so trösten lassen. »Du bist bei mir«, das ist Schutz und Sicherheit. Wie ein Hirte mit seinem Stecken und seiner Keule seine Herde behütet und schützt, so geleitet der gute Hirte die Seinen. Der Hirte läßt keinen los. Dessen darf jeder sicher sein, der den Hirten anruft und sich zu seiner Herde rechnet. Er braucht sich nicht zu fürchten, vor niemand und vor nichts, nicht einmal vor dem Tod und dem Satan. Es gilt immer: »Du bist bei mir.«

Herr, mein Hirt, Brunn aller Freuden, du bist mein, ich bin dein, niemand kann uns scheiden. Ich bin dein, weil du dein Leben und dein Blut mir zugut in den Tod gegeben; du bist mein, weil ich dich fasse und dich nicht, o mein Licht, aus dem Herzen lasse. Laß mich, laß mich hingelangen, da du mich und ich dich leiblich werd umfangen. Amen.

Fürchte dich nicht, ich bin mit dir; weiche nicht, denn ich bin dein Gott. Ich stärke dich, ich helfe dir auch. Jesaja 41,10

Gott weiß, daß die Menschen sich fürchten, sonst würde er ihnen nicht sagen lassen: Fürchte dich nicht. Sie fürchten sich alle. Sie sind hin- und hergerissen zwischen der Angst vor dem Leben und der Furcht vor dem Sterben. Sie zeigen es nur nicht und reden groß daher, solange sie sich in Sicherheit glauben. Und wenn alle Sicherungen zerbrechen, dann ist die nackte Angst da. Sie macht vor niemandem Halt, auch nicht vor den Großen und Mächtigen.
Wo kommt sie eigentlich her? Es muß doch etwas zum Fürchten, also ein Feind da sein? Er ist auch da! Der Feind ist der Tod. Er nimmt, wen er kriegen kann. Am liebsten würde er auch Gott nehmen. Christus hat er genommen, und uns nimmt er alle. Nur – er hat Christus wieder herausgeben müssen. Christus war stärker.
Keinen Tag sollten wir vergessen, daß der Tod nicht das Letzte ist. Christus ist der Letzte. Wer bei Christus steht, bleibt nicht im Tode, der geht nur durch den Tod hindurch – zu Christus. Der braucht sich nicht mehr zu fürchten. Wer sich von Christus rufen läßt und kommt und auf seiner Seite steht, gehört Christus. Der läßt sich keinen wegnehmen, der zu ihm gekommen ist. Niemand kann meine Schafe aus meiner Hand reißen, sagt Jesus.

Mitten in unserer Angst sehen wir auf dich, Herr Christus, denn du rufst uns aus der Angst zu dir und an deine Seite. Dank sei dir, daß du dich unser angenommen und uns erlöst hast zu einem Leben, wie du es vorgelebt hast. Du wirst uns nicht dem Tode lassen, sondern uns nach deiner Verheißung zu dir nehmen. Amen.

So sehet nun wohl zu, wie ihr wandelt, nicht als Unweise, sondern als Weise. Epheser 5, 15

Wenn wir als Kinder mit verschrammten Schienbeinen und blutigen Knöcheln nach Hause kamen, wußte die Mutter, wir hatten wieder »balanciert«. Dann schalt sie aus Angst, wir könnten uns die Beine brechen. Das Balancieren war aber zu verlockend für uns – drüben, auf der andern Straßenseite, wo die Grünflächen des Parks durch niedrige eiserne Geländer eingefaßt waren. Wer dort am längsten auf dem eisernen Geländer entlanglaufen konnte und dabei die meisten Eisenpfosten passierte, hatte gewonnen.
Auf noch viel schmalerem Grat läuft ein Christ. Wer da fällt, kann ins Bodenlose fallen. Darum sehet zu, daß ihr vorsichtig wandelt! Wandelt als die Weisen! Einige gab es schon unter uns Kindern, die liefen auf dem schmalen Geländer mit erstaunlicher Sicherheit. Sie starrten nur auf einen festen Punkt. Den ließen sie nicht aus den Augen, und das hielt sie im Gleichgewicht. So liefen sie sicher, wie von einer Hand gehalten.
»Sehet zu!« Auf Jesus sollen wir sehen. Das ist die Weisheit. Der Blick auf das Ziel hat bewahrende Kraft. Er kann uns auf dem schmalen Weg halten, der zum ewigen Leben führt.

Herr Jesus, du selbst weißt am besten, wie schmal der Weg ist, der zum ewigen Leben führt. Du kennst unsere Versuchung, den breiten Weg zu wählen. Schenke uns deine Weisheit, den allein richtigen Weg zu gehen, und halte uns fest, daß wir dich nicht aus den Augen verlieren, sondern auch dort ankommen, wohin du uns vorausgegangen bist. Amen.

»Seid getrost, ich bin's; fürchtet euch nicht!«

Matthäus 14, 27

In der Bibel, dem Buch, das den Menschen am besten kennt, sind fast 400 Begegnungen erwähnt, die alle beginnen: »Fürchte dich nicht« oder: »Fürchtet euch nicht!«
Hier in der Geschichte vom Wandeln Jesu auf dem Wasser ist elementares Fürchten. Hier bricht die Majestät einer dem Menschen sonst verschlossenen Welt in den Lebensbereich des Menschen ein. Die heilige Majestät Gottes ist die letzte Ursache der Furcht. Vor dieser Majestät kann der Mensch nicht bestehen. Das fühlt er bis in die letzten Fasern seines Wesens. Aber zugleich bedeutet dieser Einbruch das Ende der Furcht; denn Gott will den Menschen retten und liebt ihn, so wie der Mensch ist. Gott will ihm dadurch die Furcht nehmen, daß er ihm um Jesu willen vergibt und ihn an seine Seite zieht.
Darum hat Jesus all den Menschen, die vor seiner unbegreiflichen Herrlichkeit und seinen Taten bis ins Innerste erschraken, sein »Fürchtet euch nicht!« zugerufen. Der Mensch soll wissen, daß es einen Platz gibt, an dem alle Furcht, auch die vor seinem Sterben und Tod, zu Ende ist; das ist der Platz bei Jesus. Alle, die an ihn glauben, wissen das und leben in der Kraft dieses Glaubens als Menschen ohne Furcht, mitten in einer Welt, die trotz allen Bemühens das Fürchten nicht verloren hat. Wohl dem, der das erfahren hat. Der weiß erst, was Leben ist! Zu solchem Leben sind wir gerufen!

Du, lieber Vater, hast uns den Platz gezeigt, an dem es keine Furcht mehr gibt. Wir danken dir! Zieh uns je länger, je mehr hinein in das Leben deines Sohnes, damit all unsere Furcht in ihm ihr Ende habe. Amen.

Denn dazu ist Christus gestorben und wieder lebendig geworden, daß er über Tote und Lebendige Herr sei. Römer 14, 9

Jesus bietet einen Tausch an: Erlösung für Knechtschaft. Ein ungleicher Tausch, ganz unglaubhaft. Dazu, deswegen ist Christus gestorben, damit jeder die Möglichkeit hätte, ihn vorzunehmen. Wer da glaubt und in seinem Herzen faßt, daß Jesu Tod den Tod des bösen Herzens und Wesens bedeutet, der hat diesen seligen Tausch vollzogen, die Erlösung gegen die Knechtschaft unter dem Satan eingetauscht. Gott hat es in seiner Barmherzigkeit so beschlossen und verkündet. Jesus hat es mit seinem Tod besiegelt. Wer die Botschaft annimmt, der ist aus seiner Knechtschaft erlöst. Glaubst du, so hast du.
Wer die Botschaft annimmt, der ist in einen neuen Lebensbereich gekommen, in den des Auferstandenen. Erlöst sind wir durch das Leiden Jesu. Von da her gesehen sind wir Passionschristen. Wir sind aber erlöst, um in einem neuen Leben zu wandeln. Von da her gesehen sind wir Oster- und Pfingstchristen, Auferstehungschristen, mit Christus auferstanden. Wer die Botschaft annimmt, der weiß um diese neue Wirklichkeit und lebt aus dem Leben und dem Geist des Auferstandenen, als Erlöster. Er hat die Knechtschaft unter dem Satan und dem eigenen Ich gegen die Erlösung und die Freiheit bei Christus eingetauscht. Ein seliger Tausch.

Du hast die Knechtschaft gesehen, Herr Christ, in der wir stekken, und hast dich unser erbarmt. Hilf uns zum Glauben an unsere Erlösung, damit sie in unserm Leben und Wesen wirksam werde und wir dich gern unsern Herrn nennen und gern deine Diener sind. Amen.

Ist jemand in Christus, so ist er eine neue Kreatur.

2. Korinther 5, 17

Wer will ein neuer Mensch werden? Das ist das Angebot. Es ist so überwältigend, daß man fast an der Wirklichkeit zweifeln möchte. Aber es ist so gemeint, wie es gesagt ist. Wenn einer fragte, wer will einen neuen Anzug haben, so würde der Gefragte sich den ansehen, der fragt, ob der das wohl könnte oder ob er ihn vielleicht zum besten haben will. Er würde sicher fragen, was er denn als Gegenleistung geben müßte. Wenn es dann hieße: »ganz umsonst«, der Gefragte würde mit Freuden zugreifen.
Hier wird mehr angeboten! Eine Neuschöpfung des ganzen Menschen. Natürlich sagen viele: das geht gar nicht. Aber der Mann, der den obenstehenden Satz geschrieben hat, der weiß, daß es das gibt, denn er hat diese Neuschöpfung erfahren. Paulus war tatsächlich ein neuer Mensch geworden. Er hatte dafür alle zu Zeugen, die Gott darum lobten, daß der frühere Verfolger Jesu einer der Ihren geworden war.
Wer will ein neuer Mensch werden? Das ist ein verlockendes Angebot, wer wollte es ausschlagen? Es ist unbegrenzt. Es gilt jedem. Bei Jesus gibt es keinen hoffnungslosen Fall. Bei ihm, aber nur bei ihm, wird jeder eine neue Kreatur. Keiner sollte zur Ruhe kommen, bis dies an ihm geschehen ist.

Dir sei Lob und Dank, du lebendiger Gott, daß keiner von uns bleiben muß, was er ist. Du hast in deiner Güte uns durch Christus zu einem neuen Leben und Wesen berufen mitten in dieser Welt. Verherrliche an uns deine Macht, und laß uns Menschen der Art Jesu werden zum Zeichen, daß du dein Werk herrlich hinausführst. Amen.

Darin ist erschienen die Liebe Gottes unter uns, daß Gott seinen eingeborenen Sohn gesandt hat in die Welt, daß wir durch ihn leben sollen.

1. Johannes 4, 9

Gott macht seine Liebe zur Welt in der Sendung seines eingeborenen Sohnes sichtbar. Was ist das für eine eigenartige Liebe! Wir lieben, was uns gefällt und unser Leben bereichert. Wir sind wie die Räuber, die das Geraubte für sich verwenden. Aber Gottes Liebe ist anderer Art als die unsere: Sie läßt sich nicht erbittern, sie rechnet das Böse nicht an. Sie wirbt um den Menschen.
Deshalb schickt er den Sohn. Johannes nennt ihn den »eingeborenen«. Er ist ganz wie der Vater. Was an göttlicher Herrlichkeit in einem Menschen Platz hat, das trägt Jesus an sich. Und das Herrlichste an ihm ist die Liebe. Sie ist wahre Liebe. Sie ist nicht von der Art, die fünf gerade sein läßt. Sie liebt mit einer Unerbittlichkeit, die keine Unwahrhaftigkeit duldet. Sie ruft die innerste Ehrlichkeit wach und ist darum Befreiung von allem Bösen.
Sie ist die Liebe, die nicht aufhört – auch am Kreuz nicht, als die, die er erlösen will, ihn verspotten. Sie hört nicht auf, bis er kommt. Unaufhörlich ringt er um die Welt, weil er sie liebt. Nun brauchen wir nicht an uns und nicht an der Welt zu verzweifeln. Aus der Liebe Gottes und von ihr dürfen wir leben – ein Leben der Liebe Gottes.

Sei gelobt, du barmherziger Gott, daß du solch Leute, wie wir es sind, liebhast. Laß dich preisen, daß du uns das offenbart hast. Laß dir danken, Herr Christ, daß du diese Liebe mit deinem Leben bezeugt hast, und hilf uns, daß wir lieben lernen wie du liebst – treu und bis ans Ende. Amen.

Kinder sind eine Gabe des Herrn. Psalm 127, 3

Wo Gott Geschenke gibt, will er auch der Herr über seine Gabe bleiben. Menschen, denen Gott Kinder schenkt, müssen ihm eines Tages Rede und Antwort stehen, was sie mit dieser Gabe gemacht haben. Hier kommt alles auf das Vorbild der Eltern an. Kinder werden also an ihren Eltern sehen müssen, daß diese auf das Wort Gottes hören, und so erfahren, daß Gott spricht. Kinder werden ebenso sehen müssen, daß ihre Eltern auf das Wort, das Gott spricht, antworten; das heißt, daß sie beten. Sie werden damit hineingenommen in das Gespräch der Eltern mit Gott. Die Minuten sind nicht umsonst, die eine Mutter braucht, um ihrem Kinde zu zeigen, wie man die Hände faltet. Wohl den Kindern, die das Beten von ihren Eltern lernen! Und wohl den Eltern, die es ihre Kinder lehren! Sie haben einen Platz am Herzen Gottes.
Je früher dieser Gottesdienst am Kind anfängt, um so besser ist es. Dabei lernt das Kind ganz von selbst, daß es einmalig, unersetzlich und von Gott geliebt ist. Es kann nie in Einsamkeit geraten; immer weiß es, daß es Gottes Kind ist, seine eigene Art haben darf und von Gott selbst nach seinem Bilde »gebildet« werden soll. Wie solch ein »Gebildeter Gottes« aussieht, das soll es an seinen Eltern und an den Menschen der Gemeinde Christi sehen. Dahin gehört es mit seinen Eltern. Dort soll es die echte Freude kennenlernen, die allein von Gott kommt.

Vater, laß uns unsern Kindern leben und hilf uns, ihnen das Beste zu schenken, was du uns gegeben hast: dein Wort. Laß uns mit ihnen fest bei deinem Worte stehen, damit wir mit ihnen zusammen als deine Kinder fröhlich vor dir leben. Amen.

Du tust mir kund den Weg zum Leben. Psalm 16,11

Vom Flugzeug aus die feinen Verästelungen der Straßen zu sehen, ist ein eindrucksvolles Bild. Straßen verbinden Menschen miteinander. Alle haben ein Ziel. Für Straßen gibt es heute kaum noch Hindernisse. Hohe Gebirge und breite Ströme werden überwunden, und wo das unmöglich ist, macht der moderne Mensch den Luftraum zur Straße. Straßen und Wege in Fülle!
Zu Jesu Zeit gab es nur *eine* Möglichkeit, den Weg. Diese Möglichkeit hat Jesus im Sinn, wenn er davon spricht, daß er der Weg sei. Er meint den Weg von Gott zum Menschen, aber auch den Weg vom Menschen zu Gott. Daß es diesen Weg gibt, stellt Jesus mit dem Wort sicher: »*Ich* bin der Weg.« Mit dieser Feststellung macht er allem Suchen des Menschen nach dem rechten Weg ein Ende.
In der Geschichte der Menschheit ist das ein ganz neuer Weg. Vor der Zeit Jesu hat niemand um ihn gewußt, und niemand konnte ihn darum gehen. »Wir gingen alle in der Irre«, schreibt Jesaja. Wer kann nur auf der Straße leben? Muß nicht eine Bleibe, ein Ziel da sein? Schon der Psalmist wußte das. Wenn er vom »Leben« redet, dann meint er den Weg zu Gott. Der Mensch, den Gott gemacht hat, kommt ohne Gott nicht aus. Und weil Gott das weiß, darum hat er selbst den Weg zum Leben kundgetan. Wörtlich heißt es: »Gott hat den Weg erkennen lassen.« Er hat ihn nicht nur gezeigt. Gott gab uns den, der selbst der Weg ist – Jesus!

Du weißt, Herr Jesus, wir sind Wanderer auf vielen Straßen. Hilf uns die eine finden und gehen, die deinen Namen trägt, damit wir auch richtig da ankommen, wo du uns haben willst: bei deinem Vater. Amen.

Tut euren Dienst mit gutem Willen als dem Herrn und nicht den Menschen.

Epheser 6, 7

Alles, was zum Leben des Menschen gehört und seine Zeit und sein Leben ausfüllt, stellt der Christ unter den Befehl und die Weisung des Herrn Christus. Dazu gehört auch die Arbeit. Sie bekommt auf diese Weise ihre göttliche Würde wieder. Sie war von Anfang an göttlicher Auftrag: »Gott setzte den Menschen in den Garten Eden, daß er ihn baute und bewahrte.« Die Arbeit stammt aus dem Paradies. Sie ist also nicht, wie viele meinen, Gottes Strafe für den Sündenfall. Sie steht auch nach dem Sündenfall unter dem göttlichen Segen und gehört zu dem wenigen, was der ungehorsam gewordene Mensch aus dem Paradies hat mitnehmen dürfen.
Ob nicht mancher seine Auffassung von der Arbeit korrigieren muß? Sie ist in erster Linie, so seltsam das auch manchem klingen mag, nicht das Mittel zum Erwerb des Lebensunterhaltes, sondern Dienst für den Herrn Christus. Wir müssen wieder begreifen, daß wir mit unserer Arbeit füreinander da sind und ihren göttlichen Sinn dann recht erfüllen, wenn wir füreinander arbeiten und uns so gegenseitig dienen. Es gibt keine unter- und übergeordnete Arbeit. Jede hat an ihrem Platz ihren Wert für den Menschen selber und für seinen Mitmenschen. Sie ist Dienst für Christus, Dienst am Reich Gottes.

Herr Jesu, wir danken dir, daß du uns den Dienst getan hast, unsere Sünden zu tragen und zu sühnen. Du hast die Arbeit auf dich genommen, die keiner von uns hätte tun können. Hilf uns, daß wir aus Dank und Liebe gern und willig für andere etwas tun und so ein klein wenig von dem vergelten, was du getan hast. Mache uns tüchtig zum Dienst. Amen.

So ermahne ich nun, daß man vor allen Dingen zuerst tue Bitte, Gebet, Fürbitte und Danksagung für alle Menschen. 1. Timotheus 2, 1

Hier schreibt der Beter Paulus an seinen Mitarbeiter Timotheus, der nun auch die frohe Botschaft weitersagen soll. Paulus weiß: Dazu gehört mehr als das Wort eines Menschen. Das kann keine Herzen ändern, keinen Glauben vermitteln, keine Sünden vergeben und nicht den Heiligen Geist schenken. Das kann allein Gott, und er will darum gebeten sein. Das darf Timotheus nicht versäumen. Er muß beachten, daß er zu Leuten spricht, die von Gott und seinem Tun keine Ahnung haben. Die ganze Welt außerhalb der Gemeinde ist anzusprechen, aufzurufen, hinzuweisen auf ihr Heil.
Es ist genau zu spüren, wie hier ein Praktiker einen Mitarbeiter anleitet. Zuerst soll er um den Heiligen Geist bitten, daß er ihm offenbare, was er zu sagen und wie er zu handeln hat. Dann soll er danken, daß er diesen Dienst tun darf und daß sich Menschen gefunden haben, die hören. Und dann kann die Fürbitte für die Hörer einsetzen. Sie sollen merken, daß Gott sie liebt und ihr ganzes Leben neu gestalten will. Über allem aber steht die Danksagung: wissen zu dürfen, daß Gott aus den Hörern seine Gemeinde sammelt, und daß in dieser gottfernen Welt sein Reich gebaut wird. Und der Beter darf mit der Erhörung rechnen.

Herr, laß uns in der Fürbitte alle Menschen mit deinen Augen ansehen, sie mit deiner Liebe lieben, sie mit deiner Geduld tragen, sie mit deinem Trost aufrichten. Lehre uns deinen Willen erkennen und tun. Lieber Gott, lehre uns recht beten! Amen.

Denn ihr waret vormals Finsternis; nun aber seid ihr Licht in dem Herrn. Epheser 5, 8

Wer möchte schon, daß sein Leben bis in die letzten Winkel hinein durchleuchtet wird! Es ist so gut zu begreifen, daß Johannes feststellt, die Menschen liebten die Finsternis mehr als das Licht. Und trotzdem – denn bei Gott ist kein Ding unmöglich – kann Paulus seiner Gemeinde in Ephesus schreiben: »Ihr waret Finsternis; nun aber seid ihr Licht.« Hinter ihnen lag das Ereignis der Verwandlung, die Gott an ihnen hatte geschehen lassen.

Gott, der da sprach: »Es werde Licht!«, hat auch Macht, die Finsternis der ganzen Welt zu erhellen. Darum hat er das Licht in die Welt gestellt, Jesus! Durch ihn war es in den Herzen der Epheser hell geworden. Durch ihn hatten sie erkannt, daß sie Finsternis waren – ohne Güte, ohne Gerechtigkeit, ohne Wahrheit. Zugleich aber erlebten sie auch, was Güte, Gerechtigkeit und Wahrheit sind. Deswegen hatten sie sich taufen lassen und Jesus als ihren neuen Herrn angenommen. Dadurch war ein heller Schein in ihre Herzen gekommen, sie selber waren ein Licht geworden.

Es kann ja nicht dunkel bleiben in Menschen, die sich in Jesu Licht stellen. Gott will auch uns heute noch anrühren und diese Verwandlung an uns geschehen lassen, damit wir in dieser Welt leuchten.

Du, Vater des Lichtes, vertreibst die Finsternis durch das Licht, das du in deinem Sohn hast aufleuchten lassen. Laß uns dies Leuchten liebgewinnen, damit die Finsternis uns nie mehr überwältige und wir zu leuchten anfangen, bis wir einmal wie die Sterne leuchten in des Himmels Glanz. Amen.

Selig sind, die reines Herzens sind; denn sie werden Gott schauen. Matthäus 5, 8

Wer hat denn ein reines Herz? Sagt Jesus mit seinem Wort: »Selig sind, die reines Herzens sind« nicht etwas Unerfüllbares?
Aber Jesus redet aus eigener Erfahrung. Er hat die Seligkeit, von der er redet. Er hat ein reines Herz. Und er schaut auch den Vater. Diese drei Dinge gehören untrennbar zusammen. Darum hat Jesus sie in seiner Seligpreisung miteinander verbunden. Alles Böse, das seine Gegner ihm angedichtet, vorgeworfen und weswegen sie ihn verurteilt haben, hat seinem Herzen nicht schaden können. Das Böse hat seine Barmherzigkeit und Güte nicht überwunden. Trotz aller Angriffe und Anwürfe ist sein Herz rein und Jesus selig geblieben.
Die gleiche Seligkeit hat Jesus allen Menschen zugedacht! Er gibt sie auch allen, die mit ihm in Verbindung treten und bei ihm bleiben. Seinen Jüngern sagt er: Ihr seid schon rein um des Wortes willen, das ich zu euch geredet habe. Hier enthüllt er das Geheimnis seiner Macht. Sein Wort der Vergebung macht rein. Sein Blut macht rein. Sein Geist macht rein.
Daß doch wir, die allen äußerlichen Schmutz so verabscheuen, auch diese innere Reinheit begehrten! Jesus will nicht nur die Sehnsucht nach dieser Reinheit in uns wecken; Jesus will uns diese Reinheit schenken.

Du, Vater, hast uns hineingestellt in diese Welt. Du weißt, wie unselig wir sind und wie wir an ihr und unter ihr leiden. Hilf uns glauben, daß du uns durch das Blut deines Sohnes gereinigt und zur Seligkeit berufen hast. Amen.

Jauchzet dem Herrn, alle Welt, singet, rühmet und lobet! Jauchzet vor dem Herrn, dem König!

Psalm 98, 4.6

Ein König zieht ein! Chöre singen, Harfen, Posaunen und Trompeten klingen. Sie wollen ihrem König huldigen und ermuntern einander zu immer neuem Jubeln. Zu ihnen gesellen sich die Menschen an der Einzugsstraße. Wie eine Welle braust der Willkommensruf immer neu auf, wo der König hinkommt.
Ein König zieht ein! Ein König, den Gott bestimmt hat und der Gottes Gesalbter ist. Dies Loblied gilt in gleicher Weise dem Gott, der der eigentliche Herr über den König und über das Volk ist. Da darf kein Mund schweigen, da müssen alle in das Lob einstimmen.
Ein König zieht ein! Jesus zieht ein in Jerusalem – wie ein König. Neue Hoffnungen brechen auf, alte Verheißungen werden lebendig. Wir wissen, daß auf diesen Einzug die Kreuzigung folgte und dieselben Menschen, die jauchzten, hinterher: »Kreuzige, Kreuzige« riefen. Und der damals einzog, ist dennoch ein König!
Er wird einst einziehen in die Welt, am Ende der Tage, um das Reich zu vollenden, das er angefangen hat. Kein Jubellied in dieser Welt wird heranreichen an den Jubel, der dann aufklingt, wenn alle die Hoffnungen, die die Seinen auf ihn gesetzt haben, sich erfüllen, und sie das schauen dürfen, was sie geglaubt haben.

Ach, ich bin viel zu wenig, zu rühmen deinen Ruhm! Du, Herr, allein bist König, ich eine welke Blum. Jedoch weil ich gehöre gen Zion, in dein Zelt, ist's billig, daß ich mehre dein Lob vor aller Welt. Amen.

Er hat mir ein neues Lied in meinen Mund gegeben, zu loben unsern Gott. Psalm 40, 4

Wenn die Christenheit singt, dann singt sie von dem, was Gott an ihr getan hat. Dann legt ihr Gott seine Worte und seine Töne in den Mund. Es ist gleichsam ein fremdes Lied, das sie vorher noch nicht kannte. Nun ist es ihr Lied, ein neues Lied. Es verkündet, daß der Mensch aufgehört hat, sich selbst und seine Taten zu rühmen, seine Erlebnisse und Erfolge zu verherrlichen, seine Leidenschaften und seine Größe zu besingen. Der Mensch ist nicht mehr die Mitte der Welt; er ist klein geworden vor Gott. Er ist aus dem Hochmut, dem Großwerdenwollen, in die Demut, das Dienenwollen, gekommen. Diese Wendung und Wandlung ist nicht des Menschen eigenes Werk. Wäre es das, dann wäre sein Lied doch kein neues Lied. Das neue Lied ist die Folge eines Wunders, das Gott am Menschen getan hat.

Das Wunder Gottes kann äußere Hilfe sein. Es kann auch die noch viel wichtigere innere Hilfe sein, daß Gott den Willen zur Erfüllung seiner Gebote ins Herz gibt. Hier ist allein Gott selbst die Hilfe. Bedenken wir, daß »Gott ist Hilfe« auf hebräisch »Jesus« heißt, dann sind wir bei dem Wunder, das Jesus jedem tut, der zu ihm findet oder sich von ihm finden läßt. Da ist nicht nur Hilfe, da ist der Helfer! Ihm gilt das neue Lied und damit dem Vater, der ihn gesandt hat.

Du, Herr, hast uns das neue Lied in unser Herz gegeben. Du machst, daß wir nicht mehr unsere, sondern deine Ehre und Taten besingen und daß wir nun nie wieder damit aufhören werden. Dir sei Ehre und Lob. Amen.

»Was ihr bitten werdet in meinem Namen, das will ich tun, auf daß der Vater verherrlicht werde in dem Sohne.« Johannes 14, 13

Jesus hat keinen Zweifel daran gelassen, daß ein Mensch in Gefahr kommen kann, »falsch« zu beten. Es geht eben im Gebet nicht darum, bei Gott die eigenen Wünsche anzumelden in der Erwartung, daß er sie erfüllt. Gott ist weder unser Handlanger noch unser Diener, er ist der Herr und der Vater. Um die Jünger vor dem falschen Beten zu bewahren, gibt Jesus ihnen den Rat, in seinem Namen zu beten. Wer in Jesu Namen betet, der betet »richtig«, der betet so, wie Jesus selbst beten würde. In solchem Gebet geht es um das Reich Gottes, um die Ehre des Vaters, um die Rettung des Menschen und der Welt. Darum wird Gottes Erhörung nicht ausbleiben.
Jesus weiß das aus seiner Erfahrung. Er hat vorgelebt, daß es bei solchem Gebet auf den Willen des Beters nicht ankommt. In allen seinen Gebeten hat Jesus sich selbst ganz in den Willen Gottes gegeben. Darum ist sein Gebet erhört worden, die Menschheit erlöst und er der Sieger. Wer im Namen Jesu betet, der setzt das Gebet fort, das Jesus selbst gebetet hat und das er noch jetzt vor seinen Vater bringt.

Dir sei Dank, lieber Vater, daß du uns allezeit hörst und nach deiner Verheißung erhörst in allem, was uns frommt. Du hast uns an deinem lieben Sohn sehen lassen, was treues Gebet vermag. Laß uns auch im Gebet ihm nachfolgen, damit die Kräfte deines Geistes unser Wesen und Leben durchdringen und wir deine rechten Kinder werden. Amen.

Jesus sprach zu ihnen: »Wenn ihr betet, so sprecht: Unser Vater im Himmel!« Lukas 11,2

In vielen Teilen der Welt nehmen Ehepaare, die erfahren haben, daß sie keine Kinder haben werden, ein Kind als eigenes an. Dabei achten sie sorgfältig darauf, daß dies Kind von gesunden, nach keiner Seite hin belasteten Eltern stammt. Wer wollte sie darum tadeln?
Wenn Gott nun auch so handelte? Wenn er nur Menschen mit einem reinen Herzen und gutem Willen nähme? Wen würde er annehmen können? Sicher würde Gott da alleinbleiben und die Menschen auch. Er wäre kinderlos und sie vaterlos. Wer wollte es auch einem Vater übelnehmen, wenn er von solchen Kindern, wie wir sie sind, möglichst weiten Abstand hielte. Eltern sagen sich in dieser Welt oft genug von ihren eigenen Kindern los, vielleicht auch dann, wenn sie gar nicht das Recht dazu haben. Aber Gott hat das Recht! Wer wollte es ihm bestreiten?
In dieser unserer Lage gibt Jesus die Anweisung: »Wenn ihr betet, so sprecht: Unser Vater.« Jesus deckt damit einen Tatbestand auf, den Gott von sich aus immer aufrecht erhalten hat: Gott läßt den Menschen nicht los. Gott will ihm Vater sein, ganz gleich, wie und wer der Mensch ist. »Vater« – das ist die Brücke, die Gott durch Jesus zum Menschen schlägt. Diese Brücke ist da, damit der Mensch sie betreten und auf ihr zu Gott gehen kann. Das will geglaubt und getan sein. Täglich!

Herr, unser Gott, dich loben wir, daß du uns zu deinen Kindern gemacht hast durch deinen lieben Sohn. Du hast uns aus lauter Barmherzigkeit das Leben geschenkt, und du erhältst uns bei dir. Dir sei ewig Dank. Amen.

Christus ist mein Leben. Philipper 1, 21

Immer wieder macht der Herr Christus irgendwo, manchmal mit wenigen oder nur mit einem einzigen Menschen, einen neuen Anfang. Dann wird so etwas wie die Urgemeinde wieder lebendig, ein neues Feuer angezündet, eine neue Liebe zu Christus entfacht. Das geschieht zunächst im Verborgenen, bleibt aber nicht verborgen.
So war auch Zinzendorf, dessen Todestag heute ist, ein Mann, mit dem der Heiland Neues anfing. An Zinzendorf ist zu sehen, welch eine Wendung in sein Leben kam, als Jesus sein »persönlicher Heiland« geworden war. Alles, was Zinzendorf von da ab anfing, hatte nur den einen Sinn, andere Menschen zu Christus zu führen.
Darum hat Zinzendorf sein ganzes Leben lang gerungen und mit ihm alle, denen Christus die Mitte ihres Lebens war. Zinzendorfs Ansprachen, seine Schriften, seine Lieder, seine Gebete, sein Umgang mit seinen Gemeindegliedern, das alles kam aus der Liebe, die er zu Christus hatte.
Daß Zinzendorf zu seiner Zeit verspottet, angefochten und als Kirchenzerstörer verschrieen wurde, weil seine Gemeinde eine andere Lebensform als die übliche aufwies, wird niemanden verwundern, der etwas von dem Weg der Gemeinde durch die Welt weiß. Aber von seinem Glauben, seiner Liebe und seiner »Brüdergemeine« gehen auch heute noch Ströme des Segens in die Welt hinein.

Dich, Vater, loben wir, daß du immer von neuem dir Menschen erwählst, die dein heiliges Feuer im Herzen tragen und Menschenherzen für dich zu entflammen wissen. Laß auch uns Menschen solcher Art werden und unsere Herzen brennen. Amen.

Mein Gerechter aber wird aus Glauben leben.

Hebräer 10, 38

»Ich habe auch meinen Glauben!« So pflegt der moderne Mensch sich zu entschuldigen, wenn er gefragt wird, warum er denn zur Kirche, zum christlichen Glauben und zur Bibel nicht recht finden könne. Er hat mit solcher Verteidigung in gewissem Sinne recht; denn einen Menschen ohne Glauben gibt es nicht. Selbst der Zweifler glaubt; er glaubt an seinen Zweifel. Einen Glauben hat jeder – es fragt sich nur, was für einen! Geht das Gespräch weiter, dann stellt sich heraus, daß der so betonte »Glaube« des Unchristen eine Einbildung ist. Er selbst hat sich bestimmte, ihm einleuchtende Gesichtspunkte herausgesucht. An die hält er sich nun in dem Glauben – man sollte lieber sagen: Aberglauben –, daß er etwas Sicheres als Halt habe. Wahrer Glaube ist Wagnis, und viele haben nie gewagt, das Wort, das Gott sagt, ernst zu nehmen; weder das Wort der Warnung und des Gerichts noch das Wort der Verheißung. Wir leben inmitten einer Welt voll Unglauben, sind ständig bedroht und gefragt, ob wir uns auf einen von uns selbst zurechtgemachten Glauben verlassen wollen oder auf das Wort, das Gott sagt, auf Jesus Christus. Er ist uns von Gott als Grund unseres Glaubens gegeben. Daß wir uns auf diesen Grund stellen und dabei bleiben, darauf kommt alles an. Das allein ist Leben.

Hab Dank, Vater, daß du uns unablässig dazu aufrufst, dir unser ganzes Vertrauen zu schenken. Schenke uns, daß wir unser ganzes Herz an deinen Sohn hängen, damit er unser Leben gestalte und wir einen festen Grund haben, auf dem wir unser Leben aufbauen können zu deiner Ehre. Amen.

Ihr werdet gehaßt werden um meines Namens willen von allen Völkern. Matthäus 24, 9

Unangenehme und peinliche Dinge kann man totschweigen. Das ist ein bekannter Trick. Alle Nachrichten über christliche und kirchliche Ereignisse stehen in der Gefahr, totgeschwiegen zu werden. Entweder hält man sie für so unwichtig, daß sie den Leser- oder Hörerkreis nicht interessieren, oder der Haß gegen sie ist so groß, daß man ihn hinter Gleichgültigkeit verbirgt.
Tatsächlich gibt es zweierlei Haß gegen die Christen. Der eine ist ein böses Zeichen, die Folge einer großen Enttäuschung. Die Welt hatte von Christen, vom Christenleben etwas ganz Großes erwartet, eine Erneuerung oder eine Besserung der Welt. Und die Welt wurde enttäuscht. Der andere Haß ist ein gutes Zeichen. Er gehört wesensgemäß zur Gemeinde: »Ihr müßt gehaßt werden um meines Namens willen von allen Völkern.« Solcher Haß ist das Kennzeichen dafür, daß die Gemeinde auf dem rechten Wege ist, auf dem Wege hinter ihrem Herrn her. Den einen Haß hat die Gemeinde zu fürchten. Er ist das beginnende Gericht ihres Herrn. Dem andern Haß soll sie mit ihrer ganzen Liebe begegnen und ihn auf diese Weise überwinden. Der Herr erwartet von den Seinen, daß sie »drunterbleiben«, weil sie seinen Namen tragen und in seinen Fußstapfen gehen.

Du weißt, Herr Christ, daß wir uns immer davor fürchten, dir das Kreuz nachzutragen und um deinetwillen bei andern Menschen aufzufallen. Schenke uns den Mut, offen zu sagen, was du uns bedeutest und was wir dir verdanken, in der Gewißheit, daß kein Zeugnis umsonst ist und daß du aus deinen Feinden von heute deine Anbeter von morgen machen kannst. Amen.

Alle gute Gabe und alle vollkommene Gabe kommt von oben herab, von dem Vater des Lichts.

Jakobus 1, 17

Es ist nicht alles Licht bei uns. Wie gut, daß Gott anders ist. Das ist der Trost für die Menschheit. Ihre Erleuchtung und Vollendung ist sein Ziel, und alles, was zu diesem Ziel führt, gibt er aus seiner Herrlichkeit. Tatsächlich lebt die ganze Menschheit von nichts sonst als von den täglich neuen Gaben Gottes. Wir können sie nicht schaffen. Wir können die Gaben nur verwenden. Schaffen kann Gott allein. Wer das einmal erkannt hat, kann nur ehrfürchtig vor den guten Gaben Gottes stehen, die er benutzen darf. Er selbst wird klein, und Gott wird groß, so groß, daß er ihn täglich neu preisen muß.
Nie reicht der Mensch an Gott heran. Sein Werk ist unvollkommen, und die Kunst des Menschen bleibt stets hinter dem Können Gottes zurück. Wenn es viel ist, heißt es von einem Kunstwerk: Es lebt! Und der Künstler weiß doch genau, daß es hinter seiner Vorstellung zurückbleibt. Beim Vater des Lichts ist es anders. Alle seine guten Gaben sind gegeben, um den Menschen, in dem er die Erleuchtung angefangen hat, zu vollenden, bis er ganz in Gottes Herrlichkeit paßt. Paulus hat treffend geschrieben: »Wir sind sein Werk, geschaffen in Christus Jesus zu guten Werken, welche Gott zuvor bereitet hat, daß wir darin wandeln sollen.« Dazu gibt Gott seine guten Gaben, reichlich und täglich. Wer dafür dankt, der hat sie und lebt im Licht.

Du Geber aller guten Gaben, wir danken dir, daß du unaufhörlich gibst. Du gibst dich selber, deinen Sohn, für uns. Du bist so unbegreiflich wie barmherzig. Mache unser Leben licht, wie du selbst Licht bist. Amen.

Seid einander untertan in der Furcht Christi.

Epheser 5, 21

Ohne Gott, das ist wie ein geschiedener Mann, wie eine geschiedene Frau. Sie hatten sich einmal lieb; nun ist ihre Liebe erstorben und tot. Tot, das ist die rechte Bezeichnung für den Menschen, der von Gott los ist. Aber Gott läßt durch Jesus sagen: Ich liebe dich noch immer. Durch Jesus wirbt Gott um den Menschen, wie ein Mann um eine Frau: »Ich will mich mit dir verloben in Ewigkeit. Ja, im Glauben will ich mich mit dir verloben, und du wirst den Herrn erkennen.« Gott will für den Menschen und der Mensch soll für Gott dasein.

In einer rechten Ehe will der Mann auch für die Frau und die Frau für den Mann dasein – auf Gegenseitigkeit. Das ist nicht an einem Tage gelernt. Dazu müssen sie gemeinsam in die »hohe Schule Gottes« gehen, unter Gottes Wort. Wenn sie das nicht hören, bricht das Ich durch, und das ist das Ende der Ehe. Darum brauchen Eheleute ein Modell, an dem beide studieren können, wie eine Ehe zu führen ist. Das Modell ist da: Jesus ist der Bräutigam, die Gemeinde ist die Braut. Er ist für die Gemeinde da und sie für ihn. Er liebt sie, und sie liebt ihn. Er dient der Gemeinde, und sie dient ihm. Er will nicht von ihr lassen, sie soll es auch nicht. Es ist ein tiefes Geheimnis um Christus und seine Gemeinde, wie auch um eine rechte Ehe. Am Ende der Tage wird Gott sein Geheimnis offenbaren.

Wir danken dir, Herr Jesus, daß du dich deiner Gemeinde annimmst und sie deine Braut sein darf. Hilf, daß wir als Eheleute miteinander so umgehen, wie du mit deiner Gemeinde, und daß in den Ehen auch etwas davon offenbar werde, was das Himmelreich ist. Amen.

Herr, ich habe lieb die Stätte deines Hauses und den Ort, da deine Ehre wohnt. Psalm 26, 8

David, der den 26. Psalm gesungen hat, will sich zu dem Ort halten, wo Gottes Ehre wohnt. Für ihn war das der Tempel. Dort lagen die steinernen Tafeln mit den Geboten, Gottes Gabe an Israel. An ihnen konnte jeder prüfen, ob er mit seinem Wesen und seinen Taten Gott Ehre machte; denn dazu ist der Mensch von Gott geschaffen. Darin dient Gott dem Menschen, daß er mit seinen Geboten ihm die Möglichkeit und den Maßstab zum Prüfen gibt. Wie sollte der Mensch sonst erfahren, wer und welcher Art er ist? Gerade das wollte David gern wissen, und darum singt er: »Ich habe lieb die Stätte deines Hauses.« Er will der Wahrheit Gottes nicht ausweichen. Er weiß auch, daß das gar nicht geht. Der Mensch soll sich Gott stellen und ihn um Versöhnung bitten. Auch das ist ein Dienst Gottes am Menschen, daß er solche Versöhnung gewährt. Im Gottesdienst vor allem soll der Mensch Gottes Dienst erfahren und erleben.
Die Zeit des Tempels ist vorüber. Jetzt ist die Zeit der Gemeinde. In ihrem Gottesdienst ist ihr Herr bei ihr mit seinem Geist und fragt jeden, ob er Gott die Ehre gibt und ihn liebhat. Im Gottesdienst fallen Lebensentscheidungen. Gott läßt im Gottesdienst verkündigen, daß er sich für den Menschen entschieden hat, damit der Mensch sich für Gott entscheiden kann. Darum haben wir lieb die Stätte seines Hauses.

Du allmächtiger Gott, du dienst uns durch deinen Sohn, dein Wort und deine Barmherzigkeit und lehrst uns, daß Dienst für dich ein göttliches Tun ist. Dir sei Dank für deinen Dienst an uns. Bereite unser Herz, daß wir dir willig und gern dienen. Amen.

Wieviel mehr wird der Vater im Himmel den heiligen Geist geben denen, die ihn bitten. Lukas 11,13

Es gibt Liebesarbeiten, die unbedingt getan werden müssen, weil die Nöte zum Himmel schreien. Es gibt auch Menschen, die mit ihren Kenntnissen und ihrem Einsatzwillen sich gern in diese Not hineinstellen würden; aber es fehlen die Mittel, alle diese Aufgaben in Angriff zu nehmen. Denke nur keiner: jetzt geht es doch wieder ums Geld! Es geht nicht ums Geld, es geht um den Geist, der es nicht mitansehen kann, daß so viel Not unbeachtet bleibt und so viel nötige Hilfe nicht geleistet wird. Es geht um den Geist der Hilfsbereitschaft, der Barmherzigkeit und Güte; kurzum: es geht um den heiligen Geist.
Dieser Geist ist so gewiß in die Welt gekommen, wie Christus einst in die Welt kam. Der heilige Geist ist da und will täglich zu jedem kommen. Aber er kommt nicht, wo man ihn nicht haben will und deswegen auch nicht darum bittet. Hast du schon einmal gebetet: »Herr, schenke mir den heiligen Geist«? Er kommt wirklich und zu jedem, der so bittet. Jesus hat das ausdrücklich zugesichert.
Jeder Mensch kann durch den heiligen Geist ein neues Herz bekommen, ein Herz voller Barmherzigkeit und Freundlichkeit. Die Verwandlung des Menschen und damit der Welt beginnt bei jedem, der um den Geist bittet. Er wird ein neuer Mensch und hilft mit, der Barmherzigkeit in dieser Welt Raum zu schaffen.

Dank sei dir, du heiliger Geist. Wie erniedrigst du dich, wenn du in Herzen kommst, wie wir sie haben. Welch harte Arbeit tust du, um das Böse aus unsern Herzen auszubrennen. Komm und reinige auch unser Herz. Amen.

Wenn aber kommen wird das Vollkommene, so wird das Stückwerk aufhören. 1. Korinther 13, 10

Das Vollkommene soll also erst kommen, schreibt Paulus. Damit spricht er aus, daß in dieser Welt nichts Vollkommenes ist. Es ist gut, daß das einmal so nüchtern gesehen wird. Alles, was war und was jetzt ist, ist also unvollkommen und vorläufig. Es geht trotz aller Weisheit und Schönheit, die in allem steckt, vorüber. Diese Welt und alles, was der Mensch daraus gemacht hat, ist eine endliche Welt. Sie hatte einen Anfang, sie hat auch einmal ein Ende.
Dies letzte Wort müssen wir richtig verstehen. In dem Wort »Ende« hörte der Grieche noch einen anderen Klang mit, das Wort »Ziel«. Die Welt hat ein Ziel. Hinter der Welt steht ein Wille und eine Absicht und hinter dem, was der Mensch soll, auch.
Die Welt und der Mensch sollen vollkommen werden. Das ist Gottes Ziel mit seiner ganzen Schöpfung und den Menschen. Gott liebt die Welt. Gott hat sie zu einer Vollkommenheit bestimmt, deren Herrlichkeit wir uns nicht vorstellen können. Gott will seine Herrlichkeit nicht für sich allein haben. Die Welt und der Mensch sollen an ihr teilhaben. Das glauben wir.

Dir sei Lob und Dank, du lebendiger Gott. Du hast uns zur Vollkommenheit und zur Herrlichkeit bestimmt und bist ständig am Werk, uns dafür zuzurüsten und dir in unseren Herzen Raum zu schaffen. Hilf uns, von unserer Unvollkommenheit wegzusehen und auf die Vollkommenheit zu schauen, die du uns in Jesus gegeben hast, zu der wir bestimmt sind. Amen.

»Wenn aber der Tröster kommen wird, welchen ich euch senden werde vom Vater, der Geist der Wahrheit, der vom Vater ausgeht, der wird zeugen von mir.«
Johannes 15, 26

Wer sich in dieser Jahreszeit mit offenen Augen draußen umsieht, kann immer nur von neuem staunen über das Wachsen, Blühen und Reifen, über die Buntheit der Blüten und Blätter, die Vielfalt aller Lebewesen. Die Tag für Tag höher steigende Sonne hat mit ihren Strahlen alles verwandelt, und diese Verwandlung ist Zeuge für ihre belebende Kraft. Kein Wunder, daß noch bis in die Zeit der ersten Christenheit hinein die Verehrung des »sol invictus«, der sieghaften Sonne, im Römerreiche verbreitet war.
Nun aber ist an die Stelle des »sol invictus« Jesus Christus getreten, von dem allein wirkliches Leben kommt, der mit seiner Kraft und mit seinem Wesen den Menschen vor allem zu seiner eigentlichen Bestimmung und zum wahren Menschentum führt. Die Jünger, die um Jesus waren, die haben es »bezeugt«. Mit andern Worten: sie haben es an sich selber erfahren und es weitergesagt. Diese Erfahrung haben sie nicht zu der Zeit gemacht, als sie Jesus leibhaftig in ihrer Mitte hatten. Sie ist ihnen erst aufgegangen, als er ihnen, wie versprochen, den »Tröster« vom Vater gesandt hatte. Da wurden sie seine Zeugen.

Du hast uns bewiesen, Herr Christ, daß du uns in der Welt nicht allein läßt, du hast uns den Geist vom Vater gesandt. Du läßt uns durch ihn hineinschauen in das Werk deiner Erlösung und in dein Herz, daß wir begreifen können, wer du bist und was du mit uns tust. Dir sei Dank, daß du uns mit ihm dein Leben schenkst. Amen.

So spricht Gott: Ich will ausgießen den Geist der Gnade und des Gebets. Sacharja 12,10

Gottes Wort wird leicht überhört, weil wir Menschen so geschäftige Leute sind und immer so viel zu tun haben. Da bleibt Gott nichts anderes übrig, als sie mit all ihrem Tun zuschanden werden zu lassen. Und ihnen bleibt nichts übrig als zu warten. Gott blickt zuerst auf die Leute, die ihn brauchen und auf ihn warten. Ihnen gilt seine Verheißung, den Durstigen, den Hungrigen, den Müden und Elenden, die ganz am Boden liegen und nicht weiter wissen. Auf die will er den Geist ausgießen. »Ausgießen« ist bezeichnend! Was ausgegossen wird, fließt nach unten. Gottes Geist hat den Zug nach unten, darum heißt er ein »Geist der Gnade«. Nichts greift so tief in Not und Schuld hinab wie Gottes Gnade. So tief kann keiner sinken, daß Gottes Gnade ihn nicht mehr erreichte.
Wo der Geist der Gnade hinkommt, da kommt der Geist des Gebets mit. Da fängt der Mensch an, aus der Tiefe zu rufen als Antwort darauf, daß er den Geist der Gnade gespürt hat. Ob wir wissen, daß der Schrei nach Hilfe schon eine Gnadengabe und unser Gebet ein Geschenk ist? »Ich will«, spricht Gott. Also ist es auch geschehen und will täglich auch an jedem von uns geschehen. Keiner soll vergeblich darauf warten.

Du redest uns an, du lebendiger Gott, du hältst uns deines Wortes wert. Du willst deinen Geist auch auf uns ausgießen nach deiner Verheißung. Vergib, daß wir immer Menschen von eigenen Gnaden sein wollen, und fülle uns mit deiner Gnade, damit wir mit dir reden können wie die lieben Kinder mit ihrem lieben Vater. Amen.

»Der Geist der Wahrheit wird mich verherrlichen; denn von dem Meinen wir er's nehmen und euch verkündigen.« Johannes 16,14

Was gepredigt wird, was die Orgel erklingen läßt, was die Gemeinde singt, ist veranlaßt durch die Offenbarungen Gottes. Sie sind die eigentliche Wirklichkeit, die Wahrheit. In Jesus Christus leuchtet sie auf wie ein Licht. Sie hat niemals aufgehört zu wirken, nicht nach seinem Tode, auch nicht nach seiner Himmelfahrt.
Im Gegenteil. Seit dem Tage der Pfingsten bricht sie neu herein in die Welt. Wir Heutigen, die Jesus nicht erlebt haben, sind nicht zu spät geboren. Der Geist der Wahrheit erhellt die Kraft der Worte und der Macht Jesu. Er wirkt wie Jesus selber. »Von dem Meinen wird der Geist es nehmen«, sagt Jesus. Es macht nichts, daß wir ihn nicht so sehen können wie die Jünger. Der Geist will in uns ausrichten, was Gott vor hat. Er will uns zu Zeugen machen wie die Jünger damals, zu Menschen der Art Jesu.
Das wird unser Sein verändern und seine Wirkung auf unser Leben haben. Nichts, was von außen an uns kommt, kann das hindern. Wir sind geleitet vom Geist und darum schon ein Stück der neuen Schöpfung. Wir sind zwar noch in dieser Welt zu Hause, aber in dem Wissen darum, daß dieses Zuhause nur ein Zelt ist, das abgebrochen wird, um in der Herrlichkeit Gottes aufzugehen.

Habe Dank, Vater, daß keiner von uns bleiben muß, der er ist. Habe Dank, Herr Christ, daß du dich unser annimmst. Habe Dank, du heiliger Geist, daß du uns zu Menschen der Art Jesu machst. Laß unser Herz offen sein für deine Wahrheit. Amen.

Herr, wie sind deine Werke so groß und viel! Du hast sie alle weise geordnet, und die Erde ist voll deiner Güter. Psalm 104, 24

Laßt uns in dieser gehetzten Welt doch die Zeit dafür nehmen, einmal in die Schönheit der Welt hineinzulauschen, ihre Wunder zu betrachten. Dabei sehen wir zuerst nur ihre Außenseite: die Formen, die Farben, die Vielfalt der wunderbar zarten Pflanzengebilde oder die wuchtigen Massen der Gebirge und die grenzenlose Weite der Meere. Und das alles – Luft, Erde und Wasser – ist erfüllt von unzähligen Lebewesen. Sie sind noch nicht einmal alle entdeckt, viel weniger sind die Geheimnisse ihres Werdens und Lebens enthüllt.
Vom Künstler sagt man, er habe sein Kunstwerk vor seinen geistigen Augen fertig, ehe er es schaffe. Wieviel mehr gilt das vom Schöpfer der Welt! Wie mußte seine Schöpfung zuvor durchdacht sein! Welche Macht hat der Schöpfer, dies Gedachte auch Gestalt und Wirklichkeit werden zu lassen, so wunderbar und zweckmäßig!
Was Gott in seiner Weisheit geschaffen hat, das möchte er auch in Weisheit verwaltet sehen. Wir, die wir seiner Weisheit das eigene Leben und das Wesen verdanken, sind dazu berufen. Dabei kommen wir ohne die Weisheit Gottes nicht aus. Gehen wir an ihr vorüber, dann besteht die Gefahr, daß wir nicht nur die Schönheit alles Großen und Kleinen, sondern auch uns selbst verderben. Dazu hat Gott uns nicht bestimmt, sondern zu seiner Herrlichkeit.

Dich predigt Sonnenschein und Sturm, dich preist der Sand am Meere. Bringt, ruft auch der geringste Wurm, bringt unserm Schöpfer Ehre! Mich, ruft der Baum in seiner Pracht, mich, ruft die Saat, hat Gott gemacht! Gebt unserm Gott die Ehre! Amen.

Da antwortete Simon Petrus und sprach: Du bist Christus, des lebendigen Gottes Sohn!

Matthäus 16, 16

Die Zeit ist vorüber, in der Jesus seine Jünger davor warnte, weiterzusagen, daß er der Christus wäre. Jetzt ist vielmehr die Zeit, in der aller Welt verkündet werden muß, daß Christus und er allein der Retter derWelt ist. Diesen Dienst hat er seinen Jüngern befohlen, zum gleichen Dienst hat er am Pfingstfest durch seinen Geist seine Gemeinde geschaffen und ausgerüstet. Der Geist will Menschen dazu bringen, daß sie Christus ihren Herrn nennen und auch wirklich sein lassen. Am Pfingstfest ist jeder persönlich gefragt, ob das bei ihm so ist.
Pfingsten ist der Geburtstag der Gemeinde Christi. Petrus, der »Felsen«, ist ihr Grundstein. Jesus hat ihn so genannt, weil er der erste war, dem der Vater im Himmel durch seinen Geist offenbart hat, daß Christus des lebendigen Gottes Sohn ist.
Wie unfaßlich groß für Petrus, daß ihm sein Meister das Amt anvertraut, daß er bisher allein geübt hat: Sünden zu vergeben oder Sünden zu behalten! Der Apostel hat es dann so getan. Jetzt ist das Amt, zu binden oder zu lösen, bei allen, die vom Geist Gottes erfaßt sind und zur Gemeinde Christi gehören. Sie ist die einzige Stelle in der Welt, an der das geschehen kann, und damit das sichtbare Zeichen dafür, daß Gottes Geist in der Welt wirkt.

Dir sei Dank, Vater! Du bestätigst auch uns durch deinen Geist, was du einst Petrus offenbart hast: Christus ist dein Sohn, und er hat die Macht, alles fortzunehmen, was uns von dir trennt. Laß das täglich an uns geschehen, damit wir schon in dieser Welt als deine rechten Kinder vor dir leben. Amen.

Er trieb sie alle zum Tempel hinaus. Johannes 2, 15

Jesus, der die Gemeinde – seine Kirche – bauen will, muß immer wieder dafür sorgen, daß sie gereinigt wird. Seine Geißel muß ihr Werk tun. Er schlägt niemanden. Das ist nicht nötig, weil alle vor ihm zurückweichen. Jesus will nicht schlagen, er will reinigen. Die Reinigung muß immer in der Kirche anfangen. Erst von da aus kann sie weitergehen. Diese Reinigung ist ein Zeichen, ihr eigentlicher Sinn liegt tiefer. Die rechte Reinigung kann mit der Geißel nicht vollzogen werden, jedenfalls nicht mit der, die Jesus schwang. Die eigentliche Reinigung begann, als die Geißel Jesus traf und ihn blutig schlug, als er für uns ans Kreuz ging. Dort wurde die wirkliche Reinigung vollzogen, die Reinigung von der Sünde. Und von da an wird diese Reinigung allen angeboten, die zum Kreuz kommen.
Immer wird es so sein, daß alle Tische, die in und vor den Kirchen aufgestellt werden, »umgestoßen« werden, fort müssen und dann nur einer übrigbleibt: der Tisch, an dem Jesus selbst zuletzt mit seinen Jüngern saß, der Tisch des Abendmahls. An diesem Tisch wird die Reinigung vollkommen. Es werden noch viele, in der Kirche uns liebgewordene Dinge umgestoßen werden; das wird die Geißel Gottes tun, die über alle Kirchen der Welt geht. Das geschieht darum, damit sie gereinigt und neu, damit sie ein heiliger Tempel Gottes werden.

Laß dir danken, Herr, daß deine Gerichte uns reinigen und daß du vorhast, uns mitten im Gericht neu zu segnen, damit wir bezeugen, daß du ein heiliger Herr bist, mit dem wir in deiner Herrlichkeit leben sollen. Amen.

Ich hoffe aber in dem Herrn Jesus. Philipper 2, 19

Paulus ist wieder einmal um des Evangeliums willen im Gefängnis. Er kann seinen Dienst nicht versehen und seine Gemeinde nicht besuchen. Aber er klagt und hadert nicht. Er setzt seinen Dienst schriftlich fort. Welchen wundervollen Dienst tun uns heute noch seine Briefe. Was wäre unser Neues Testament ohne sie? Unser Herr weiß schon, wie er seine Sache weiterführt, auch wenn er seine Diener anhält.
Auch im Gefängnis plant Paulus. Er weiß, was es um sein Planen ist, weil er dabei immer fragt, ob es auch dem Herrn gefällt. Er hat oft genug erfahren, wie ihm seine Planungen durcheinandergebracht und seine vorgesehenen Reisewege verbaut worden sind. Er plant nicht mehr allein. Er stellt seine Pläne in das Belieben seines Herrn. Er läßt sich führen: »Ich hoffe in dem Herrn Jesus« schreibt er. Er hat gelernt, auf den leisesten Wink seines Herrn zu achten und gehorsam zu sein. Er will Knecht sein und nicht Herr. Er will Jesu Befehle ausführen, nicht mehr.
So muß es sein, auch bei uns. Das Planen ist nicht verboten. Machen wir ruhig unsere Pläne. Vergessen wir aber nicht darüber, zu beten und zu erforschen, was unser Herr Jesus dazu sagt. Nur dann dienen wir dem Herrn recht und schaffen Frucht.

Herr Jesus, gib uns offene Ohren für deine Weisungen und ein gehorsames Herz für deine Befehle, damit wir dein Reich nicht hindern, sondern bauen helfen und dein Wille an uns geschehe. Hilf uns glauben, daß der Weg, den du führst, immer besser ist als unser eigener, und daß du die Hoffnung, die wir auf dich setzen, über Bitten und Verstehen erfüllst. Amen.

»Ich will euch nicht als Waisen zurücklassen; ich komme zu euch.« Johannes 14,18

Genau das ist Wirklichkeit geworden, was Jesus versprochen hatte: Der Heilige Geist ist in die Welt gekommen. Jesus hat ihn vom Vater gesandt. Die Zeit zwischen der Himmelfahrt Jesu und der Sendung des Geistes, in der die Jünger, wie Jesus es ausdrückt, Waisen waren, war am Pfingstfest zu Ende. Waisen hatte Jesus die Jünger genannt; denn er war nicht mehr, und der Heilige Geist war noch nicht da. Sie waren wie Kinder ohne Vater und Mutter. Diese zehn Tage zwischen Himmelfahrt und Pfingsten waren für sie eine Zeit, in der ihnen ihre Verlassenheit zum Bewußtsein kam, und zugleich eine Zeit gespannter Erwartung. Gerade deswegen schlossen sie sich um so enger aneinander an. Aber erst der Heilige Geist schloß die Lücke, die der Abschied Jesu gerissen hatte.
Nun, da der Geist gekommen war, waren sie nicht mehr allein. Er war bei ihnen, in ihnen. Er belebte sie mit seiner Kraft. Wie neu war ihnen das! Nun liebten sie ihren Herrn mit der Liebe, die der Geist ihnen gab, und die war unvergleichlich mehr und höher als alles, was sie jemals unter Liebe verstanden hatten. Nun erst ging ihnen auf, welcher Art die Liebe Jesu zu ihnen gewesen war. Nun waren sie keine Waisen mehr, vielmehr eingeschlossen und mit Jesus zusammengeschlossen in der Liebe des Vaters. Alle sind es, zu denen der Geist kommt.

Immer sind wir die Waisen ohne dich, Herr. Du hast es gewußt und bist gekommen. Dir sei Dank, denn du hast uns nicht allein gelassen mit unsern Ängsten und mit unserm unruhigen »Ich«. Du nimmst uns hinein in das Leben aus deinem Geist, damit wir werden wie du, Söhne und Töchter deines Volkes. Amen.

Welche der Geist Gottes treibt, die sind Gottes Kinder.

Römer 8, 14

»Wo ich nicht bin, da ist das Glück.« Das ist der Stoßseufzer vieler freud- und friedloser Menschen. Nun sind sie ständig auf der Suche, immer in Unruhe und Bewegung, getrieben von der Sorge um ihr Durchkommen, der Angst vor der Zukunft und voller Neid auf die Glücklichen, denen es gut geht. Immer ist ihnen so, als fehle ihnen etwas, was sie zu fröhlichen Menschen machen und ihnen zu einem erfüllten Leben verhelfen könnte. Ob es uns etwa gelegentlich auch so geht?
Das braucht nicht zu sein. Gott hat vorgesorgt. Er hat seinen Geist in die Welt gegeben. Der Geist ist wie der Passatwind. Er weht stets in einer Richtung, auf Gott zu. Wir brauchen nur unsere Segel aufzuspannen, uns von ihm treiben zu lassen. Dann kommen wir genau dahin, wo Gott uns haben will. Wenn wir aber gegen diesen Wind aufkreuzen, machen wir uns selber das Leben schwer und erleiden Schiffbruch. Von Gottes Geist sich treiben lassen, das ist höchste Aktivität und dauernde Bereitschaft. Kinder Gottes sind feste und zugleich bewegliche Leute.
Aber der Geist hat es schwer mit uns. Er muß wirklich treiben. Wir haben in uns einen angeborenen Trägheitswiderstand. Bitten wir um den Geist Gottes, daß er ihn überwinde, überlassen wir uns ihm! Er treibt durch Leid zur Herrlichkeit, er bringt die Kinder zum Vater.

Hab Dank, Vater, daß du durch deinen Geist solche Menschen, wie wir es sind, zu deinen Kindern machst und uns auf den Weg zu dir bringst. Durchdringe uns ganz, damit an unsern Worten und Taten zu spüren ist, welches Geistes Kinder wir sind. Amen.

Wir segnen euch, die ihr vom Hause des Herrn seid. Psalm 118, 26

Hat dir einmal jemand die Hand auf den Kopf gelegt und dich gesegnet, oder hast du es einem andern getan?
Es kommt leider viel öfter vor, daß ein Mensch einem anderen Menschen einen Fluch ins Gesicht schleudert, als daß er einen Menschen segnet. Wenn wir doch als Kinder Gottes und Gesegnete des Herrn es wagen wollten, dem Menschen, der verzagt und müde vor uns steht, die Hand zu drücken und ihm zu sagen: »Der Herr segne dich«. Das wäre jedesmal ein Einbruch des Heiligen Geistes in das Leben des anderen. Wenn der das noch nie erlebt hat, dann soll er ruhig darüber erstaunen. Vielleicht wird ihm der Segen eine Wegweisung. Weiß er aber, was Segen bedeutet, dann wird es ihn freuen, daß er durch den Segen Gottes mit dir verbunden und nicht allein ist.
Die Väter des evangelischen Glaubens haben noch gewußt, was das Segnen und Kreuzschlagen über einem Menschen bedeutet. Viele haben es leider vergessen und denken, es sei katholisch. Es ist gut evangelisch, das heißt: es kommt aus dem Geist des Evangeliums. Wir sollten es wieder üben. Es sollte uns das Zeichen sein, unter dem wir selber uns behütet wissen vor der Macht des Bösen, und zugleich das Zeichen, das den guten Geist Gottes dem andern sichtbar zuspricht. Wo Menschen einander segnen mit dem Segen, mit dem Gott uns selber segnet, da ist das Himmelreich herbeigekommen.

Was du segnest, du Gott allen Segens, das bleibt gesegnet. Wir danken dir, daß wir unter deinem Segen stehen. Höre nicht auf, uns zu segnen und die, die wir segnen, um Jesu Christi willen. Amen.

Wenn jemand auch kämpft, wird er doch nicht gekrönt, er kämpfe denn recht. 2. Timotheus 2,5

Es sieht so aus, als ob dieses Wort ausdrücken wolle, was wir mit dem Satz meinen: »Sich selbst bekriegen ist der schwerste Krieg, sich selbst besiegen ist der schönste Sieg.« Da kämpfen die guten und bösen Eigenschaften des Menschen gegeneinander. Ein schwerer Kampf – wir kennen ihn alle. Welch eine Freude, wenn die guten über die bösen dann Herr geworden sind! Solchen Sieg gibt es nicht ohne Kampf. Es gibt aber viele solcher Kämpfe ohne einen Sieg; manchmal sind es nur noch Niederlagen, so daß zuletzt erst gar nicht mehr gekämpft wird.
Paulus meint aber einen ganz anderen Kampf. Er redet bildlich: Es ist gar nicht das Böse, es ist *der* Böse, der uns angreift und so tut, als hätte er Anspruch auf uns. Aber wir dürfen ihm nicht Gehör schenken; denn er hat kein Recht zu solchem Anspruch. Das Recht hat ihm Jesus Christus zerschlagen! Er hat den Bösen besiegt und ihm alle Macht genommen. Gott sei Dank, der uns den Sieg gegeben hat durch unsern Herrn Jesus Christus.
Der »Kampf«, von dem Paulus hier redet, besteht also darin, ob wir dem besiegten Satan glauben oder unserm Heiland; daß wir nicht den Versucher ansehen, sondern den, der den Versucher besiegt hat. Glaubst du, so hast du! So ist recht gekämpft.

Dir sei Dank, Herr Jesus, daß du am Kreuz für uns den Kampf gegen den Bösen bis zu Ende gekämpft hast. Hilf uns glauben, daß wir unter deiner Hut stehen. Habe Dank, daß dieser Glaube unser Sieg ist. Amen.

»Wenn ich aber die Wahrheit sage, warum glaubet ihr mir nicht?« Johannes 8, 46

Eine sorgenvolle Frage Jesu! Die Juden, mit denen er das Gespräch führt, aus dem unser Textwort genommen ist, erkennen weder Jesus an noch das, was er ihnen sagt. Sie spüren, er durchschaut sie: Sie machen sich selber etwas über sich vor. Sie sind gar nicht das, was sie scheinen wollen. Wären sie das, dann hätten sie ihn lieb.
Er hat sie lieb! Darum sagt er ihnen die Wahrheit, daß sie Kinder der Lüge und damit des Teufels sind. Sie sind schon so tief in Lüge verstrickt, daß sie es gar nicht mehr merken. Im Gegenteil, sie sind überzeugt, auf dem rechten Wege zu sein. Sie berufen sich auf die Taten Gottes in ihrem Volk. Jesus nennt sie dennoch »Kinder der Lüge«. Sie waren natürlich empört und empfanden Jesu Wort als Beschimpfung. Sie erkannten nicht, daß hinter diesem Wort Jesu die ganze Wahrheit, sein ganzes Herz und seine ganze Liebe standen. Er wollte sie aus der Lüge in die Wahrheit führen.
Welche Möglichkeit: Kinder der Lüge und des Teufels können Kinder Gottes werden. Das ist die Wahrheit! Das ins Werk zu setzen, ist Jesus gekommen. Dazu ging er den Weg ans Kreuz. Daran arbeitet er noch heute durch seinen heiligen Geist. Wir sollen der Wahrheit die Ehre geben und glauben lernen, damit wir »in alle Wahrheit kommen«.

Dir sei Dank, Herr Jesu, für dein Wort der Wahrheit. Du öffnest uns die Augen über uns selber und über unser Herz, damit wir aus der Lüge in die Wahrheit kommen und ihr die Ehre geben. Hilf uns glauben, damit wir unser Herz fest an dich hängen. Amen.

»Solches rede ich zu euch, damit meine Freude in euch bleibe und eure Freude vollkommen werde.«

Johannes 15, 11

Wie freut sich in dieser Jahreszeit das Herz. Nach froststarrendem Winter überall neu sprießendes Leben, frisches Grün, blühende Blumen, Singen der Vögel und Summen der Bienen, über dem allen eine strahlende Sonne und eine laue Luft, eine richtige Auferstehung zu einem vielfältigen, schwellenden Leben. Immer wieder nimmt uns das gefangen, ein Zeichen dafür, wie innig der Mensch hineinverflochten ist in den Rhythmus der Jahreszeiten. Und doch weiß jeder: alles, was jetzt grünt und blüht, erstarrt wieder in Frost und Eis.

Es wäre schlimm, wenn unsere Freude nur den Rhythmus der Jahreszeiten hätte. Es ist gottlob anders. Rechte Freude hat ihren Grund nicht in der Schönheit der Welt. Die Welt vergeht. Und oft genug will ihre Schönheit und Pracht sich gar nicht mit einem Herzen voller Leid reimen. Der Mensch braucht mehr als Schönheit, Auskommen und Wohlsein, um sich wirklich von Herzen freuen zu können. Jesus weiß das. Er ist gekommen, um die rechte Freude zu bringen, die Freude, die aus dem Himmel stammt und tief ins Herz dringt. Sie ist Freude an Jesus, an seiner Vergebung, an seiner Führung und an all seinen Verheißungen. Christen sind fröhliche Leute! Ihre Freude hat kein Ende.

Du hast unser Leid gewendet, Herr Christ, du hast uns mit deiner Erlösung die Freude gebracht, die vom Vater stammt. Wir danken dir, daß du uns teilhaben läßt an allem, was dein ist. Laß dein Wesen unser Leben durchdringen, damit wir davon zeugen, daß du das Herz fröhlich machst. Amen.

So machet meine Freude völlig und seid eines Sinnes, habt gleiche Liebe, seid einmütig und einhellig.
Philipper 2, 2

Paulus hat sich immer wieder darin erinnert, daß ihm, dem Zerstörer der Gemeinde zu Jerusalem, vergeben worden war. Diese Vergebung war seine Freude. Darum konnte er diese Vergebung so gewiß verkündigen. Und nun hatte er die Freude, zu sehen, welche Lebenskräfte aus seiner Freude an der Vergebung in die Gemeinde geflossen waren. In ihr lebt eine Gemeinschaft des Geistes, ein gegenseitiges Liebhaben und Zurechthelfen, die ihn aufs tiefste beglückt. Er hat nur die Sorge, daß es einmal anders werden könnte. Paulus weiß aus der Erfahrung seines Lebens, daß gerade der begnadete Mensch am heftigsten angefochten wird. Er kann seine Gemeinden vor der Anfechtung nicht bewahren. Paulus weiß aber nicht nur um die Gefahr und den Fall, er weiß auch um das Heilmittel und die Hilfe: Man muß wieder zur Einmütigkeit kommen.
Zur Einmütigkeit kommt es nur durch die Vergebung. Zwei Christen, die verschiedenen Sinnes sind, werden immer von neuem eines Sinnes, wenn sie sich sagen lassen, daß sie beide vor Gott die gleichen Sünder sind. Sie werden in noch tieferer Bedeutung *eines* Sinnes, wenn sie beide sich wieder darüber freuen, daß ihnen beiden vergeben ist. So ist Vergebung auch der rechte Weg in die Freude, in die Freude an Christus und in die Freude aneinander.

Lieber Heiland! Du hast uns die Vergebung deines Vaters erworben. Laß uns erkennen, daß auch wir in deinem Geiste neu verbinden können, was zwischen uns und dem Nächsten zerrissen ist, damit wir als deine rechten Kinder aus der Vergebung und in Einmütigkeit leben. Amen.

Heute ist diesem Hause Heil widerfahren. Lukas 19, 9

Wie oft mag es vorkommen, daß einem Menschen ganz klar ist: So darf es in meinem Leben nicht weitergehen. Aber er kann den Absprung nicht finden. So quält sich mancher durch sein Leben und ist sich selber und andern eine Last. Dem Zöllner Zachäus war es auch so ergangen. Es half ihm nichts, daß er reich geworden war. Viele haßten ihn darum, wenn sie ihn auch heimlich beneideten. Er war im Grunde ein armer Mann mit einer großen Sehnsucht, daß es noch einmal anders werden möchte.

Jesus hatte das gesehen! Was Zachäus gar nicht auszusprechen wagte, wurde ihm gewährt. Was er nie zu hoffen gewagt, wurde beglückende Wirklichkeit: Jesus kam zu ihm zur Rettung, zum Heil. Wie Jesus handelt, so handelt Gott. Er kommt dem Menschen immer entgegen, wo er auch nur einen Schimmer von Sehnsucht sieht.

Jesus hat dem Zachäus zum Absprung verholfen: »Zachäus, steig eilend hernieder!« Und Zachäus ist gesprungen – mitten hinein in die Vergebung und in ein neues Leben. Ist es ein Wunder, wenn das ganze Haus des Zachäus mit ihm zusammen sich Jesus auslieferte? So muß es wohl sein: Wo einer sich ausliefert, da kommen die andern gern mit, weil sie sehen, was Jesus aus einem verfehlten Leben macht. Da wird Jesus die Mitte eines neuen Lebens für ein ganzes Haus. Es kann heute noch geschehen!

Dir sei Dank, Herr Jesus. Du selbst hast uns dazu verholfen, auf dein Wort zu hören, dir zu glauben und dir unser Herz auszuschütten. Du hast uns nicht verworfen, du hast uns angenommen. Du bist unser Heiland, und wir sind dein. Amen.

Heilig, heilig, heilig ist der Herr Zebaoth, alle Lande sind seiner Ehre voll! Jesaja 6, 3

Daran ist Gottes Macht und Herrlichkeit zu sehen, daß er seine Menschheit trotz ihrer Verderbnis nicht aufgegeben hat. Er sucht den Menschen mitten in der Sündhaftigkeit. Der Prophet Jesaja erlebt das. Er erlebt es mit tödlichem Entsetzen, denn neben dem dreimal heiligen Gott ist für den unheiligen Propheten kein Platz. Gottes Herrlichkeit ist auch daran zu sehen, daß er den Propheten nicht umkommen läßt. Ihm wird seine Unheiligkeit genommen. Mit glühender Kohle werden seine Lippen entsühnt – zum Zeichen, daß ihm die Sünden vergeben sind und er nun geheiligt ist.
Darin sucht Gott seine Ehre, daß er gern alle reinigen und heiligen möchte. Diese Botschaft soll der Prophet seinem Volke sagen. Er kann das nun, weil er es am eigenen Leibe erlebt hat. Der Mensch soll geheiligt werden, damit er bei dem heiligen Gott wohnen und Gottes Herrlichkeit an sich tragen kann, und mit dem Menschen zusammen die ganze Schöpfung. Jetzt seufzt sie noch unter dem Menschen und zusammen mit dem Menschen. Einst aber – vielleicht ist der Tag nicht mehr fern – singt sie mit den Engeln Gottes dem dreimal Heiligen in der Herrlichkeit das ewige Danklied der Erlösten. Christus hat uns dazu berufen, daß wir mitsingen.

Dich preisen wir und sagen dir Dank, du dreimal heiliger Gott, daß du uns durch das Blut deines Sohnes gereinigt hast von allen unseren Sünden. Du hast unsere Unheiligkeit von uns genommen und willst uns heiligen von Tag zu Tag. Laß uns heranwachsen zu deinem Bilde und laß uns einst mit allen Heiligen dir ewig »Heilig, heilig, heilig« singen. Amen.

»Laß dich's nicht wundern, daß ich dir gesagt habe: Ihr müsset von neuem geboren werden.«

Johannes 3, 7

Es gibt einen echten neuen Anfang! Jesus sagt es dem Nikodemus: Ihr müsset von oben her (von neuem) geboren werden. Geborenwerden ist der Anfang des Erdenlebens und Von-oben-her-Geborenwerden ist der Anfang des neuen Lebens aus Gott. Beides ist Gottes Werk. Natürlich möchten wir genau so gern wie Nikodemus wissen: Wie mag das zugehen? Mit derselben Berechtigung könnten wir fragen: Wie konnte Gott aus dem Nichts das Weltall erschaffen? Wir wissen es nicht. Das eine nicht und das andere auch nicht. Es ist Gottes Geheimnis, wie er das macht. Wir müssen uns daran genügen lassen, daß er, ebenso wie er die Welt geschaffen hat und noch erhält, auch an einem Menschen ein Von-oben-her-Geborenwerden geschehen lassen kann, und daß er es auch tut. Bei Luther heißt es: »Ich glaube, daß ich nicht aus eigener Vernunft noch Kraft an Jesum Christum, meinem Herrn, glauben oder zu ihm kommen kann; sondern der Heilige Geist hat mich durch das Evangelium berufen, mit seinen Gaben erleuchtet, im rechten Glauben geheiligt und erhalten.« Luthers Erfahrung kann und soll nach Gottes Willen die Erfahrung jedes Menschen werden: mit Christus durch den Heiligen Geist in ein neues Leben!

Dir sei Dank, du Geber des Lebens, daß keiner von uns der Mensch bleiben muß, der er ist. Wir sind unvollkommen und Stückwerk und haben kaum noch eine Ähnlichkeit mit dir, obwohl du uns nach deinem Bilde erschaffen hast. Du weißt, darin liegt unser ganzes Elend. Erneuere uns durch deinen Geist zu einem neuen Leben um Christi willen. Amen.

Gott will, daß allen Menschen geholfen werde und sie zur Erkenntnis der Wahrheit kommen.

1. Timotheus 2, 4

Es sieht doch alles so aus, als hätte die Kirche gründlich abgewirtschaftet. Doch wird immer wieder deutlich, daß die Kirche eine »Kirche der Jahrhunderte« ist. Sie allein weiß das rettende Wort, denn sie kennt den Retter: Jesus Christus. Sie kennt ihn nicht nur, sie verkündigt ihn auch. Sie verkündigt ihn, weil sie ihn in ihrer Mitte hat und weil sie von seinem Worte lebt.
Wir sind der Welt das Evangelium schuldig. Der Welt, das sind auch die Nachbarn, die Parteien in jedem Volk und Land. Wir sind darin schuldig geworden, daß wir das Evangelium nicht laut, nicht deutlich und nicht unüberhörbar genug verkündigt haben. Nun leiden die anderen durch unsere Schuld; denn wir kennen das Heil und sagen es ihnen nicht, wir kennen den Heiland und verkünden ihn nicht der Welt. Wir beschränken uns gern auf die Kreise, die ihn schon kennen. Warum? Aus Furcht? Hat der Herr keine Macht mehr? Oder meinen wir, sein Befehl wäre erfüllt?
Die Welt ist krank, menschlich gesehen: unheilbar krank; aber es gibt ein Heil. Es kommt von dem, der alle Macht innehat. Es gilt allen Völkern. Es kommt aus jedem seiner Worte. »Gott will, daß allen Menschen geholfen werde.« Dazu sendet er alle, die seinen Namen tragen und die ihm Ehre machen wollen. Auch dich!

Herr, hilf uns schweigen, wo wir schweigen müssen, und reden, wo wir reden sollen. Vor allem aber hilf uns, überall das Beste und Wichtigste zu sagen: daß allein von dir Leben, Heil und Seligkeit kommt, damit wir treu erfunden werden. Amen.

Der Buchstabe tötet, aber der Geist macht lebendig.

2. Korinther 3, 6

Sinn und Absicht eines guten Gesetzes kann durch entsprechende Ausführungsbestimmungen oder durch eine enge, buchstabengemäße Auslegung ohne große Schwierigkeiten in sein Gegenteil verkehrt werden. Man beruft sich dann gern auf Paulus in der Meinung, Paulus habe mit seinem Wort: »Der Buchstabe tötet, aber der Geist macht lebendig« auf diesen Zwiespalt angespielt. Aber das wäre ein falsch verstandener Paulus. Er will nicht den Geist gegen den Buchstaben ausspielen, auch nicht den Buchstaben gegen den Geist. Das Gesetz Gottes ist ihm unantastbar und viel zu heilig, um daran zu deuteln. Mit »Buchstabe« meint er trotz der Einzahl das ganze Gesetz Mose. Dieses Gesetz stellt er dem Geist gegenüber. Das Gesetz und der Geist, die Wahrheit Jesu Christi, haben beide gemeinsam, daß sie dem Menschen vor Augen malen, wer und was der Mensch ist. Aber es ist ein grundlegender Unterschied, ob einer unter dem Gesetz Mose oder unter der Wahrheit Jesu Christi steht. Das Gesetz richtet und verdammt. Jesus Christus aber ist nicht gekommen, um zu richten, sondern zu retten. Stellen wir uns unter das Gesetz, dann sind wir verloren. Stellen wir uns unter die Gnade und Wahrheit Jesu Christi, dann sind wir in Ewigkeit gerettet.

Herr Jesus Christus, du hast dich herabgeneigt bis in die Tiefen, in denen wir leben, und hast das Gesetz erfüllt, das dein Vater uns gegeben hat. Wir danken dir, daß du uns die Liebe offenbart hast, die dein Vater zu uns hat und die du zu uns hast. Hilf uns, an diese Liebe zu glauben, damit wir durch sie Menschen deiner Art werden. Amen.

Herr, unser Herrscher, wie herrlich ist dein Name in allen Landen! Psalm 8, 2

Wenn ein Mensch angefangen hat, Gott zu loben, weil er errettet worden ist, hat er auch neue Augen bekommen für alle die täglichen Wohltaten Gottes, die er bisher so selbstverständlich hingenommen hat. Oft erkennen wir den Wert solcher Wohltaten erst dann, wenn wir sie nicht mehr erfahren, etwa wenn wir nicht mehr schlafen können, wenn wir Schmerzen haben – und was dergleichen mehr ist. Wie selbstverständlich nehmen wir die Gesundheit, das tägliche Brot, die Arbeit und alle guten Gaben Gottes hin, als müßte das alles so sein. Erst wenn wir einmal angefangen haben, Gott darum zu loben, daß wir all diese Dinge als unverdiente Geschenke aus seiner Hand nehmen, werden wir darüber dankbar und froh. Das will Gott auch.

Wo das Wort von dem Herrn Christus hingekommen ist, haben die Menschen ohne Unterschied angefangen zu loben. Weiße, Braune Gelbe und Schwarze – in allen Landen. Diese Menschen haben ihre Hautfarbe behalten, ihre Sprache und ihre sonstigen Unterschiede, aber sie gleichen sich nun darin, daß sie *alle* auf das Wort Gottes hören, daß sie alle dem Heiland nachfolgen, und daß das Bekenntnis zu ihm an erster Stelle steht. Das eint sie bei aller Verschiedenheit, sogar mit den Engeln im Himmel. Sie singen alle gemeinsam das Lob zur Ehre Gottes.

Du ewiger Gott, du Herrscher über Himmel und Erde. Deine Werke loben dich, und wir loben mit. Dein Name geht über alle Namen, und du hast uns nach deinem Namen genannt. Hilf uns, deinem Namen Ehre zu machen und ihn in der Welt zu verherrlichen. Amen.

Die Himmel erzählen die Ehre Gottes, und die Feste verkündigt seiner Hände Werk. Psalm 19, 2

Kein Maler kann die Farbenpracht eines Sonnenaufgangs, eines Herbsthimmels, des Ozeans bei Stille oder Sturm, der Blüten und des Herbstlaubes in ihrer vollen Schönheit wiedergeben. Immer übertrifft die Wirklichkeit das Bild. Keine Phantasie ist imstande, den Formenreichtum der Blätter, der Pflanzen, der Bäume, der Tiere auch nur nachzubilden, viel weniger ihn zu ersinnen. Dabei ist Farben- und Formenreichtum nur etwas Äußerliches. Wer ist schon hinter die geheimnisvollen Lebensvorgänge im Menschen-, Tier- und Pflanzenreich gekommen? Sie sind noch längst nicht erforscht, und sie vollziehen sich seit Jahrtausenden wie der Gang der Gestirne. Hier ist mehr, als Menschenverstand erdenken könnte.
Da wird der Mensch klein, wie er es angesichts des Himmels, der Weite der Milchstraße und der fernen Welten ja auch wirklich ist. Wo aber der Mensch klein wird, da wird Gott groß. Je weiter die Forscher in die Welt der größten und der kleinsten Dinge hineinschauen, um so wunderbarer, rätselvoller und unerklärbarer wird alles. Und all dies Wunderbare, Rätselhafte und Unerklärbare steht da in voller Pracht und Herrlichkeit vor den Augen der Menschen und spricht. Alles miteinander erzählt von nichts anderem als von der Größe und Herrlichkeit dessen, der das alles geschaffen hat. Und dieser Schöpfer, Gott, ist unser Vater! Ihm sei Lob und Ehre!

Du Schöpfer aller Dinge! Mit aller Kreatur loben wir deine herrliche Macht und die Wunder deiner Werke. Sei gelobt, daß du uns zu deinen Kindern gemacht hast. Amen.

Ich will dem Herrn singen mein Leben lang und meinen Gott loben, solange ich bin. Psalm 104, 33

Die ganz einfache Begründung dafür, daß es in der Welt so traurig aussieht, lautet: Gott wird nicht gelobt. Besinnen wir uns doch: Wann war es bei uns das letzte Mal? Vielleicht ist es lange her. Vielleicht fehlte die nötige Stille. Wahrscheinlich hat auch die Gereiztheit und das Unbehagen des modernen Menschen in der Tatsache ihren Grund, daß er keine Zeit zur Stille mehr hat. Stille ist wie ein fester Platz, auf dem der Mensch sicher stehen kann. Wer diesen Platz nicht hat, ist wie ein verwehtes Blatt im Wind.
Dazu hat der himmlische Vater den Menschen nicht bestimmt. Jesus hat sehr deutlich gesagt: »Ihr seid die Reben« – also kein verwehtes Blatt, sondern ein Zweig, eingewachsen und fest verbunden mit dem Weinstock, also mit Jesus. Dafür Gott zu loben, ist alle Tage Grund genug. Freilich, wer nicht darum weiß, daß er in dieser lebendigen Verbindung mit Jesus Christus stehen darf, der wird nicht danken können, der wird auch Gott nicht loben. Erst aus der lebendigen Verbindung mit Christus kommt alles Lob. Der Geist Gottes bringt es auf die Lippen, vor allen Engeln Gottes. Das Lob der Engel mischt sich mit dem Lob des Geretteten. Und solch Lob will Gott haben.

Daß wir dir singen und dich loben, du gnädiger Gott, ist dein Werk, denn du hast uns ein neues Lied in den Mund gelegt als Dank für deine Wunder an uns, für unsere Errettung aus unserer Verlorenheit und für die Gewißheit unseres Heils in Christus. Laß uns einst dies neue Lied mit deinen himmlischen Heerscharen in deiner Herrlichkeit singen. Amen.

»Wer euch hört, der hört mich, und wer euch verachtet, der verachtet mich.« Lukas 10,16

Gott will Kirche haben, eine Gemeinde, die ihn hört und ihn durch ihren Wandel ehrt. Das Haupt dieser Gemeinde ist Christus. Nie vorher noch nachher hat einer den himmlischen Vater so im tiefsten verstanden und durch seinen Wandel geehrt wie er. Von seiner Gemeinde erwartet er das auch. Darum gab er ihr sein Wort. Jesus redete, was sein Vater wollte, darum war sein Wort Gottes Wort. Ehre und Würde von Gott erhält jeder, der das Gotteswort weitersagt: Vater und Mutter vor den Kindern, der Lehrer in der Schule, der Prediger in seiner Verkündigung. Wie hoch spricht Jesus selbst von dieser Würde: »Wer euch verachtet, der verachtet mich und Gott!« Welche Verantwortung trägt damit jeder, der das Gotteswort weitersagt! Vater und Mutter, Lehrer und Prediger. Wieviel Schande machen sie dem Wort, wenn ihr eigener Wandel so schrecklich oft mit dem Wort, das sie sagen, nicht übereinstimmt!
Welche Gnade, daß Gott trotzdem das Wort nicht von uns nimmt! Statt der Verstoßung neue Aussendung, statt der Verwerfung neue Barmherzigkeit. Welch eine Aufgabe, das von Menschen weithin verachtete Gotteswort recht zu brauchen, Menschen für Gott zu gewinnen, zu Christus zu rufen, Kirche zu bauen. Überall und jeden Tag: Gott will diesen Dienst von jedem in der Gemeinde.

Ewiger Gott, dir sei Lob und Dank! Du hast uns das Wort anvertraut, es weiterzusagen in deinem Namen. Gib, daß wir das mit Freuden tun und ohne Furcht in der Gewißheit, daß du selber deinem Worte Raum schaffst bei uns und bei andern. Amen.

»Wen da dürstet, der komme zu mir und trinke!«

Johannes 7, 37

Hunger ist schlimm. Durst ist schlimmer. Hunger kann der Mensch lange ertragen, Durst nicht. Den Durst, den Jesus meint, stillt kein Wasser, keine Macht der Welt. Hier ist Jesus die einzige Hilfe!
»Wen da dürstet, der komme zu mir und trinke!« sagt er. Das ist eine großherzige Einladung. Sie ergeht an alle, auch die, denen gar nicht zum Bewußtsein gekommen ist, daß sie dürsten, die den Grund für ihr unbefriedigtes Leben noch nicht entdeckt haben. Sie haben nur so ein unbestimmtes Gefühl, daß Leben eigentlich etwas ganz anderes sein müsse als das, worin sie selber stecken. Ein richtiges Gefühl, aber noch keine Hilfe. Die bekommt nur der, der von dem Wasser trinkt, das Jesus gibt.
Was heißt das? Das Gleichniswort sagt es: Wir sollen Jesus so in unser Leben hineinnehmen, wie man Wasser trinkt. Das ist eine ganz persönliche Sache, wie das Trinken. Keiner kann für einen andern trinken, jeder muß es selber tun. Aber wie belebt es den Durstigen! Das Blut rinnt wieder frisch durch die Adern, die Augen werden klar, der ganze Körper ist erfrischt. Genau das will Jesus an dem Menschen tun, der ihn in sein Herz nimmt. Er gibt neue Augen, die eigene Sünde zu sehen, und die Kraft zum Guten, auch für den anderen dazusein.

Wie freundlich lädst du uns ein, Herr Jesus. Bei den Menschen müssen wir immer bitten, und gewöhnlich verschließen sie ihre Ohren und ihr Herz. Aber du bietest an! Du verstehst uns und weißt, wo es uns fehlt. Du kommst uns entgegen mit der Gabe, die wir brauchen. Wir danken dir, daß wir von dir nehmen und leben dürfen. Amen.

Gott ist Liebe; und wer in der Liebe bleibt, der bleibt in Gott und Gott in ihm. 1. Johannes 4,16

Gott ist Liebe, werbende Liebe. Das wird am Kreuz sichtbar. Die ausgebreiteten Arme Jesu wollen die Welt umspannen. Aller Widerstand der Menschen, alle geheime und offene Ablehnung, aller Haß und alle Gleichgültigkeit kann diese Liebe nicht hindern. Ihre Kraft ist zu groß, ist sie doch Gottes Liebe – Liebe zur Welt.
Was ist denn an der Welt liebenswert? Was ist an uns liebenswert? Nichts! Darum muß Jesus die Tatsache dieser Liebe begreiflich machen. Er kommt aus dem Reich seines Vaters von oben her und steigt ganz tief herunter. Seine Liebe kennt kein Gebot außer dem einen, daß sie liebt, und erfüllt damit alle anderen. Jesu Liebe ist des Gesetzes Erfüllung. Sie steht jenseits des Gesetzes Erfüllung. Sie steht jenseits des Gesetzes und aller Gebote. Sie kommt gerade zu denen zuerst, die sich jenseits aller Gebote gestellt und alle übertreten haben. Sie will die Gesetzlosen aus ihrer Gesetzlosigkeit herausführen und sie hineinziehen in den Machtbereich der Liebe Gottes.
Größeres gibt es nicht. Und dies Größte kann jedem geschehen, der es nehmen, fassen und haben will. Das ist so überwältigend, daß Johannes ausrufen muß: Lasset uns ihn lieben, denn er hat uns zuerst geliebt!

Du weißt, lieber Vater, wie wir nach Liebe hungern, und du stillst uns diesen Hunger, den niemand und nichts stillen kann. Vergib, daß wir oft an deiner Liebe zweifeln, und tue uns Augen und Herz dafür auf, daß niemand und nichts uns von ihr scheiden kann durch Jesus Christus, unsern Herrn. Amen.

Richtet nicht, auf daß ihr nicht gerichtet werdet.

Matthäus 7, 1

Nicht richten, das heißt nicht: die Fehler der andern nicht sehen. Wir sehen sowieso nicht alle, weder bei den andern und erst recht nicht bei uns selber. Aber unser Herr sieht sie alle. Wenn einer, dann hätte er das Recht gehabt zu richten, weil an ihm selbst nichts zu richten war. Er tat es nicht.

Es gibt auch eine Art, nicht zu richten, die vom Teufel ist. Sie hat nicht den Mut, dem andern die Wahrheit zu sagen, um sich Unannehmlichkeiten zu ersparen. Das ist keine Liebe. Gewöhnlich wird der andere dann doch gerichtet; aber man sagt es ihm nicht selber, sondern redet über ihn – hintenherum. Das ist ein Richten, das im Finstern schleicht und tödlich wirken kann. Unter Christen sollte es dergleichen nicht geben.

»Sie haben da einen Fleck am Mantel.« Das kommt leicht über die Lippen. Es ist ein Gebot der Höflichkeit, es dem andern zu sagen. Es ist aber erst recht ein Gebot der Nächstenliebe, dem andern zu helfen, wenn er von Gottes Geboten weicht. Je besser einer weiß, daß er selbst Vergebung braucht und wie fröhlich er durch diese Vergebung wird, um so mehr Mut wird er haben, dem andern durch ein Gespräch über seine Fehler zu der gleichen Vergebung und auch zu der gleichen Freude zu verhelfen.

Vor dir, Herr, sind wir immer die Gerichteten, und doch willst du uns retten. Du verwirfst uns nicht; habe Dank für deine große Barmherzigkeit. Hilf uns, daß auch wir so barmherzig mit andern umgehen wie du mit uns. Nimm uns den Richtgeist und gib uns deinen Rettersinn. Amen.

Heiligkeit ist die Zierde deines Hauses, Herr, für alle Zeit. Psalm 93, 5

Mitten im Dorf steht die Kirche. Sie ist von allen vier Himmelsrichtungen her der Zielpunkt für die Wege, die ins Dorf hineinführen. So ist es weithin im Lande. Unsere Vorfahren haben sich etwas dabei gedacht, als sie die Kirche mitten ins Dorf hineinstellten und ihre Häuser dann rings um sie herum bauten. Der Herr, dessen Wort sie an den Sonntagen in der Kirche hörten, sollte der unsichtbare Herr des Dorfes sein. Sein guter Geist sollte alles, was da bei Tag und Nacht, bei der Arbeit und in Mußestunden geschah, bestimmen. Die Kirche im Dorf, daß hieß: wir sind unter Gottes Schutz und Befehl. Wie er sein Reich regiert, seine Engel zu seinen Boten macht und Menschen zu seinen Dienern, so sollte er durch sein Wort jeden im Dorf zum Dienst für seine Sache haben. Gottes Heiligkeit sollte von der Kirche her hineinstrahlen in alle Lebensbereiche der Gemeinde und ihr mitten in den Alltag hinein etwas von dem Glanz der oberen Welt geben.

Das alles ist leider weithin vergessen. Aber hier und da wird es noch an einem alten Brauch sichtbar: das junge Paar, das vor dem Altar gelobt hat, eine christliche Ehe zu führen, geht am Sonntag nach der Trauung in die Kirche – dahin, wo »Gottes Feuer brennt« in seinem Wort, Sonntag für Sonntag. So sollte es sein!

Du heiliger Gott, dir sei Dank, daß du deine Heiligkeit nicht für dich behältst. Du gibst sie deiner Gemeinde und heiligst sie. Du schenkst deine Heiligkeit immer aufs neue da, wo zwei oder drei versammelt sind in deinem Namen. Laß sie auch über uns kommen und heilige uns durch und durch. Amen.

Ein jeder erweise seinem Bruder Güte und Barmherzigkeit. Sacharja 7, 9

Im Alten und Neuen Testament weht derselbe Geist Gottes, und doch besteht zwischen beiden Testamenten ein großer Unterschied. Sacharja spricht das Gebot aus, aber Jesus zeigt, wie man das Gebot erfüllt. Er reizt dadurch zum Nachtun, daß er selber alle Güte und Barmherzigkeit erweist. Ist das keine Barmherzigkeit, wenn er mir täglich vergibt? Wenn er mich führt, bewahrt und zu allem Guten anleitet? Wenn er mir zusagt, daß er einen Platz in seiner Herrlichkeit für mich hat? Wenn er mit solchem Versprechen auch den dunkelsten Tag hell macht? Jeder Christ erfährt an sich den Tatbeweis der Güte und Barmherzigkeit Christi. Er hat sich nicht geschämt, uns seine Brüder zu nennen. Er gab sich für uns, sogar sein Leben.
Darin besteht also der Tatbeweis eines christlichen Lebens, daß wir nun auch ein Auge und ein Herz haben für jeden Menschen neben uns, und zusehen, wo die Stelle bei ihm ist, an der wir ihm unsere Güte beweisen können. »Ein jeder« fange bei sich an. Es ist erstaunlich, wie viele sich bereit finden, irgendwie mitzuhelfen, wenn erst einmal einer entschlossen anfängt. Es entsteht ein Kette der Hilfe. Sie reicht von der einen angenagelten Hand Jesu aus – um Welt und Zeit und Ewigkeit – bis zur anderen. Sie ist die einzige Kette, die nicht drückt und nicht fesselt!

Lieber himmlischer Vater. Wir leben Tag um Tag von deiner Barmherzigkeit. Du sandtest uns deinen Sohn, um sie uns zu beweisen. Vergib uns, denn wir reden viel von Barmherzigkeit und erwarten sie von andern und üben sie selbst so wenig. Mache uns barmherzig, wie du es bist. Amen.

»Wer nun mich bekennet vor den Menschen, den will ich auch bekennen vor meinem himmlischen Vater.« Matthäus 10, 32

»Mein Sohn, gehe nicht aus der Welt, ohne deine Liebe zu Jesus öffentlich bezeugt zu haben.« Das hat Matthias Claudius seinem Sohn empfohlen. Der Vater mutet dem Sohn also zu, mit seinem Glauben an den Heiland nicht hinter dem Berge zu halten, sondern in aller Öffentlichkeit zum Ausdruck zu bringen, daß er es mit Jesus hält. Das heißt »bekennen«.
Leicht sind wir geneigt, unsern Glauben verschämt zu verschweigen. Gewiß gehört das Tiefste des Herzens ins Kämmerlein. Wo das aber echt ist, da wird auch der Gang zum Gotteshaus, zur Bibelstunde selbstverständlich, ebenso die Mitarbeit bei allem guten Werk der Nächstenliebe. Darüber hinaus aber erwartet Jesus von den Seinen, daß sie jede Gelegenheit ergreifen, davon zu reden, was er kann und tut – als Zeugen, weil sie es aus ihrem Leben wissen.
Solches Zeugnis kommt aus der Liebe zu dem, mit dem wir reden. Mangelndes Zeugnis ist mangelnde Liebe. Gerade die Liebe ist das Kennzeichen des Christenstandes. Solches Zeugnis kommt aus der Dankbarkeit zu dem, der uns liebhat. Wir sollten aus Dank und Liebe auf den hinweisen, der jedem die gleiche Liebe erweisen möchte.

Herr Jesus, du hast dich zu uns bekannt mitten in unserer Schuld und uns erlöst aus der Knechtschaft des Bösen. Wir danken dir, daß du uns deine Liebe bis in den Tod bezeugt hast. Hilf, daß wir andern von Herzen und gern bezeugen, was du uns getan hast und noch tust. Amen.

»Kommet her zu mir alle, die ihr mühselig und beladen seid; ich will euch erquicken.« Matthäus 11, 28

Jesus wußte, was im Menschen war. Er sah den inneren Schaden des Herzens, die eigentliche Not. Sie war allen gemeinsam, und das machte alle in gleicher Weise arm und elend. Manchmal trat die Not offen zutage, aber noch öfter war sie hinter einem Lächeln verborgen – genau wie heute. Wie ein Arzt stellt Jesus für alle Zeit und für jeden Menschen die Diagnose: mühselig und beladen.

Die Diagnose stimmt. Jeder kann das bei sich selber nachprüfen. Aber keiner wird mit seiner Last selbst fertig. Daran liegt es wohl auch, daß jeder so schnell am andern, der zu tragen hat, vorbeigeht. Jeder hat mit sich selbst genug zu tun.

Nur einer ist, der nie vorbeigeht, der ist's, der hier ruft: »Her zu mir!« Gerade die ruft er, die ihre Last spüren und darunter leiden und nicht weiterkönnen. Sie haben sich selber aufgegeben, und niemand kann mehr mit ihnen etwas anfangen! Nur einer noch: Jesus. »Ich will euch erquicken«, sagt er. Von innen her fängt seine Hilfe an. Er reinigt das Herz. Er nimmt die Last ab, die Vergangenheit, die unvergebene Schuld, die marternden Gedanken. Das ist Erquickung wie ein Glas Wasser bei furchtbarem Durst. Jeder weiß, wie gut das tut. Es ist eine Neubelebung. Die schafft Jesus. Komm!

Dir sei Dank, Herr Jesus. Du weißt um alle unsere Mühsal und alle verborgene Qual der Herzen und gehst nicht daran vorbei. Dir sei Dank, daß du uns aus allem heraus und zu dir rufst. Hilf uns von uns selbst los und zu dir hin. Amen.

Ein jeglicher habe lieb seine Frau wie sich selbst.

Epheser 5, 33

Die Ehe ist eine Gabe Gottes. Sie stammt aus dem Paradies, in dem noch alles gut war. Leider haben viele Menschen diese gute Gabe Gottes verdorben. Was der Mensch von Gott in die Hand bekommt, das geht leicht entzwei, auch die Ehe. Sie ist eben, wie alle Gaben Gottes, zugleich eine Aufgabe. Man kann sie ganz einfach beschreiben. Es geht nur darum, zwei Worte umzustellen und sie in eine neue Reihenfolge zu bringen. Wir lernen in der Grammatik: ich, du, er ... In der Ehe ist es umgekehrt: du, dann erst ich; dein, dann erst mein. Das klingt so einfach und ist doch so schwer, daß ein ganzes Menschenleben kaum ausreicht, um es ganz zu lernen. Und wer es nicht vorher vom Heiland gelernt hat, wird es nie lernen. Die Kraft dazu kann nur der geben, der uns vorgelebt hat: erst der andere, dann ich. Er setzt uns an die erste Stelle und setzt sich für uns beim Vater ein. Erst der Mensch und dann der Heiland. Diese Reihenfolge – erst du, dann ich – ist der zutreffendste Beweis seiner Heilandsliebe. Wer sich in dieser Liebe geborgen und gehalten weiß, der weiß überhaupt erst, was richtiges Liebhaben ist. Er wird es aus Dank und Liebe zum Heiland ihm nachleben. »Erst du«, sagt der Mann zur Frau, »dann ich.« – »Erst du«, sagt die Frau zum Mann, »und dann ich.« Das ist die Aufgabe. Wenn Jesus der Dritte im Bunde ist, dann wird sie gelöst, und dann erleben Mann und Frau miteinander, welch eine gute Gabe Gottes die Ehe ist.

Hilf uns, Herr Jesus, daß wir von dir das rechte Liebhaben lernen: erst der andere und dann ich. Laß uns nicht müde werden, dies Liebhaben an jedem zu üben, dem wir begegnen. Amen.

Meine Kindlein, lasset uns nicht lieben mit Worten noch mit der Zunge, sondern mit der Tat und mit der Wahrheit. 1. Johannes 3, 18

Was nicht zur Tat wird, hat keinen Wert. Wenn nur das Trägheitsmoment in uns nicht so groß wäre! Immer besteht die Gefahr, daß wir es bei schönen Reden und Worten von der Liebe bewenden lassen. Wenn Gott nun auch so wäre! Aber sein Wort ist Wahrheit. Seine Liebe ist Wahrheit. Seine Hilfe ist Wahrheit. Jesus stellt sie dar. Er ist Hilfe in der Tat und in der Wahrheit. Wer soll uns aber glauben, daß Jesus Hilfe ist, wenn wir nicht mit der Tat helfen? Wir machen dann das ganze Evangelium unglaubwürdig.
Johannes sieht mit Sorge diese Gefahr in den Gemeinden aufbrechen. Darum mahnt er so eindringlich: Lasset uns liebhaben mit der Tat und in der Wahrheit. Ist nicht die Gefahr groß, daß wir nur da helfen, wo für uns selber ein Nutzen herausspringt? Nur denen, die sich mit uns selber in voller Übereinstimmung befinden? Das ist weder die rechte Liebe noch die rechte Hilfe in der Wahrheit.
Darin steht die Kraft des Christen und die Lebensmacht der lebendigen Gemeinde, daß jeder in ihr weiß: Ich bin der Nächste zum Liebhaben und zum Helfen, und zwar mit der Tat und in der Wahrheit – barmherzig, wie unser Vater im Himmel barmherzig ist.

Lieber himmlischer Vater. Dir sei Dank, daß du uns offenbart hast, wie Liebhaben in der Tat und in der Wahrheit aussieht. Es hat dich deinen Sohn gekostet. Hilf uns doch, daß wir unsere Liebe zu dir uns etwas kosten lassen, damit die Menschen dich mit uns zusammen für deine Liebe preisen. Amen.

Wir sind durch einen Geist alle zu einem Leibe getauft.

1. Korinther 12, 13

Viele Millionen Christen zählen die Kirchen in der Welt. Sie sprechen über tausend verschiedene Sprachen und unterscheiden sich in ihrer Hautfarbe und Rasse. Über die ganze Erde sind sie verstreut. Aber über all diese Verschiedenheiten hinweg sammeln sie sich einmütig um Jesus Christus. Und wo Jesus Christus der Herr ist, da ist auch der Geist, und der Geist eint. Damit ist ein neuer Organismus entstanden, den Paulus bezeichnenderweise »Leib« nennt. Mit Recht! Der Leib ist ein Wunderwerk, zusammengesetzt aus den verschiedenen Zellen, gebildet von verschiedenen Gliedmaßen. Jedes Glied ist anders als die anderen. Die Ärzte sagen uns, daß nach etwa sieben Jahren alle Zellen des Körpers sich erneuert haben, keine der alten ist mehr da, und doch ist der Mensch noch derselbe in seinem Aussehen, seinem Gehaben und in seiner unverwechselbaren Art.
In der Kirche Christi ist das auch so. Neue Christen kommen durch die Taufe zur Gemeinde, und andere sterben. Trotzdem bleibt die Kirche die gleiche, in der Gottes Geist weht, der sein Werk an allen Gliedern der Gemeinde tut. Sie sind alle aufeinander bezogen, haben ihre Aufgaben aneinander und dienen einander, wie Christus seiner Gemeinde und durch sie der Welt dient.

Du hast dir, Herr Christus, in deiner Gemeinde ein Werkzeug geschaffen, das deinen Liebesdienst in der Welt tut. Halte sie lebendig durch deinen Geist, damit sie in der Welt darstellen kann, daß du ihr Heiland bist. Amen.

»Wer diese meine Rede hört und tut sie, der gleicht einem klugen Mann, der sein Haus auf den Felsen baute.« Matthäus 7, 24

Wie wollen wir bauen? Auf Ruinen? Geben die ein tragfähiges Fundament? Muß nicht zuerst der Schutt fort? So klug sind wir doch, wenn es sich um Bauten handelt. Ist es im Leben anders? Muß nicht zuerst die Schuld fort? Eben diese Schuld, daß wir meinen, es ginge ohne Gottes Wort und ohne das Kreuz Christi? Es ist wahr: Das Wort vom Kreuz ist eine Torheit für die, die verlorengehen.
Können wir wirklich so fortfahren, wie Paulus fortfährt: aber uns, die wir gerettet sind, ist es eine Kraft Gottes? Das würde heißen: wir nehmen nunmehr das Wort vom Kreuz an als eine rettende Kraft Gottes, zum Fundament für einen neuen Aufbau. Es wird soviel von Aufbau geredet und soviel Kraft daran gesetzt. Aber wird dabei etwa das Fundament vergessen?
Unser Bauen kann nur mit der klugen Torheit geschehen, die ihre Kraft von dem Christus nimmt, der die Welt erlöst hat aus ihrer Selbstsucht und Eigengesetzlichkeit. Das ist eine ganz persönliche Sache. Da brauchen wir nicht auf Gesetze und Verfügungen zu warten, sondern können aus dem Geist und der Kraft Christi alle Weisungen holen, die von innen her auch das Äußere gestalten.

Herr, wir glaubten, wir hätten auf Felsen gebaut, aber es war Sand, war unsere eigene Kraft. Laß uns verstehen, was du uns zu sagen hast, laß uns klug werden und auf den Grund bauen, der ewig bleibt. Amen.

In Christus Jesus gilt der Glaube, der durch die Liebe tätig ist. Galater 5, 6

Wer sich die Mühe macht, auf die Gesichter der Menschen zu achten, kann hier und da beobachten, daß Menschen manchmal richtig aufblühen, wenn sie geliebt werden. Verdrossene Gesichter fangen zu strahlen an. In ihren Mienen wird etwas sichtbar, was früher nicht da war.
In ähnlicher und doch noch ganz anderer Weise blühen Menschen auf, wenn sie anfangen zu glauben, daß Gott sie liebt. In ihnen werden Kräfte lebendig, die sie früher nicht hatten, nicht kannten, ja nicht einmal ahnten. Das sind Kräfte, »Energien« sagt der Urtext, die ihnen von Gott selber zufließen, Gotteskräfte. Sie sind immer daran zu erkennen, daß der Mensch zum andern Menschen eine ganz neue Stellung einnimmt: Er liebt den andern. Von Gott Geliebte verstehen zu lieben! Darauf will Gott mit dem Menschen hinaus. Dazu hat er den Menschen gemacht. Das ist der Sinn des Lebens. Solch Leben hat Wert vor Gott. Alles andere gilt nicht vor ihm.
Sehen wir zu, daß wir der Menschheit den Beweis für die Liebe, die Gott zu uns hat, nicht schuldig bleiben. Im Grunde wartet die Welt auf nichts anderes, als auf den Erweis dieser Liebe. Sie hungert danach. Und die Welt fängt in unserer nächsten Umgebung an, in unserer Umwelt. An uns will sie kennenlernen, wie Gott liebt. Unsere Worte tun es nicht, nur unsere Liebe.

Vergib, Herr Jesus, daß wir oft verdrossen und mißmutig sind. Unsere Mitmenschen warten auf einen Strahl der Liebe, und wir haben keine. Zünde in unseren Herzen das Feuer der Liebe an. Schenke uns dazu Kraft, um deinetwillen. Amen.

Einer trage des andern Last, so werdet ihr das Gesetz Christi erfüllen. Galater 6, 2

Immer stehen Reisende an den Gepäckschaltern der Bahnhöfe und geben ihr Gepäck auf. Es reist sich besser, wenn man nichts zu tragen braucht. Wir dürfen auf unserer Lebensreise alles Gepäck bei Gott abladen; er trägt uns mit unserer Last. Oder schleppen wir sie doch selber?
Christen sind Leute, die ihre Last Jesus auflegen. Sie tragen sich nicht krank oder gar tot, weil ihr Herr sie trägt.
Das anderen zu sagen, ist ihr Auftrag, genau der gleiche, den der Vater seinem Sohn gegeben hat, das Gesetz Christi. Jesus hat es erfüllt, darum ist er der Heiland. Auch unser Heiland? Dann laden wir bei ihm alle Lasten ab, haben ein offenes Auge für die Nöte des anderen, ein offenes Ohr für dessen Hilferuf, rasche Füße, ihm nachzulaufen, helfende Hände für seine Not und eine Phantasie für neue Wege zur Hilfe. Das alles geschieht da, wo der Geist, das Gesetz Christi, wirkt. Diese Mission ist zugleich nah und weltweit. Sie hat den fernen Nächsten so lieb wie den nahen. Wer das weiß, erkennt sich als Nächsten für jeden anderen. Jesus hat sich als Nächsten für jeden anderen angesehen und als Bruder, damit auch jeder von uns jedem anderen zum Nächsten und zum Bruder würde.
Gott hat seinen Sohn in die Welt gesandt. Wir sollen als die Gesandten Jesu in der Welt wirken. So nimmt Gott uns hinein in die Sendung seines Sohnes, aus Liebe zur Welt.

Hab Dank, Herr, daß du nicht nur unsere Last, sondern uns selbst trägst. So bereitest du uns zu, anderer Lasten tragen zu helfen, um andere für dich zu gewinnen. Amen.

»Des Menschen Sohn ist gekommen, zu suchen und selig zu machen, was verloren ist.« Lukas 19,10

Vor einigen Jahren kam ein junger Mensch aus dem Gefängnis. Er war, wie man so sagt, »kuriert« und hatte den besten Willen, neu anzufangen. Aber seine früheren Freunde lehnten jede Verbindung mit ihm ab, sein Elternhaus verschloß sich ihm. Sein früherer Arbeitgeber stellte ihn nicht wieder ein. Überall, wo er anfing, mußte er wieder aufhören, als seine Gefängnisstrafe bekannt wurde. Einen Vorbestraften wollte keiner haben. Als er ganz am Ende war, erklärten sich seine Angehörigen bereit, für ihn Unterhaltskosten zu zahlen, wenn er möglichst weit fort in eine Anstalt ginge. Er tat es. Es war für ihn eine Hilfe, aber wirklich geholfen war ihm damit doch nicht. Er blieb der Ausgestoßene.
Das ist die frohe Botschaft: Jesus betrachtet keinen Menschen als Ausgestoßenen. Genau und bei Licht besehen sind es alle, die das Paradies verloren haben und immer wieder verlieren, die ausgestoßen sind und das irgendwie merken. An der Friedlosigkeit und Ruhelosigkeit ihres Herzens ist das zu sehen. Nur wenigen geht auf, daß dieser Verlust des inneren Friedens das Verlorensein ist, von dem Jesus redet. Er sucht das Verlorene. Wohl jedem, der sich darüber freut, daß seine »Verlorenheit« zu Ende ist, weil Jesus kam.

Vor dir bekennen wir, himmlischer Vater, daß wir alle miteinander verlorene Leute sind, weil wir nicht eines deiner Gebote gehalten haben. Du siehst all das Elend, in das wir dadurch gekommen sind. Laß dir danken, Herr Christ, daß du in unser Elend gekommen ist, uns für immer herauszuholen. Amen.

»Ich bin gekommen, daß ich ein Feuer anzünde auf Erden; was wollte ich lieber, als es brennete schon.« Lukas 12, 49

Wenn an manchen Orten am Johannistag die Johannisfeuer brennen, dann erinnern sie daran, daß Johannes der Täufer zum ersten Christuszeugen wurde.
Christus selbst sagt ja: »Ich bin gekommen, daß ich ein Feuer anzünde auf Erden!« Die Bewegung, die er auf dieser Erde hervorrief, begann wie ein Waldbrand. Irgendwo fällt ein Feuerfunke in dürres Geäst. Erst glüht es nur im Verborgenen. Dann fährt ein Windstoß hinein, er facht die Glut zur Flamme an, und ein Baum nach dem anderen fängt Feuer. Schließlich kann der Brand nicht mehr aufgehalten werden. So ist das Zeugnis von Christus wie ein Funke, der von einem Menschen auf den anderen überspringt. Sie sollen alle Anteil bekommen am Segen der Christusbotschaft und in die große Bewegung hineingezogen werden, die Gott mit Johannes dem Täufer und Jesus begann.
In Geschichtsbüchern steht nichts über Johannes den Täufer. Doch von Bildern her kennen ihn viele. Die Geschichte der Menschheit sieht, mit Jesu Augen gesehen, eben anders aus als die Geschichte der Welt. Jesus ist ihre Mitte. Von ihm geht das himmlische Feuer aus, das die Herzen erhellt und erwärmt. In seinem Licht stehen heißt: leben, von ihm erwärmt und geheiligt werden.

Verbrenne, Herr, in deinem heiligen Feuer, was unrein ist in unserem Herzen. Entzünde in uns die Glaubensflamme, damit wir sie auch in die Welt hineintragen zu deiner Ehre. Amen.

Er muß wachsen, ich aber muß abnehmen.

Johannes 3, 30

Am Johannestage gedenkt die Kirche des Täufers, des Vorläufers Jesu. Ein halbes Jahr vor Weihnachten feiert sie den Geburtstag des Märtyrers, der der Rache der Herodias zum Opfer fiel, um die Sommersonnenwende, wenn die Tage wieder abnehmen. Das ist ein Sinnbild für die Stellung des Täufers zu Jesus. Johannes wollte nichts für sich selbst, er wollte dem Größeren dienen. Sein ganzes Lebenswerk ist in dem Wort »Er muß wachsen, ich aber muß abnehmen« zusammengefaßt.
Johannes schläge leise den Grundton an, der im Erlösungswerk Jesu in vollen Akkorden zum Klingen kommt: »Des Menschen Sohn ist nicht gekommen, daß er sich dienen lasse, sondern daß er diene und gebe sein Leben zur Bezahlung für viele«. Leben ist Dienst für andere, wie Jesus es sagt und vorlebt. Johannes ist nach seinem eigenen Wort »eine Stimme«, die auf den Dienst, die Diakonie Christi, hinweist.
Durch sein Dienen schafft sich Christus seine Gemeinde, die nun ihrerseits dem Beispiel folgt, das Christus ihr gegeben hat. Die Gemeinde dient im Namen Christi. Das ist ihre Ehre. Sie will nichts für sich. Sie sagt und handelt wie Johannes: Christus muß wachsen, ich aber muß abnehmen.

Dir sei Dank, Vater im Himmel, daß du durch den Liebesdienst deines Sohnes dir eine Gemeinde erworben und jeden darin zu gleichem Liebesdienst gerufen hast. Gib uns Augen, die sehen, wo es etwas zu dienen gibt, und gib uns ein williges Herz, daß wir solchen Dienst für dich mit Freuden tun nach deinem Willen und zu deiner Ehre. Amen.

Der aber der Kleinste ist im Himmelreich, ist größer als er.

Matthäus 11,11

Johannes liegt im Gefängnis. Natürlich sind viele seiner Jünger von ihm abgerückt; es ist immer bedenklich, zum Freundeskreis eines Menschen zu gehören, der aus »politischen Gründen« eingesperrt wurde. Jesus aber stellt sich ganz offen auf die Seite des Johannes. Johannes war wirklich Prophet, der größte, sagt Jesus. Und dann macht er die Einschränkung: der Kleinste im Himmelreich ist größer als er.

Wonach beurteilt Jesus die »Größe« eines Menschen? Johannes ist doch heiligen Geistes voll, ausersehen, Jesus den Weg zu bereiten. Die Größe eines Menschen hängt von seiner Stellung zu Jesus ab. Johannes steht vor Jesus so, als ob man eine Null vor eine Eins schreibt. Diese Null zählt nicht. Die Eins ist Jesus. Er allein hat vor Gott diesen Wert. Johannes steht vor der Eins. Er gehört zu den noch nicht Erlösten. Die aber Jesus nachfolgen, stehen hinter ihm wie die Null hinter der Eins und bekommen nun dadurch ihren Wert.

Und hinter Jesus steht das Himmelreich. Das kommt mit ihm. Darum: der Kleinste im Himmelreich ist größer als Johannes der Täufer. Auch das geringste Glied einer Gemeinde, wenn es sich nur an Jesus hält, steht über dem größten Propheten des Alten Testaments.

Du Gott der Wahrheit, du hast uns wissen lassen, daß kein Mensch vor dir etwas gilt. Wir sind nichts vor dir. Aber du hast uns in deiner Barmherzigkeit durch Jesus Christus einen neuen Wert gegeben, der vor dir gilt. Wir danken dir, daß du uns so ehrst. Hilf uns, dieser Ehre würdig in dieser Welt zu leben. Amen.

Ich halte dafür, daß dieser Zeit Leiden der Herrlichkeit nicht wert sei, die an uns soll offenbart werden.

Römer 8, 18

»Ich halte dafür« – das griechische Wort für diesen Ausdruck kommt aus der Handelssprache und bezeichnet eine kaufmännische Überlegung. Paulus macht den Vorschlag, einmal wie ein richtiger Kaufmann zu überlegen, ob es sich nicht lohnt, die Leiden dieser Zeit in Kauf zu nehmen, um dafür die Herrlichkeit zu gewinnen. Auf der Verlustseite: die Leiden; auf der Gewinnseite: die immerwährende Herrlichkeit. Paulus meint also: Es ist richtiger, sogar kaufmännisch richtiger, die vergänglichen Leiden um Jesu willen hinzunehmen und die unvergängliche Herrlichkeit zu erwerben, als den Leiden um Jesu willen aus dem Wege zu gehen und die Herrlichkeit zu verlieren. Da konnte damals und da sollte auch heute noch die Wahl nicht schwerfallen.

Bei dieser Überlegung ist es anders als beim Wetten und Spielen. Da ist der Gewinn immer ungewiß. Wenn es sich aber um die Entscheidung für Jesus Christus handelt, ist der Gewinn gewiß und sicher. Hätte man Paulus danach gefragt, wie er zu dieser kühnen Behauptung komme, er hätte einfach auf Jesus verwiesen, der seine Leiden ertrug, weil er wußte, was es um die Herrlichkeit ist. Und Jesus erduldete die Leiden für uns, an unserer Statt, um dadurch die Herrlichkeit für uns zu erwerben.

Herr Jesus, du hast deine Herrlichkeit verlassen und das Leiden auf dich genommen, damit wir deine Herrlichkeit gewinnen. Mache du uns weise, daß wir auf diesen seligen Tausch eingehen und deiner froh werden. Amen.

Ich habe Kinder großgezogen und hochgebracht, aber sie sind von mir abgefallen. Jesaja 1, 2

Ganz schlicht und jedermann verständlich läßt Gott durch seinen Propheten verkünden, wie er sich zum Menschen stellen will: wie ein Vater zu seinen Kindern. Er will sie lieben, erhalten und hindurchbringen, und das alles zu dem Zweck, daß sie so werden, wie der Vater sie haben will. Höher kann er seine Kinder gar nicht ehren. Zu diesem Zweck gibt er ihnen sein Gebot: das Gesetz. Bleiben sie darin, dann verfehlen sie den Weg nicht, der zu ihm, dem Allerhöchsten, führt. Gott hat wirklich alles getan, damit seine Kinder das Ziel erreichen. Es liegt an den Kindern selber, was aus ihnen wird.
Wir können in der Geschichte nachlesen, wie sich seine Kinder verhalten haben. Es ist eine traurige Geschichte. Gott klagt: »Ich habe Kinder großgezogen und hochgebracht, aber sie sind von mir abgefallen.«
Gott wäre nicht Gott, wenn er das so hinnähme. Er weiß, was für ein Elend dieser Abfall bedeutet. Nun ist er selbst auf der Suche nach seinen Kindern. Durch Jesus läßt er sie suchen. Jesus ist die Chance, die Gott gibt. Wer zu Jesus kommt, wird wieder Kind des Vaters, wird herausgenommen aus seiner Niedrigkeit und Verzweiflung, hat wieder eine offene Tür zum Vaterhaus. Daß wir dies Angebot nur nicht ausschlagen, es ist das letzte!

Wir danken dir, Vater, daß du uns durch Jesus Christus suchst und uns wieder zu dir ziehen willst. Wir danken dir, Herr Jesus, daß du für uns Weg und Tür zum Vaterhaus geworden bist. Gib uns deinen Geist, damit wir durch diese Tür eingehen und mit dir bei Gott, unserem Vater, Wohnung finden immerdar. Amen.

Ihr waret wie die irrenden Schafe. 1. Petrus 2, 25

Jeder Weg, der im Vertrauen auf die eigene Kraft und nicht im Vertrauen auf Christus gegangen wird, ist falsch und führt von einem Irrtum in den anderen. Diese Behauptung erregt immer wieder wütenden Protest. Es ist stets ein regelrechtes Wunder, wenn ein Mensch sich durch das Wort, das Christus spricht, davon überzeugen läßt, daß er sich über sich selber, die Menschen, die Welt und seinen Weg geirrt hat. Menschen, die das eingestehen, haben aufgehört, »irrende Schafe« zu sein. Das ist ein Gewinn, der sich an jedem neuen Lebenstage lohnt. Wer den gewonnen hat, nimmt auch keinen Anstoß mehr an der Bezeichnung »Schaf«, die den selbstherrlichen Menschen gewöhnlich schwer ärgert. Der Vergleich des Petrus ist treffend. Wehrlos wie ein schutzloses Schaf ist der Mensch körperlichen und seelischen Unbilden preisgegeben. Wo ist er sicher? Wer garantiert ihm Leben und Heil für immer? Ist mit diesem Bild nicht die alltägliche Situation aller Menschen zutreffend beschrieben?
Aber alle Hilflosigkeit soll nach Gottes Willen ein Ende haben. Gott hat einen Hirten gesandt. Jesus hat sich selbst so genannt: »Ich bin der gute Hirte.« Wohl jedem, der ein irrendes Schaf war und es nun nicht mehr ist, weil er dem guten Hirten folgt. Der hat für Zeit und Ewigkeit seinen rechten Platz gefunden.

Habe Dank, Herr Christ, daß du unser Herz erleuchtest, damit wir das Sinnwidrige unseres Lebens erkennen, und daß du uns in deine Wahrheit holst, damit wir unter deiner Hut in deinem Geist leben. Du füllst allen Mangel des Lebens aus und gibst ihm Sinn und Erfüllung aus dem unversieglichen Reichtum deines Erbarmens. Amen.

Gott, sei mir Sünder gnädig! Lukas 18, 13

Die Begebenheit, die Jesus im Gleichnis vom Pharisäer und Zöllner erzählt, wiederholt sich immer wieder. Sie kann zum Beispiel so lauten:
Zwei junge Eheleute gehen in die Kirche. Die Predigt mahnt zur Geduld, zur Freundlichkeit, zur Sanftmut, zum Vergeben, und die Frau denkt: Ach ja, wenn mein Mann da nur hinhörte. Dann wird vor Eitelkeit, vor Putzsucht, Klatscherei und Neid gewarnt, und der Mann denkt: Hoffentlich nimmt sich meine Frau das zu Herzen. Und dann ist die Kirche aus, und auf dem Heimweg fragt die Frau ihren Mann, ob *er* die Mahnungen gehört hätte. Das ärgert ihn, und er fragt sie, ob *sie* die Mahnungen gehört hätte. Das ärgert auch sie, und im Nu entsteht zwischen diesen beiden Pharisäern der schönste Streit. Beide haben die Predigt falsch gehört.
Es hätte für beide ein rechter Gottesdienst werden können, wenn jeder das verkündigte Wort auf sich bezogen hätte. Dann hätten wohl beide auf dem Heimweg zugleich angefangen: »Vergib mir ...«; denn sie wissen ja beide, wo es bei ihnen fehlt. Da wäre es licht in ihnen geworden.
Der Zöllner ging gerechtfertigt hinab in sein Haus. Die Ursache war sein Gebet: »Gott, sei mir Sünder gnädig!« So bitter fängt die Buße an, und so selig hört sie auf.

Dir sei Dank, du lebendiger Gott, daß dein Wort uns alle unsere Fehler nennt. Hilf uns, daß wir uns von dir alles sagen lassen, damit wir zurechtkommen und dich mit Wort und Werk dafür loben, daß du so gütig bist. Amen.

Wer seine Hand an den Pflug legt und sieht zurück, der ist nicht geschickt zum Reich Gottes. Lukas 9, 62

Wer den Pflug nimmt und sich dabei umsieht, der kann keine gerade Furche ziehen, der hat seine Gedanken und sein Herz woanders und ist nicht so ganz bei der Sache. Er ist im Grunde gar nicht willens, rechtschaffene Arbeit zu tun. Er sieht zwar das gute Ergebnis der Arbeit anderer, aber nicht die Mühe, die darin steckt. Er möchte wohl das gleiche Resultat erzielen, aber nur so nebenbei. Eben darum ist er unbrauchbar.

Im Dienst für Gottes Sache ist das auch so. Es ist verlockend, das Leben des Heilands anzusehen und dabei zu bedenken, daß er etwas Ähnliches aus unserem Leben machen will. Aber um das geschehen zu lassen, dazu gehört ein ganz williges und ungeteiltes Herz, das allein auf ihn sieht.

Wo die Willigkeit ist, gibt Gott seine Gaben dazu und entwickelt vorhandene zu nie geahnter Größe und Kraft, gerade bei denen, die »unbrauchbar« zu sein scheinen. Es muß immer wieder deutlich werden: »Was nichts ist, das hat Gott erwählt, auf daß er zunichte mache, was etwas ist.« Was dann aus unserem Leben wird, ist größer und schöner als alles andere, was hinter uns liegt. Und keiner, der im neuen Leben steht, wird sich mehr nach dem alten umsehen, ja nicht einmal Sehnsucht danach haben.

Liebster Herr Jesus, du willst uns aus unserer Halbheit erlösen. Hilf uns, zu begreifen, was wir dir wert sind, damit wir alles lassen, was nicht zu dir paßt, und erfülle uns dann ganz mit deinem Geist. Dir sei Dank, daß du uns ganz zu deinen Jüngern machst. Amen.

Gott ist Licht, und in ihm ist keine Finsternis.

1. Johannes 1, 5

In Vertretung für einen kranken Pastor hatte ich einmal Konfirmanden einzusegnen. Ich kannte keinen einzigen. Die letzte Stunde vor der Einsegnung waren sie bei mir. Da saßen sie nun, zwei Gruppen von 14- bis 16jährigen Jungen und Mädchen. Welche Verantwortung! Ich habe um das rechte Wort innerlich geschrien. Es wurde geschenkt! Ich fragte ein Mädchen: »Weiß deine Mutter alles von dir?« Es ging wie ein Ruck durch alle. Das Mädchen schwieg und wurde rot. Dann kam ein leises »Nein«. Also keine Klarheit, keine letzte Offenheit zwischen Mutter und Tochter. Dämmerung, wo helles Licht sein müßte. Und dann sprachen wir von Gott, der Licht ist und vor dem es kein Dunkel und kein Verstecken gibt, und von Jesus, der alles Dunkel vertreibt und uns zu Kindern des Lichts machen kann und will, der nur darauf wartet, daß wir auf ihn hören und ihn lieben lernen, damit unser Leben licht und sauber werde.
Darüber wurden wir uns alle schnell einig, daß solch ein Leben schön ist und lebenswert. »In solches Leben hinein«, konnte ich ihnen dann sagen, »ruft euch Jesus. Er allein kann es geben. Glaubt ihm. Wer das will, der bete an jedem Abend und Morgen: Schaffe in mir, Gott, ein reines Herz und gib mir einen neuen, gewissen Geist. Verwirf mich nicht von deinem Angesicht und nimm deinen heiligen Geist nicht von mir.« Dies Gebet wird vom Vater des Lichts immer erhört. Er macht uns zu Kindern des Lichts.

Sende dein Licht und deine Wahrheit, daß sie mich leiten zu deiner Wohnung und ich dir, Gott, danke, daß du mir hilfst. Amen.

Mein Herz ist fröhlich in dem Herrn, denn ich freue mich deines Heils.

1. Samuel 2, 1

Ob alt oder jung, – wer sein Herz an Gott hängt und sich von ihm leiten läßt, bekommt immer wieder Anlaß, darüber fröhlich zu sein. Gott zieht Menschen zu sich her, und dazu muß alles dienen, was sie durchleben. Er will sie so herrlich machen, wie er selbst ist, kein Umsturz kann daran rütteln und sei er noch so groß. Der Herr ist größer.
Das alles finden Menschen bestätigt, die ihr Leben in Gottes Licht stellen. Gott bleibt immer derselbe. Sein Tun ist und bleibt sein Wunderwerk am Menschen in der Welt. Am deutlichsten ist das abzulesen in dem Geschehen des Lebens Jesu. Er hatte es ganz in Gottes Hände gestellt; er ist Gottes Gesalbter. Er hat dargestellt, wie Gott das Haupt seines Gesalbten erhöht und ihm seine Herrlichkeit gibt. Das ist ein Beispiel für das, was Gott am Ende der Tage all denen tun will, die sich von ganzem Herzen auf ihn verlassen und sich durch nichts davon abbringen lassen. Das ist das Ziel des Lebens, das Gott dem Menschen zugedacht hat. Von daher bekommen auch notvolle Zeiten, selbst die Beschwerden des zunehmenden Alters ihren Sinn, ja, einen richtigen Glanz. Der kommt von der Herrlichkeit her, die Gott für die hat, die bei ihm aushalten. Für sie ist alles Durchgang zur Herrlichkeit Gottes.

Hilf uns glauben, Herr, daß du wirklich Herr bist über alle und alles; daß du vorhast, aus uns ein Bild zu machen, das dir gleicht. Hilf, daß wir uns dieses Ziel nicht verbauen und verrükken lassen, sondern getrost darauf zugehen in deiner Kraft. Amen.

Das Himmelreich ist gleich einem Kaufmann, der gute Perlen suchte, und da er eine köstliche Perle fand, ging er hin und verkaufte alles, was er hatte, und kaufte sie. Matthäus 13, 45.46

Muß es uns nicht nachdenklich stimmen, daß die Worte »Glück« und »glücklich« im Neuen Testament nicht vorkommen? Das hat aber seinen guten Grund. Wer vom Glück redet, hat vergessen, daß er Gottes Geschöpf ist, beseelt vom Atem Gottes. Wo nicht der Atem Gottes weht, da kann auch das Glück nicht sein. Darum redet Jesus nicht vom Glück, sondern vom Reich Gottes. Er meint damit das Reich, in dem der Mensch unter der Herrschaft und unter den Geboten Gottes lebt. Darum ruft er: »Tut Buße, denn das Himmelreich ist nahe herbeigekommen.« Wo diese Umkehr Wirklichkeit wird, da ist das Glück.
Wenn die Menschen das Glück suchen, dann sind sie eigentlich auf der Suche nach dem Himmelreich; aber sie wissen es nicht. Nur das Suchen ist richtig. Wenn sie mit dem Suchen nicht aufhören, werden sie eines Tages das Himmelreich finden. Jesus sagt im Gleichnis vom Kaufmann: »da er eine köstliche Perle fand ...« Er *fand* also.
Das ist ein gesegnetes Finden, wie es uns auch Johannes von Andreas berichtet, der zu seinem Bruder Simon sagt: »Wir haben den Messias gefunden.« Sie »verkauften« wirklich alles. Sie verkauften gewissermaßen sich selbst und fanden im Umgang mit Jesus die Mitte und Erfüllung ihres Lebens, ihr Glück.

Dir sei Lob und Dank, Herr Jesus. Du bist suchen gegangen, um uns zu finden. Hilf uns, daß wir uns finden lassen, damit unser unstetes Suchen aufhört und wir in dir alles finden, wonach unser Herz sich sehnt. Amen.

Wir können's ja nicht lassen, daß wir nicht reden sollten von dem, was wir gesehen und gehört haben. Apostelgeschichte 4, 20

Diese Antwort, die Petrus und Johannes den Richtern geben, die ihnen Redeverbot auferlegen, ist die Erklärung für das, was ein Zeugnis ist. Zeuge ist, wer gesehen und gehört hat und das nun weitersagt. Die beiden Jünger bezeugen, was Gott an ihnen durch Jesus – und nun am geheilten Lahmen durch sie – getan hat. Ob nicht mitten im Verhör ein stiller Neid in den Richtern aufgekommen ist, daß sie nicht konnten, was den Jüngern möglich war?
Jesus will Zeugen. »Was ich euch sage ... in das Ohr, das predigt auf den Dächern.« Ob wir nicht viel zu oft schweigen, wo wir reden müßten? Wenn alle, deren Namen in den Kirchenbüchern stehen oder die sich zur Kirche halten, in aller Öffentlichkeit sagen würden, daß sie Christus angehören, was für eine Wirkung würde davon ausgehen! Aber können sie das wahrhaftig bezeugen? Liegt da nicht die ganze Not und Vollmachtlosigkeit unserer Kirche? Und ganz zutiefst unsere eigene auch?
Nicht wahr, *wir* können's auch lassen. *Sie* konnten's nicht lassen! Sie mußten bezeugen, was sie durch Jesus geworden waren. Seine Kraft und sein Name sollten bezeugt sein. Wie trug sie dies Zeugnis in dieser verantwortungsvollen Stunde!

Herr Christ, daß du uns deine Taten sehen und erfahren läßt, daß du dich als Heiland an uns immer wieder bezeugst, dafür nimm unser Lob und unser Herz. Tue unsere Lippen auf, daß wir überall Zeugen deiner Macht und deiner Herrlichkeit werden. Amen.

Sie sprach: Ja, Herr; aber doch ... Matthäus 15, 27

Das »Aber« des Unglaubens ist dem Menschen angeboren, es ist alle Tage und überall zu hören. Gegen jeden Spruch der Bibel setzt er selbstherrlich seinen Widerspruch, sein »Aber«. Er ahnt nicht, daß er sich selber damit die Möglichkeit des Umgangs mit dem lebendigen Gott verbaut.
»Ja, Herr, aber doch«, das ist das »Aber« des Glaubens, das dem Heiland den Weg zu wunderbarer Hilfe freigibt. Dies »Aber« hat die Phönizierin nicht aus sich selber, das hat auch die Liebe zu ihrem Kind ihr nicht eingegeben, das hat ihr der Vater Jesu Christi in den Mund gelegt. Sie nimmt Jesus beim Wort: Ja, Herr, du hast ganz recht – aber ... In ihrer Antwort erkennt Jesus die Stimme seines Vaters. Ihr »Aber« ist ihm das Zeugnis für den echten Glauben einer Heidin, der er die Bitte erfüllen darf und – man erkennt es aus dem Ausruf: »O Weib, dein Glaube ist groß« – auch voller Freude erfüllt.
»Ja, Herr, aber doch«, das ist die Grundhaltung des Glaubens. »Ja, Herr«, das heißt immer: Du hast recht; eigentlich dürften wir gar nicht zu dir kommen, denn wir sind's nicht wert. »Aber doch«, das heißt, wir haben volle Zuversicht zu dir; denn du hast uns ein für allemal wert gemacht durch deinen Sohn am Kreuz. Du hast selbst alle Verschuldungen weggeräumt, die eine Erhörung hindern könnten. Nun dürfen wir gewiß sein: »Solche Bitten sind dem Vater im Himmel angenehm und erhöret« (Luther).

Ach Herr, vergib uns das »Aber« unseres Unglaubens und laß uns durchdringen zu dem »Ja, Herr, aber doch« des Glaubens – zu deiner Ehre. Amen.

Niemand flickt ein altes Kleid mit einem Lappen von neuem Tuch; denn der Lappen reißt doch wieder vom Kleid, und der Riß wird ärger. Matthäus 9, 16

Wer vor Jesus steht, der fühlt sich gerichtet, dem »fallen alle seine Sünden ein«. Petrus sagt: »Herr, gehe von mir hinaus, ich bin ein sündiger Mensch«; und der römische Offizier bekennt: »Herr, ich bin nicht wert, daß du unter mein Dach gehst.« Aber Jesus richtet sie nicht und verwirft sie nicht: »Ich bin nicht gekommen, daß ich die Welt richte, sondern daß ich die Welt rette« (selig mache). Die sich so von ihm gerichtet fühlen, hebt er auf. Sie werden »erquickt«. Das ist ein ganz neuer Anfang, den Jesus mit ihnen macht, der Anbruch des Himmelreichs im Herzen, der Weg in die Freude.

Hier ist nichts düster. Hier ist kein Gesetz und kein Zwang. Hier ist der Ruf zur Umkehr und in die Freude, sich als Gottes Kind zu wissen und ihn zum Vater zu haben. Hier ist die Grundlage für ein neues Leben, der innere Antrieb, zum Willen des Vaters unter allen Umständen »ja« zu sagen, weil der Vater ein guter Vater und sein Wille ein guter, gnädiger Wille ist. Dann sind seine Gebote nicht schwer zu erfüllen.

Jesus flickt keine neuen Lappen auf ein altes Kleid; er gibt ein neues Kleid. Sein Blut und seine Gerechtigkeit sind unser Schmuck und Ehrenkleid.

Dir sei Dank, Herr Jesus. Du hast uns offenbart, daß dein Vater auch unser Vater ist und daß er uns von Grund auf zu neuen Menschen machen will – um deinetwillen. Amen.

Dienet einander, ein jeglicher mit der Gabe, die er empfangen hat. 1. Petrus 4, 10

Wer alles kann, braucht keine Hilfe; aber nicht jeder kann alles. Wer kann das überhaupt? Das kann Gott allein. Bei ihm ist kein Ding unmöglich. Von ihm haben wir auch das, was wir können. Es kommt nur darauf an, was wir damit machen. Verwenden wir das einzig und allein für uns selber? Wir neigen dazu; es ist unsere Natur.
Wie anders ist ein Mensch, der nur nach dem Willen Gottes fragt. Am Heiland wird es deutlich. Er herrscht nicht, er dient. Er erlöst den Menschen vom Bösen und gibt ihm seine eigene, die Heilandsart, die Lust und Liebe zum Dienen. Die ist ein Geschenk, eine Gabe von besonderem Wert. Jeder, der Jesus in sein Leben läßt, bekommt sie. Je mehr Raum einer dem Herrn Jesus in seinem Leben gibt, um so mehr hat er Lust und Liebe zum Dienen. Petrus wußte, daß die Leser seines Briefes Leute waren, die Jesus Raum geben wollten; darum kann er sie locken und bitten: »Dienet einander!«
Es war eine Gefahr dabei. Leicht konnte die Dienstwilligkeit des einen den andern verleiten, ihn nun immer in Anspruch zu nehmen. Dem wehrt Petrus: »Dienet *einander*«. Jeder ist für jeden da. Jesus allein ist der Herr. Ihm am andern zu dienen, darauf kommt es an. Jeder mit der Gabe, die Gott ihm gegeben hat. Daß wir nur treu erfunden werden!

Herr Christus, du hast dich zum Diener aller gemacht und vorgelebt, was Dienst ist; darum hat dich dein Vater zu seiner Rechten gesetzt. Laß den Dienst an anderen für uns eine Ehrensache sein, damit wir dir Ehre machen. Amen.

Wer aber Christi Geist nicht hat, der ist nicht sein.

Römer 8, 9

Was ist das für ein »Haben«? Kann der Christ den Geist haben und über ihn verfügen, wie über einen Besitz? Es ist umgekehrt; der Geist möchte und will den Menschen haben und über ihn verfügen. Er will den Menschen gewissermaßen stempeln. »Siegeln« nennt es die Schrift. Wie ein Hirte die Tiere seiner Herde mit einem Zeichen versieht, so »siegelt« der Herr die Seinen mit dem Geist – aber inwendig, im Herzen. Das ist freilich etwas ganz anderes als ein Taufschein oder Konfirmationsschein oder Trauschein mit einem Kirchensiegel. Dieses Geistessiegel ist eine Beschlagnahme des Herzens. Der Geist will im Herzen Wohnung machen. Es kann keinem Menschen Größeres und Besseres geschehen. Pfingsten hat sich nur aus dem Grunde ereignet, weil Gott darauf aus ist, in jedes Herz diesen Geist auszugießen, den Menschen mit diesem Geist zu »siegeln«. Auf diese Weise wird Christi Bild den Menschen eingeprägt; wir werden sein Eigentum »sein«. Das ist ein Vorgang, ein Werden, ein Prozeß, der sich vollzieht, wenn wir es dem Geist Christi erlauben. Der Mensch kann dem Geist widerstreben, er kann ihn auch betrüben. Das ist eine fürchterliche Möglichkeit. Er kann aber auch sich immer mehr von dem Geist erbitten. Dann kommt er, den Menschen immer mehr zu erfüllen.

Herr Christ, der du mit deinem Geist in solchen Menschen, wie wir es sind, Wohnung machst, um uns zu lenken, zu regieren und zu verherrlichen: Wir danken dir, daß du uns so hoch ehrst. Laß uns dieser Ehre würdig leben und dir mit allem, was wir sind und haben, zur Verfügung stehen. Amen.

Gott schuf den Menschen zu seinem Bilde.

1. Mose 1, 27

Niemand kann sich die Herrlichkeit des ersten Menschen vorstellen. Nach dem Bilde Gottes wurde er geschaffen. Für seine leibliche Schönheit, für seine Geistigkeit, für seinen besonderen Auftrag, als Statthalter Gottes die Erde und die gesamte Kreatur zu beherrschen, hat die Bibel das Wort: Herrlichkeit; sie bedeutet Herrn-Gleichheit, die Gott selbst zukommt. So ist der erste Mensch in seinem ganzen Wesen Offenbarung Gottes. Kein Geschöpf kommt dem Menschen gleich. Er ist nicht der Welt und der Kreatur, er ist Gott zugeordnet. Seine Welt ist auch die Welt Gottes, voll göttlicher Ordnung, Ruhe und Frieden. Krankheit, Leid, Schmerz, Geschrei, Tränen und Tod haben darin keinen Raum.
Aber das alles ist verlorene Herrlichkeit. Als der Mensch Gottes Gebot übertrat, verlor er seine Herrlichkeit, zerstörte die göttliche Schöpfung. In dieser zerstörten Welt müssen nun alle Menschen leben. Gott hat keine Ebenbilder mehr, nur Zerrbilder. Doch Gott sandte seinen Sohn in die Welt. Da kam die Herrlichkeit wieder! Christus – das Ebenbild Gottes. Was für ein Jubel: »Wir sahen seine Herrlichkeit, eine Herrlichkeit als des eingeborenen Sohnes vom Vater, voller Gnade und Wahrheit.« Das ist die frohe Botschaft! In Jesus Christus erscheint die Ebenbildlichkeit Gottes, seine Menschenherrlichkeit wieder. Durch ihn sollen wir sie wiederbekommen.

Ewiger Gott, du Vater der Barmherzigkeit, wir danken dir, daß du um unseretwillen in Christus deine Herrlichkeit wieder zu uns hast kommen lassen. Hilf uns, daß sie wieder unsere werde nach deinem Wohlgefallen. Amen.

Ich bin der Herr, dein Arzt.

2. Mose 15,26

Krankheit kann sehr heilsam sein. Sie bedeutet ein nicht überhörbares »Halt«. Dies »Halt« enthält Fragen: Wer bist du? Wo stehst du? Wohin willst du? Wozu lebst du? Die Fragen bekommen ihre Eindringlichkeit dadurch, daß sie nicht, wie üblich, durch emsige Arbeit beiseite geschoben werden können. Da ist die Stille des Tages, und da sind die stillen Stunden schlafloser Nächte. Da ist die Frage, wie lange die Krankheit dauert, ob sie heilbar ist – oder ob es zu Ende gehen könnte. Fragen, lauter Fragen!
Sie wollen beantwortet werden. Sicher sind Kranke oft darum so unruhig und schwierig, weil sie mit diesen Fragen nicht fertig werden. Hier hat jedes Gespräch mit einem Mitkranken, hier hat die Seelsorge eines Besuchers eine gute Gelegenheit, auf diese Fragen unter vier Augen oder vielleicht in dem kleinen Kreise eines Krankensaales einzugehen. Mancher wartet darauf, auch wenn er nichts sagt oder zunächst sogar ablehnt. Der Kranke soll erfahren, daß Gott seinen Segen auch in eine Krankheit einhüllen kann, und daß er in den richtigen Händen ist, wenn er dem Wort Gottes Glauben schenkt: »Ich bin der Herr, dein Arzt.«
Am Kranken – auch am Gesunden – ist mehr zu behandeln als nur der Leib. Hat sich der Kranke Gott erst ganz rückhaltlos anvertraut, dann ist er – krank oder gesund – immer in den richtigen Händen.

Herr, von dir kommt alle Macht, an Leib und Seele gesunden zu lassen. Laß uns an dir genesen und hilf uns glauben, daß alles, was du uns geschehen läßt, diesem Zweck dienen muß. Amen.

Dies Volk ehrt mich mit seinen Lippen, aber ihr Herz ist ferne von mir. Matthäus 15, 8

Vor einiger Zeit fielen mir alte Schulzeugnisse in die Hände. Da heißt es zuerst: Betragen, Aufmerksamkeit, Fleiß. Dann kommen die »Leistungen«. Religion zuerst und dann die anderen Fächer.
Religion zuerst! Wahrscheinlich haben die Schulmänner daran gedacht, daß einem Menschen alle Leistungen und Kenntnisse nicht helfen können, wenn er das Gelernte nicht zur Ehre Gottes und zum Nutzen des Nächsten verwendet. Wo es fromme Lehrer gab, da wurde in der Schule ein gutes Fundament für ein christliches Leben gelegt. Trotzdem, das Wissen allein macht es nicht, und die Kenntnisse machen es auch nicht. Nur das Wissen und die Kenntnisse kann man zensieren. Wer wollte sich unterfangen, auch den Glauben zu zensieren?
Hier schafft sich jeder seine eigene Zensur durch die Art, wie er lebt, und zwar vor Gott lebt. Der allein kann recht beurteilen, ob der Glaube echt, die Liebe wahr und die Werke uneigennützig sind. Manches sieht zwar vor den Menschen so aus. Aber der Schein trügt. Paulus schreibt an seinen Mitarbeiter von solchen Scheinheiligen: »Sie haben den Schein eines gottseligen Wesens, aber seine Kraft verleugnen sie.« Das ist genau das Gottesurteil: Ihr Herz ist fern von mir! Der Herr sieht das Herz an; denn zuletzt lebt der Mensch weder von seinem Wissen noch seinen Kenntnissen, sondern vom Herzen her. Nur wenn wir Gott unser Herz geben, ehren wir ihn recht.

Du, unser Gott, hast ein Recht auf unser Herz; du hast es teuer erkauft. Bewege uns, daß wir es dir lassen zu deiner Ehre und zu unserem Heil. Amen.

Fürchte dich nicht, denn ich habe dich erlöst; ich habe dich bei deinem Namen gerufen; du bist mein!

Jesaja 43, 1

Nur wenige Menschen unserer Tage denken, sie hätten etwas versäumt, wenn sie am Sonntag den Gottesdienst nicht besuchen. Sie meinen, daß sie die zwei Vormittagsstunden gut für alle die Dinge verwenden könnten, mit denen sie in der vergangenen Woche nicht fertiggeworden sind. Das tun sie dann auch, falls sie sich nicht einmal richtig ausschlafen.
»Was soll ich denn da?« schrie ein junger Mann seine Mutter an, die ihm zuredete, doch mit ihr in die Kirche zu gehen. »Kraft holen«, sagte sie. Wirklich! Dazu sind der Gottesdienst und die Predigt da, zum Kraftholen.
In wieviel Nöte ist der Mensch verstrickt, aus denen er sich trotz aller Bemühungen nicht lösen kann. Da läßt Gott ihm sagen: »Ich habe dich erlöst.« In äußerer und innerer Einsamkeit klagt der heutige Mensch: »Nach mir fragt keiner!« Und er erhält Gottes Antwort: »Ich habe dich bei deinem Namen gerufen.« Verraten und verkauft kommt sich der Mensch oft vor, ein Spielball der Verhältnisse, in denen er lebt und nicht mehr weiß, wo er hingehört. In diese Ratlosigkeit hinein spricht Gott: »Du bist mein.« Gott reißt den Menschen aus Lebensangst und Sterbensnot heraus. »Fürchte dich nicht!« Solche Worte Gottes treffen den Menschen mitten ins Herz, wo seine tiefsten Nöte liegen. Da sollen sie auch treffen. Sie heilen, helfen und trösten.

Wie kennst du uns, Vater! Du weißt um unsere namenlose Einsamkeit und unsere innere Angst davor, nicht zu wissen, wohin wir eigentlich gehören. Hilf uns erkennen, daß wir an deinem Herzen zur Ruhe kommen und geborgen sind. Amen.

Du Heuchler, zieh zuvor den Balken aus deinem Auge und siehe dann zu, daß du den Splitter aus deines Bruders Auge ziehest! Lukas 6, 42

Wer das Gleichnis Jesu vom Splitter und Balken im Auge auch nur ein einziges Mal gehört hat, kann es schon um seiner Merkwürdigkeit willen nicht mehr vergessen. Dadurch will Jesus seinen Hörern warnend einprägen, sich vor dem Richten zu hüten.
Unsere Augen sehen normalerweise die eigenen Unarten nicht, die uns beim anderen sofort ins Auge fallen. Wir werten den anderen ab und uns selber auf. Das ist um so schlimmer, weil der andere das Gleiche tut. Das führt zu unerträglichen geheimen und offenen Spannungen zwischen Mensch und Mensch.
Verteidige sich keiner damit, daß er sagt: Jesus richtet doch auch, er sieht sowohl den Splitter wie den Balken im Auge des anderen. Gewiß, er sieht das. Aber gerade dieses Gleichnis ist ein Beweis dafür, daß Jesus nicht verurteilen, sondern daß er helfen will. Er wertet den Menschen nicht ab, sondern auf. In Jesu Augen ist weder Splitter noch Balken, und doch hat er sich gefallen lassen, daß alle anderen, die er mit Recht hätte richten können, ihn richten. Denn »Gott hat seinen Sohn nicht gesandt in die Welt, daß er die Welt richte, sondern daß die Welt durch ihn gerettet werde.« Wer von ihm gerettet ist, der lebt zugleich in der Buße und von der Vergebung Jesu und richtet den anderen nicht mehr.

Herr Christus, laß dir von Herzen danken, daß du uns die Augen öffnest über unser eigenes Wesen und uns zurechthilfst, damit wir vergeben lernen wie du vergibst, und unseren Bruder lieben, wie du uns liebst. Amen.

Da sprach Jesus zu Simon: »Fürchte dich nicht! denn von nun an wirst du Menschen fangen.«

Lukas 5,10

Wenn am Pfingstfest in Jerusalem nach der Predigt des Petrus die Hörer Jesus als den verheißenen Messias erkannten und ihn zu ihrem Herrn wählten und wenn bei den Missionsreisen des Petrus immer wieder das Gleiche geschah, dann wird er voll Freude und Dank an die entscheidende Stunde der Begegnung mit Jesus am See Genezareth gedacht haben. Des Petrus Erwählungsstunde geschah an einem traurigen Tag seines Alltagslebens. Er hatte eine ganze Nacht schwerer Arbeit mit seinen Gefährten hinter sich und nichts gefangen. Aber die Worte Jesu fielen in ein gehorsames Herz. Auf Jesu Aufforderung »Fahre auf die Höhe, daß ihr einen Zug tut« antwortet Petrus entgegen aller Erfahrung seines Lebens als Fischer: »Aber auf dein Wort will ich das Netz auswerfen.« Was er dann erlebte, zwang ihn auf die Knie vor Jesus: »Herr, gehe von mir hinaus! Ich bin ein sündiger Mensch.«
Danach fragt Jesus also nicht, ob einer ein Sünder ist. Das weiß er sowieso. Aber danach fragt er, ob einer sein Wort hört und auf sein Wort hin tut, was er sagt. Petrus hat das getan und sich dadurch als geeignet erwiesen, für Jesus tätig zu sein. Er hat noch viel Zurüstung gebraucht, bis er »Menschenfischer« wurde. Aber mit seinem Dienst und mit seinem Tode durfte er seinem Herrn ähnlich werden.

Herr Christus, du hilfst uns durch deinen Tod zu einem neuen Leben. Wir danken dir. Laß auch durch unser Leben und Sterben andere zu dir finden, damit sie mit uns Zeugen deiner Gnade werden. Amen.

Bittet den Herrn der Ernte, daß er Arbeiter in seine Ernte sende. Matthäus 9, 38

Wie damals geht der Heiland heute durch alle Städte und Dörfer, hörbar in seinem Wort, sichtbar in seiner Gemeinde, verborgen und still in seinem Wirken. Er ruht nie. Oft sind die Nächte, Nächte der Tränen, des Herzeleides und der Verzweiflung, seine besonderen Stunden. Er wartet, daß der Jammer endlich ausgeschüttet wird, damit er nicht das Herz und den ganzen Menschen zerfrißt. Er versteht alles! Er will nichts haben. Oder doch: Er will deinen ganzen Jammer haben. Er will etwas bringen, sich selbst, seinen Frieden, die Befreiung von der Last und damit die Freude.

Wir wollen nie aufhören, um Menschen zu bitten, die nach seinem Vorbild diesen Heilandsdienst tun. Am besten tun wir ihn selbst. Es ist deine eigene Entscheidung, ob du diesen Dienst fröhlich mit auf deine Schultern nimmst. Solche innere Bereitschaft darf gewiß sein, daß Gott sie segnet. Wir wollen jeden Tag darum bitten, daß Gott uns selber zu solchem Dienst bereitmacht: Hier bin ich, Herr, sende mich. Jesus hat es so gesagt, als ihm sein Vater den ganzen Jammer der Welt zeigte. Er hat sich senden lassen. Von uns erwartet er es auch.

Herr, du Hirte deiner Herde. Dir sei Lob und Dank, daß du den ganzen Jammer der Menschheit auf dein Herz nahmst und kamst, um ihr Hirte zu werden. Sende auch uns an den Platz, an den du uns gestellt hast, in die Ernte deines Dienstes. Amen.

Gelobt sei Gott, der Vater unseres Herrn Jesus Christus, der uns gesegnet hat mit allerlei geistlichem Segen in himmlischen Gütern durch Christus.
Epheser 1, 3

Gott will von allem, was lebt, gelobt sein. Das ist nach Gottes Willen des Menschen Bestimmung. Der Mensch ist nicht Selbstzweck. Wenn er sich nur um sich selbst und sein Durchkommen dreht, wird er schwindlig. Eines unserer Spiele in der Kindheit bestand darin, daß wir uns möglichst oft um uns selber drehten und dann versuchten, geradeaus zu laufen. Wir bekamen es nicht fertig. Im Leben geht es auch nicht. Darum werden wir von uns selber weg- und auf die himmlischen Güter hingewiesen, auf Gott, auf seinen Heiland und sein Reich. Die sind für uns so lebensnotwendig wie das tägliche Brot.
Im Abendmahl macht Christus diesen Lebensvorgang deutlich. Wir essen den Leib Christi, wie wir Brot essen. Und wie das Brot dem Leibe Kraft gibt, so erhalten wir von Christus Kraft, als Menschen seiner Art zu leben. Dann loben wir Gott, den Vater Jesu Christi. Christus schließt uns die Tür zu diesem Vater auf, die wir immer wieder leichtsinnig zuwerfen, weil wir meinen, wir könnten alles allein fertigbringen. Das ist der Segen, die große Guttat Gottes, daß er uns durch Jesus seine Tür öffnet. Durch ihn haben wir Zugang zum Leben und zu allen Geistesgaben und Gütern Gottes. Gelobt sei Gott!

Herr, wir loben dich, wir benedeien dich, wir beten dich an um aller deiner Taten und Wunder willen, die du bisher an uns getan hast und die du noch tun willst. Hilf uns deinen Namen bekennen und dein Lob ausbreiten. Amen.

»Wer zu mir kommt, den werde ich nicht hinausstoßen.« Johannes 6, 37

Mit diesem klaren Angebot tut Jesus die Tür zu seiner Herrlichkeit weit auf: Wer da kommt, wird aufgenommen! Wie genau pflegen wir uns die Menschen anzusehen, die wir aufnehmen oder aufnehmen sollen. Was wir da alles zu beanstanden haben. Es sieht so aus, als beanstandet Jesus nichts. Er gibt dafür auch eine Erklärung: die zu mir kommen, schickt mir mein Vater. Als gehorsamer Sohn kann er sie darum nicht zurückweisen.
Wen Jesus aber aufnimmt, den nimmt er in seine Behandlung. Der soll nicht nur vorübergehend bei ihm sein, sondern für immer. Der wird dann nicht bleiben, was er ist. Und dann wird es darauf ankommen, ob er sich von Jesus behandeln läßt. Hinter dem »Herein« Jesu: »den werde ich nicht hinausstoßen«, steht die Möglichkeit, daß die Aufgenommenen selber wieder hinaus wollen, weil Jesu Behandlung gegen ihre Natur geht. Eine furchtbare Möglichkeit, weil wir dann – in des Wortes wahrstem Sinne – um unser Leben kommen.
So gewiß Jesus alle Sünder aufnimmt, so gewiß ist es, daß er jeden Aufgenommenen aus seiner Sünde lösen will. Wer das auch will, der hat in dem »Herein« Jesu die Zusage, daß er gelöst wird – aus einer Gebundenheit nach der andern.

Laß uns deine Einladung fest in unser Herz fassen, lieber Herr. Laß uns hören und kommen, damit wir an dir und deinem Wesen gesund werden. Amen.

Alles, was offenbar wird, das ist Licht. Epheser 5, 13

Wer im Dunkeln wandelt, der stößt sich. Gottes Barmherzigkeit hat Jesus in die Finsternis gestellt, damit dieser schreckliche Zustand aufhört.
Welch Segen ist in der Dunkelheit schon ein einziger Lichtstrahl! Wer sich vom Lichte Christi entzünden läßt, wird auch Licht, ein Mensch voller Gütigkeit, Gerechtigkeit und Wahrheit, wie es an Christus in Vollkommenheit zu sehen ist. Er lebt vor, wie ein Mensch aussehen muß. Schauen wir uns an! Wir müßten doch wissen, ob wir Licht oder Finsternis sind. Wie steht es um deine Gütigkeit? Gütig sind wir gewöhnlich nur gegen uns selbst. Wie steht es um deine Gerechtigkeit? Ob Gott von dir sagen kann: Bei dir ist alles so richtig, wie du das von anderen forderst? Wie steht es mit deiner Wahrheit? Stell dich vor Christus, der die Wahrheit ist, und dann vergleiche: Wer bist du und wer ist er? Machen wir uns über uns selbst etwas vor? Sind wir wirklich hellscheinende Lichter?
Vielleicht glimmt unser Licht nur noch! Christus will den glimmenden Docht nicht auslöschen; aber wir müssen uns in den Wind seines Geistes stellen, damit er wieder leuchtet. Christi Wort: »Ihr seid das Licht der Welt« soll kein leeres Gerede sein, sondern die Wirklichkeit unseres Lebens werden. Dann erfüllen wir als Licht in der Welt die Aufgabe, die er, das Licht der Welt, uns zugedacht hat.

Es wirke durch dein kräftig Wort dein guter Geist stets fort und fort an unser aller Seelen. Es leucht uns wie das Sonnenlicht, damit's am rechten Lichte nicht im Hause möge fehlen. Amen.

Ich weiß, an wen ich glaube.

2. Timotheus 1, 12

Jeder Mensch hat einen Glauben; es fragt sich nur, was für einen. Das hat auch einen guten Grund. Trotz seiner Macht ahnt der Mensch etwas von seiner Ohnmacht. Er muß etwas haben, auf das er sich von ganzem Herzen verläßt, ein Fundament für sein Dasein. Nun gibt es nichts in dieser Welt, was sich nicht dazu gebrauchen ließe, Grund eines »Glaubens« zu sein – Sonne, Mond, Sterne, Tiere, Bäume, Ideen, Philosophien, Weltanschauungen und Menschen! Darum gibt es »Gläubigkeiten« ohne Zahl. Aber wer sich eine davon aussucht, ist seines Glaubens eigener Herr und steht im Grunde auf sich selbst. Das hält oftmals nicht lange vor. Zwar haben die selbsterdachten Gläubigkeiten oft eine große Anziehungskraft; aber das ist noch kein Beweis für ihre Richtigkeit und ihren Bestand. Sie sind vom Menschen gekommen, und sie gehen mit dem Menschen vorüber.

Mit dem Glauben an Jesus Christus ist das anders. Er ist nicht von Menschen erdacht, er ist Gottes Gabe. Er hat sein Fundament in Christus: Christus ist der Herr! Das war die erste und kürzeste Fassung des Glaubensbekenntnisses. Im Grunde ist sie es noch heute.

An Christus, ja an Christus ganz allein sich halten, das ist rechter Glaube. Wer mit ihm wirklich lebt, wird ihn gegen keinen Aberglauben oder sonstigen Glauben eintauschen. Er hat Besseres. Er weiß, an wen er glaubt.

Vater, daß wir nicht wie ein Blatt im Wind, ein Tropfen im Meer und ein Staubkorn im Sand sind, das danken wir dir. Du hast uns auf dich hin geschaffen und zu deinem Sohn hingezogen, damit er uns zu dir ziehe. Amen.

Sie nahmen das Wort auf ganz willig und forschten täglich in der Schrift, ob sich's so verhielte.

Apostelgeschichte 17, 11

Als Paulus die Botschaft verkündigte: Jesus von Nazareth, der Gekreuzigte, ist der in der Heiligen Schrift verheißene Messias, da taten die Juden in Beröa das einzig Richtige: Sie forschten in der Schrift und prüften Leben und Wirken Jesu an den alten Verheißungen, die sie darin lasen.
Wir heute sollen es nicht anders machen! Wir dürfen prüfen, wir sollen es sogar. Der ist ein Narr, der jedwede Lehre unbesehen annimmt. Jesus sagt: »So jemand will des Willen tun, der wird innewerden, ob diese Lehre von Gott sei oder ob ich von mir selber rede.« Jesus stellt alle Kritik frei! Er fordert aber – und das mit Recht –, daß nur der prüfen darf, der sich nach Gottes Wort richtet. Das ist in der gesamten Wissenschaft der Welt so. Wer nachprüfen will, ob ein Untersuchungsergebnis richtig ist, der muß seinen Versuch unter denselben Voraussetzungen wiederholen. Dann kann er mitreden.
Es steht von ihm geschrieben! Die frohe Botschaft Gottes, die über alles Denken und Verstehen hinausgeht, ist in der Heiligen Schrift festgehalten. Auch wir sollen täglich darin lesen und dies ganz fest in unser Herz nehmen: Jesus Christus ist der Heiland und die Versöhnung für unsere Sünden.

Dein Wort ist wahr und trüget nicht und hält gewiß, was es verspricht, im Tod und auch im Leben. Du bist nun mein, und ich bin dein, dir hab' ich mich ergeben. Amen.

Ihr aber, meine Lieben, betet.
Judas 20

Beten dürfen, das ist die wundervollste Erlaubnis unseres himmlischen Vaters. Gottes Wort mahnt uns, von dieser Erlaubnis immer Gebrauch zu machen. Wenn wir's doch täten! Versuchen wir nicht immer wieder, mit einem Minimum an Gebet auszukommen? Wie dürfen wir uns dann wundern, wenn wir solch ein schwächliches Christendasein leben! Es gibt nur einen Weg, auf dem die Kräfte der oberen Welt in unser Leben hineinfließen; das ist der Weg des Gebetes. Alle Herrlichkeit des Lebens Jesu kam nur aus dem ständigen Gespräch mit seinem Vater.
Betet! Beten beseitigt alle Lebenshemmungen, weil es hineinführt in die Freiheit der Kinder Gottes. Es macht das Herz leicht und froh, denn es bringt uns in den innersten Zusammenhang mit dem Herrn, der sich mitten in unserem Sorgendasein als der Lebendige erweisen will. Ihm ist nichts zu groß und nichts zu klein, um das wir ihn bitten dürften. Um das Größte darf man ihn bitten, nämlich um den heiligen Geist. Da bittet man eigentlich gar nicht mehr um die Gabe, sondern um den Geber aller Gaben selber. Auch um das Kleinste darf man ihn bitten, um die tägliche persönliche Hilfe in kleinen, aber für uns wichtigen Angelegenheiten. Nur Beter wissen etwas von der Treue und Fürsorge Gottes bis ins kleinste hinein. Laßt uns wieder beten lernen!

Wie hoch ehrst du uns, Vater, daß du mit uns redest, und noch mehr damit, daß wir mit dir reden dürfen, daß du uns hörst und erhörst. Du verstehst uns und erhörst über Bitten und Verstehen. Habe Dank! Schenke uns immer neu die Freudigkeit zum Gebet. Amen.

Vertrage einer den andern und vergebet euch untereinander. Kolosser 3,13

Wo das Wort Gottes ein Herz trifft, entsteht eine Bewegung, als ob man einen Stein ins Wasser wirft. Von der Stelle, an der er hineinfällt, gehen lauter Kreise aus. An der Einfallstelle ist die Bewegung am stärksten. Nach außen hin werden die Wasserringe immer flacher, bis sie zuletzt nicht mehr bemerkbar sind.
Unser Apostelwort ist an die Gemeinde geschrieben, das heißt: Gottes Wort hat sie getroffen, das Wort der Vergebung. Darum mahnt der Apostel alle Gemeindeglieder zur Verträglichkeit und zum gegenseitigen Vergeben um Christi willen. Beides ist wie ein Ring, der alle Gemeindeglieder umschließt. Die Mitte des Ringes ist der einzelne, den das Wort traf. Da also, in dem kleinsten Lebenskreis, fängt das gegenseitige Vertragen und Vergeben an. Da muß es seine größte Kraft erweisen, wo es erfahrungsgemäß am schwierigsten ist.
Ist das Christenleben echt, dann wird von ihm eine Wirkung ausgehen in die Nachbarschaft, vergleichbar den Wasserringen, auch wenn kein Wort gesagt wird. Die sichtbare Darstellung solcher Verträglichkeit ist die beste Predigt. Sie ist unüberhörbar, weil sie täglich geschieht und ein Zeugnis dafür ist, was Christus kann.

Du heiliger Gott, bei dir ist die Vergebung. Dein lieber Sohn hat sie uns in Wort und Tat bezeugt, und wir erfahren sie alle Tage von neuem. Lehre uns doch, daß auch wir vergeben lernen, wie du vergibst, und gib uns Willigkeit, den andern in seiner andern Art zu tragen, wie du in deiner Güte uns alle trägst mit deinem Erbarmen. Amen.

Denn wir sind Gottes Mitarbeiter. 1. Korinther 3, 9

Christus gewinnt heute seine Mitarbeiter auf die gleiche Weise wie damals: er begegnet Menschen direkt, durch sein Wort, durch einen anderen Menschen, durch irgendein Erlebnis. Wer Christus nicht begegnet ist, wird nie sein Mitarbeiter. Jesus sucht von sich aus die Begegnung. Das ist tröstlich in einer Welt, in der viele dieser Begegnung ausweichen. Wenn sie sich Jesus aber stellen, dann stellt er sie in die Arbeit. Es ist gewiß wichtig, dem nachzudenken, was Christus gesagt und getan hat, noch wichtiger ist es aber, ihm nachzufolgen und gehorsam das zu tun, was er sagt. Paulus sagt hier nicht: Mitdenker, sondern »Mitarbeiter«.
Wir verwenden vielleicht viel zuviel Zeit und Kraft, um darüber nachzudenken, was uns bewegt. Hier geht es um die Frage, *wer* uns bewegt. Christus will Herz und Mund, Hände und Füße in Bewegung setzen, damit jeder etwas in seinem Sinne, in seinem Geiste und in seinem Namen tut. Es ist heute leider weithin verpönt, über Dinge des Glaubens und der persönlichen Stellung zu Christus zu sprechen. Vielleicht ist es nur mangelnder Mut zu einer öffentlichen Stellungnahme für Christus. Aus solchen Herzen werden keine Mitarbeiter Gottes gemacht. Andererseits wissen wir, wie oft ein freudiges Eintreten für Christus andere Menschen erweckt, geworben und gewonnen hat, ebenfalls Mitarbeiter zu werden. Gott hat die Absicht, aus jedem einzelnen von uns einen Mitarbeiter zu machen.

Hab Lob und Dank, du Allmächtiger. Du machst Sünder zu Gotteskindern und Verleugner zu deinen Mitarbeitern. Laß uns das an anderen und an uns immer von neuem erfahren. Amen.

Die auf den Herrn harren, kriegen neue Kraft.

Jesaja 40, 31

In den Arbeitstagen hat der Mensch sich verausgabt. Körperliche, geistige und vor allem auch seelische Kraft ist pausenlos verbraucht worden. Die Nachtruhe genügt längst nicht, um die hingegebene Kraft voll zu ersetzen. Die Ärzte haben das nachgewiesen. Es muß ein Ruhetag sein. Gott hat ihn gegeben, den Feiertag. An diesem Tage will er – mehr als an andern Tagen – durch die Kraft seines Wortes alles wieder auffüllen, was in den Tagen der Woche hat hergegeben werden müssen. Der Mensch soll sich im Gottesdienst der Gemeinde wieder darauf besinnen, wozu er eigentlich da ist, wo er hin will mit seinem ganzen Leben und ob er sich noch richtig und tief von Herzen freuen kann. Darüber wird er sich klar, wenn er auf Gott hört, der ihn gemacht hat und der nichts lieber tut, als den Menschen aufzurichten und ihm neue Kraft zu geben. Wie man eine leere Batterie auflädt, so tut Gott mit dem Menschen. Das sagt das Prophetenwort wirklich. »Harren« bedeutet im Urtext eigentlich: verbunden, angeseilt sein. Im Grunde ist es ein ganz komplizierter Vorgang, was da am Menschenherzen geschieht. Das Urwort, das Luther mit »kriegen« übersetzt hat, bedeutet wörtlich: nachwachsen lassen. Gott läßt den Menschen, die in ihm wurzeln, Kräfte nachwachsen, wie es den Pflanzen geschieht, die mit ihren Wurzeln aus dem Boden die Kraft holen, die sie brauchen.

Herr, unser Gott, wir danken dir, daß du unserer Schwachheit aufhilfst und uns aus deiner Fülle Tag um Tag neu die Kraft schenkst, die uns not ist, damit die Welt erkenne, wie groß deine Kraft ist und wie wunderbar all dein Tun. Amen.

Laß mich am Morgen hören deine Gnade.

Psalm 143, 8

Wer so zu Gott spricht, der weiß, daß er die Dinge, die im Laufe jedes Tages auf ihn zukommen, nicht aus eigener Kraft meistern kann. Der weiß, daß keine Stunde vergeht, in der er nicht irgendwie Gott oder einem Menschen etwas schuldig bleibt, wäre es auch nur ein dankbarer Gedanke an Gott oder ein aufmunternder Blick und ein tröstlicher Händedruck für den andern. Er weiß aber auch – sonst würde er das Wort »Gnade« nicht in den Mund nehmen –, daß in aller menschlichen Unzulänglichkeit Gott sich zu ihm herabbeugt. Was sollte aus uns werden, wenn Gott nicht gnädig wäre und wir uns selbst überlassen blieben! Täglich sind wir auf Gottes Gnade angewiesen; denn neben der inneren Bedrängnis werden wir von den Feinden der Sache Jesu bedrängt und fühlen uns ihnen gegenüber wehrlos, weil wir sie nicht mit den Waffen bekämpfen dürfen, die sie anwenden. Immer enger wird der Raum um uns; Ablehnung, Verachtung und Gleichgültigkeit umstehen uns wie hohe Mauern. Wenn er uns nicht durch seinen Geist aufrichten und bewahren würde, wären wir verlorene Leute. Es wäre zum Verzagen, wenn er nicht in seiner Gnade bei uns wäre. Wir haben nicht auf unsere und seine Feinde zu sehen, sondern auf ihn. Jeder Tag soll so anfangen: »Laß mich am Morgen hören deine Gnade!« Wir werden dann erfahren: Gott ist gnädig.

Dir sei Lob und Dank, Vater, daß du mitten in der Angst und in der Anfechtung bei uns bist und uns stärkst, damit wir freudig und getrost ausrichten können, was du uns aufträgst. Amen.

Wenn sie in meinem Rat gestanden hätten, so hätten sie meine Worte meinem Volk gepredigt, um es von seinem bösen Wandel und von seinem bösen Tun zu bekehren. Jeremia 23, 22

Jeder Mensch läßt sich gern von anderen bestätigen, daß er auf dem rechten Wege sei. Und andererseits hört jeder ungern und mit Verdruß, wenn ihm gesagt wird, daß sein Weg falsch sei. Die Unglücksraben, die so etwas sagen, stehen zu keiner Zeit in gutem Ruf, und niemand will sie hören. Denn der Mensch möchte gern durchsetzen, was er selbst für richtig erkannt hat. Da gilt: Des Menschen Wille ist sein Himmelreich. Daß es seine Hölle werden kann, wenn er nicht nach dem Willen Gottes fragt, daran denkt er normalerweise nicht. Er spürt das immer erst, wenn er drin sitzt, und ist dann überrascht und erschrocken, wie das hat kommen können: Das habe ich nicht gewollt. Hinterher erst wird deutlich, daß die sogenannten Unglücksraben gar keine waren, sondern vielmehr Boten Gottes, die verhindern wollten, daß der Mensch sich selbst seine Hölle bereitet. Stattdessen wollten sie erreichen, daß auf dieser Erde wieder ein Stück Himmelreich beginnt; denn das ist der Wille Gottes.
Wie alle Propheten, so hat auch Jeremia den Kampf seines Lebens durchfechten müssen gegen die sogenannten »Heilspropheten«. Die Gefahr, daß Menschen auf solche Heilspropheten hören, besteht zu jeder Zeit, auch in der Christenheit. Gott bewahre uns vor ihnen!

Laß deine Weisheit über mich herrschen, o Gott, daß meine Seele dir diene nach deinem Willen und nicht nach meiner Wahl. Laß mich stets in allem dir dienen und mache mit mir, was du willst. Ich will dich loben. Amen.

Die Frucht aber des Geistes ist Liebe, Freude, Friede, Geduld, Freundlichkeit, Gütigkeit, Glaube, Sanftmut, Keuschheit. Galater 5, 22

Alles, was in einer Gemeinde nicht sein darf: Zank, Streitigkeiten, Spaltungen, Neid, hatte sich bei den Galatern eingenistet. Das waren keine Früchte des Heiligen Geistes. Die Galater werden aufgehorcht haben, als Paulus die Früchte des Geistes mit Namen nannte und sie daran erinnerte, wie weit sie schon von dem geraden Weg hinter Jesus her abgekommen waren.
Lebendiger Glaube an den Herrn Christus ist ein ständiges Fortschreiten auf dem Wege. Als der Name Christen noch nicht existierte, nannten sie sich: »Die des Wegs, oder: Die auf dem Wege sind«. Haargenau haben sie sich mit dieser Selbstbezeichnung des Wortes bedient, das der Heiland von sich braucht: »Ich bin der Weg.« Stehenbleiben verboten!, möchte man an diesen Weg schreiben. Zu einer Frucht des Geistes muß die andere kommen und dann wieder die nächste, und alle zusammen beschreiben die Luft, in der alle leben und zu deren Reinhaltung jeder beitragen muß. In diesem Klima ist ein Gesetz, wie die Juden es kannten, nicht mehr erforderlich. Es ist ersetzt durch das Gesetz Christi. Da treibt der Heilige Geist immer wieder zu Christus und hinter ihm her. Paulus mahnt: »Werdet voll Geistes!« Das gilt auch uns und immer.

Dir sei Dank, Herr, daß auch in unserem Herzen Früchte des Geistes wachsen sollen. Laß deinen Geist unser Herz durchwehen und mache es zu deinem Garten, in dem sie wachsen können uns zur Freude und dir zur Ehre. Amen.

Meine Augen werden ihn schauen. Hiob 19,27

Geschieht an uns und in der Welt deshalb so viel Unbegreifliches, damit wir anfangen sollen, nach dem Sinn zu suchen, der dahintersteckt? Hiob sucht, und seine Freunde suchen nach solchem Sinn, und sie finden keinen. Wie könnten sie auch. Gottes Gedanken sind höher als unsere. Sie fügen sich nicht in unser Denken ein. Wir aber sehen nur auf all diese vielen unerträglichen und leidvollen Erlebnisse, die über uns kommen, und vergessen, daß dahinter, im Dunkel verborgen, der ist, der sein Werk an uns tun möchte.

Wir haben es besser als Hiob! Gott gibt uns einen Durchblick durch das Dunkel – das Angesicht Jesu Christi. Das sollen wir ansehen und erkennen, wie Gott an uns leidet, wie lieb er uns hat. Da enthüllt er seine Barmherzigkeit und seine Liebe. Da hat Gott seine Herrlichkeit so offenbart, daß wir es ertragen können. Mose, der Freund Gottes, durfte Gott nicht sehen, auch kein anderer. Aber Jesus hat ihn gesehen, und wir sehen Gott in ihm. Das ist unsere Rettung und unser Leben. Das gestaltet uns und bildet uns um. Bodelschwingh hat es fein ausgesprochen: Es kann niemand Jesus ins Angesicht sehen, ohne daß ein Leuchten auf seinem eigenen Angesicht zurückbleibt.

Das ist der Anfang! Einst werden wir ihn sehen von Angesicht zu Angesicht. Dann hat jedes »Warum« dieser Erde seine selige Antwort.

Herr, du wohnst im Dunkel. Aber du läßt aus dem Dunkel Christi Herrlichkeit hervorleuchten, damit wir uns auf diese Herrlichkeit freuen, bis wir sie schauen. Hab Dank! Amen.

... unter welchem ihr scheinet als Lichter in der Welt. Philipper 2, 15

Das Leben der ganzen Welt ist gelähmt, wenn die Lebensströme der Gemeinde Jesu nicht mehr in die Welt hineinfließen. Das Leben des Christen ist gelähmt, wenn der Geist Christi nicht mehr sein Leben durchleuchtet. Führen wir solch ein durchleuchtetes Leben? Wir werden es nur können, wenn wir mit allem Fleiß darauf bedacht sind, dem Geist Jesu Christi in unserem Leben Raum zu lassen, allen Raum. Je mehr Raum wir ihm einräumen, um so heller wird sein Licht aus uns leuchten, um so mehr werden wir die Taten Jesu tun können. Es ist ganz gewiß: die Welt wartet darauf. So groß sich die Welt auch gebärdet in ihrer Macht, sie ahnt im Innersten ihren Zerfall.
Die Christen der vergangenen Jahrhunderte wußten das, darum stellten sie die Kirche mitten ins Dorf und in die Stadt. Sie wußten, warum sie das taten. Da leuchtete das Wort Gottes. Da konnte jeder das eigene Herz reinigen und erhellen lassen. Da konnte er die Kraft holen, um alle Tage in Christi Kraft fertig zu werden mit dem Versucher. Je dunkler die Nacht ist, um so heller scheint das Licht. Darum ist jeder berufen, der den Namen Christi trägt, Licht in der Welt zu sein.

Du ewiger Gott, du Vater des Lichts. Bei dir ist keine Finsternis. Du hast uns in Jesus Christus das Licht in die Welt gestellt, das auch das dunkelste Herz erleuchten und die größte Finsternis erhellen kann. Schenke uns Sehnsucht nach diesem Licht und zünde es selbst in uns an, damit wir – als die Gemeinde der Erleuchteten – die Welt erhellen zu deiner Ehre. Amen.

Darum, weil wir ein solch Amt haben nach der Barmherzigkeit, die uns widerfahren ist, werden wir nicht müde. 2. Korinther 4, 1

Als jungem Landwirtschaftseleven war Friedrich von Bodelschwingh die Barmherzigkeit Gottes aufgegangen. Nun spiegelte sich in seiner Arbeit und in seinem ganzen Wesen etwas von dieser Barmherzigkeit wider. Die Menschen, die ihm begegneten, haben es erfahren; seine epileptischen Kranken, die Wanderer von der Landstraße, die er seine Brüder nannte, die entlassenen Strafgefangenen und die vielen anderen, die ihn in ihren persönlichen Nöten aufsuchten. Seine Barmherzigkeit bestand nicht in Worten, sondern in seinem Tun. Sein Leben war Dienst für Jesus – Diakonie. Die praktische Verkündigung des Evangeliums stand an erster Stelle. Es war ganz ähnlich wie beim Heiland selber. Wort und Werk waren eins. Bethel sollte ein lebendiges Denkmal zur Ehre Christi sein.
Weil Bodelschwingh selber täglich von der Barmherzigkeit Gottes lebte, konnte er anderen Barmherzigkeit erweisen. Er war gütig und gerecht. Seine Barmherzigkeit richtete auf wie die Barmherzigkeit Gottes, und er wurde darin nicht müde. »Vater« haben ihn seine Kranken genannt, weil sie sich bei ihm in einer Geborgenheit wußten, die er selber von seinem himmlischen Vater empfangen hatte. Sie ist in Christus erschienen und nun greifbar für jedermann.

Laß uns nicht müde werden, Herr Jesus. Du weißt, wie klein unsere Kraft ist und wie bald wir am Ende sind. Schenke uns aus deiner Fülle für den heutigen Tag ein gutes Wort und eine offene Hand für unseren Bruder. Amen.

Freuet euch mit mir; denn ich habe mein Schaf gefunden, das verloren war. Lukas 15, 6

Jesus versucht den Schriftgelehrten mit seinen Gleichnissen unvergeßlich einzuprägen, daß sie die Zöllner und Sünder nicht ihrem Schicksal überlassen dürften, sondern ihnen zu helfen hätten. Jede Herde sollte sie an diese Aufgabe erinnern. Das Gleichnis überzeugt wirklich. Der Hirt, der seine Herde liebt, will kein Tier verlorengeben. Das eine ist ihm soviel wert wie alle anderen. Jeder Zöllner und Sünder ist Jesus ebensoviel wert wie die Pharisäer und Schriftgelehrten. Er erbarmt sich der einen sowohl wie der anderen. Sein Erbarmen kennt keine Grenzen und Unterschiede.
Machen wir etwa solche Unterschiede? Richten wir Scheidewände auf, wo wir uns zu den anderen Zugang verschaffen müßten? Wo bleibt unsere Mit-Menschlichkeit? Jesus, der gute Hirte, geht mit gutem Beispiel voran. Er sucht. Er weiß, wie es im Herzen eines Menschen aussieht, der sich verlaufen hat; der weiß nicht aus noch ein, der lebt in Angst und Verzweiflung, der gibt sich schließlich selber auf. Das verlorene Schaf ist dafür ein ausgezeichnetes Bild. Zeigt es auch unseren Zustand?
Jesus sucht und findet. Dem, der nicht mehr heim kann, verschafft er die Heimkehr, und wenn er ihn tragen muß. Dann wird alles wieder gut. Hoffentlich lassen wir uns heimtragen und werden darüber so froh, daß wir anderen zu Jesus helfen.

Habe Dank, Herr Christ, daß du uns suchst und heimholst. Wir wollen uns von dir finden und pflegen lassen, weil wir keinen anderen guten Hirten haben als dich. Laß uns dir einen Anlaß zur Freude werden. Amen.

Vor dir ist Freude die Fülle und Wonne zu deiner Rechten ewiglich. Psalm 16, 11

»Auf, auf, mein Herz, mit Freuden ...« ist eine Verszeile aus einem Osterlied, und jetzt ist August. Aber für Christen leuchtet an jedem Tag des Jahres die Ostersonne durch. Vielleicht sind für manchen die Tage darum so düster und verhangen, weil er vergessen hat, daß er in der Zeit lebt, die vom Tage der Auferstehung her, auf den Tag der Auferstehung hin, zur Herrlichkeit weist. Dann ist es ganz gleich, ob die Sonne wirklich scheint oder hinter Wolken verborgen ist. Von der Sonne, um die es hier geht, singt das Lied: »Die Sonne, die mir lachet, ist mein Herr Jesus Christ; das, was mich singen machet, ist, was im Himmel ist.«

Wird das vergessen, dann kann man nicht fröhlich sein. Aber das sollen wir. Das will Gott. Er will auch, daß wir an seiner Herrlichkeit teilhaben sollen. Der Dichter unseres Psalms bezeugt diese Herrlichkeit. Er nennt sie »Freude die Fülle und Wonne.«

Wie sehr fehlt uns das! Darum ist die Sehnsucht danach so groß. Darum suchen so viele Menschen Freude und Wonne da, wo sie nie zu finden sind. Wir leben in einer Welt, in der viele an den falschen Freuden sterben und den Tag ihrer Geburt verfluchen. Das soll nicht sein und soll auch nicht so bleiben. Darum hat Gott uns seinen Sohn gesandt; er will unsere Freude sein und uns von allem Leid erlösen.

In deiner Güte hast du, Vater, uns zu der Freude bestimmt, die bei dir ist und die von dir kommt. Laß uns das an jedem Tag von neuem erfahren und erfülle unser Herz mit deiner Freude. Amen.

Gerechtigkeit erhöht ein Volk; aber die Sünde ist der Leute Verderben. Sprüche 14, 34

Die Frage nach der Gerechtigkeit will nie verstummen. Das kann auch gar nicht anders sein. Der gerechte Gott ist ja die Gerechtigkeit selber. Er hat den Menschen nach seinem Bilde geschaffen, darum hat auch der Mensch ein Empfinden für die Gerechtigkeit. Nun besteht die Gefahr, daß der Mensch das für die Gerechtigkeit hält, was ihm selber als richtig erscheint. Was Gerechtigkeit ist und wie sie verwirklicht werden kann, das bestimmt jedoch Gott. Wer Gottes Gebot erfüllt, der ist vor Gott gerecht. Aber wer ist dann gerecht? Wo ist der, der Gottes Gebot hält? An dieser Stelle wird deutlich, daß jeder Mensch, jeder Stand, jedes Volk höchstens in Gerechtigkeit vor sich selber lebt, aber nicht in Gerechtigkeit vor Gott. Darum gibt es so viel Verderben in der Welt.
Aber in diese Welt ist eine neue Gerechtigkeit gekommen. Jesus, der das ganze Gebot Gottes hielt, der Gerechte, stellt Gottes Gerechtigkeit in dieser Welt dar. Er gibt allen, die zu ihm kommen, seine Gerechtigkeit. Das ist wirklich ein Evangelium, eine frohe Botschaft. Diese Botschaft erklingt an allen Orten: Jesus ist die Gerechtigkeit vor Gott. Dazu sind alle gerufen.

Du bist das Leben, Herr Christ, auch unser Leben. Wir danken dir, daß du dein Leben gabst, damit wir es haben können. Hilf, daß wir uns durch niemand und nichts von dir trennen lassen, damit wir nicht durch unsere Sünde verderben, sondern die Gerechtigkeit gewinnen, die du gebracht hast. Amen.

Was der Mensch sät, das wird er ernten. Galater 6, 7

Wer in der Erntezeit durch die Felder geht, erkennt zwischen den einzelnen Halmen alles mögliche Unkraut. Gesät wurde es nicht, aber es ist da. Mag das Getreide vor der Aussaat noch so gut gereinigt worden sein – nie trägt ein Feld ganz reine Frucht. Was da auf den Feldern zu sehen ist, gilt auch für das Herz des Menschen. Immer ist etwas darin, was weder Gott noch dem Menschen selber gefällt. Wie kommt das?
Wir vergessen zu leicht, daß alles, was wir sagen und tun, Same ist, der in den Herzen anderer Menschen aufgeht und Frucht bringt. Wenn es doch ein Sieb gäbe, das alle bösen Worte, die aus unserem Munde kommen, zurückhält! Es stünde in derWelt besser. Mit unseren Taten ist es nicht anders. Sie wirken noch gefährlicher als unsere Worte.
Was wollen wir Menschen denn für eine Ernte erwarten, wenn jedes Wort und jede Tat ein Samenkorn ist und wir gedankenlos und ohne Bedenken böse Saat säen? Es ist sinnlos, sich über die Bosheit und die Schlechtigkeit der Menschen aufzuregen, wenn wir nicht selber jederzeit darauf bedacht sind, unsere Worte und Taten daraufhin zu prüfen, welcher Art sie sind.
Wir wollen in Zukunft unsere Worte vor dem Herrn Jesus sagen und unsere Taten von ihm bestimmen lassen. Dann haben wir noch Aussicht auf gute Saat und Ernte.

Herr, lehre uns unsere Worte und Taten wägen und nur reden und tun, was bessert und hilft, aufrichtet und tröstet, damit sie eine Brücke werden zu dir. Amen.

Gott, erhöre mein Gebet, vernimm die Rede meines Mundes. Psalm 54, 4

»Anschrift und Marke nicht vergessen!« steht häufig über den Briefkästen der Post. Keine überflüssige Ermahnung. Die Post muß in jedem Jahr viele Tausende von Briefen vernichten, weil sich nicht ermitteln läßt, an wen der Brief gerichtet ist. Vieltausend Schreie hallen durch die Welt, die sind wie Briefe ohne Adresse. Sie kommen nicht an. Da muß dann der Mensch seine Last selber tragen, bis er darunter zusammenbricht.

Zugedacht ist dem Menschen das nicht. Ihm ist genau gesagt, zu wem er schreien soll. Die Sänger der Psalmen haben es gewußt, und die Menschen von heute können es ebenso wissen. Sie haben es aber vergessen. Ob nicht Gott darum eine Angst nach der andern über die Menschen kommen läßt, damit sie wieder nach der Adresse fragen lernen? »Weil denn kein Mensch uns helfen kann, rufe man Gott um Hilfe an«, singt der alte Choral. Da ist die Adresse: Gott.

Er ist »Erste Hilfe«, er ist »Letzte Hilfe«, er ist *immer* Hilfe. Gott hat uns das mit dem Namen seines Sohnes offenbart. Jesus heißt: Gott ist Hilfe. Also: rufen wir ihn in Jesu Namen an. Er erhört Gebete.

Dir sein Dank, du ewiger Vater, daß wir jederzeit und mit allen Nöten Leibes und der Seele zu dir kommen dürfen. Du schläfst und schlummerst nicht, du bist allezeit bereit zu hören, was wir dir klagen, und zu helfen, wo keiner uns helfen kann. Um Jesu willen, mach' ein Ende mit aller unsrer Not. Amen.

Demütiget euch nun unter die gewaltige Hand Gottes, daß er euch erhöhe zu seiner Zeit. 1. Petrus 5, 6

Merkwürdig, wie oft und gern altgewordene Menschen aus ihrer Vergangenheit erzählen. Da steht alles vor ihnen auf, was sie anderen gewesen sind, was sie geleistet und was sie bedeutet haben. Ihre beste Zeit ist vorbei, mit Neuem haben sie nicht mehr zu rechnen. Aber die Bibel sagt uns, daß altgewordene Menschen nicht als überflüssig, wertlos und nebensächlich angesehen werden dürfen. Junge und Alte müssen gemeinsam in einer Welt leben, sie bleiben immer aufeinander angewiesen. Außerdem sind die Jungen von heute die Alten von morgen. Und was die Alten jetzt mit den Jungen erleben, das werden die Jungen mit ihren Nachkommen erleben. Grund genug für beide, demütiger zu werden.
Mit der Auferstehung Jesu hat Gott festgesetzt, daß der Mensch zur Auferstehung berufen ist, daß jeder, der sich Jesus anschließt, bei ihm erhöht werden soll zu seiner Zeit. Er soll durch die Barmherzigkeit Gottes trotz aller Unvollkommenheit und aller Schuld die Herrlichkeit Gottes mit ihm teilen. Kein Zweifel, daß altwerdende Menschen sich eher mit der Frage des Sterbens beschäftigen als junge und sich freuen, daß sie für die Herrlichkeit Gottes berufen sind. Das hilft ihnen auch, für die Tage im Alter dankbar zu sein, weil eine lebendige Hoffnung vor ihnen steht. So führt Gott auf seine Weise die Alten zu den Jungen und die Jungen zu den Alten.

Herr, laß sichtbar werden, daß wir von dir berufen sind. Wecke in uns die Sehnsucht, fest zu beharren in der Hoffnung auf das Heil, das du uns im Himmel bereitet hast. Amen.

Wir werden nicht müde; sondern ob auch unser äußerlicher Mensch verfällt, so wird doch der innerliche von Tag zu Tag erneuert. 2. Korinther 4, 16

Mit keinem Wort hat Jesus versprochen, daß Menschen, die sich zu ihm halten, es leichter haben als andere. Sie sind genau wie diese aller Trübsal und allem Leid ausgeliefert. Was die Nachfolge Jesu demnach für den Christen bedeutet, beantwortet Paulus aus seiner persönlichen Erfahrung: Wir ängsten uns nicht, wir verzagen nicht, wir werden nicht verlassen, wir kommen nicht um, das Teilhaben am Sterben des Herrn Jesus macht an unserem Leben das Leben des Herrn Jesus offenbar. Darin wird Christi Kraft sichtbar, die den Menschen von Tag zu Tag erneuert. Diese Kraft nimmt der Christ nicht aus sich selbst. Die wäre schnell zu Ende. Aber in alle seine Unzulänglichkeit und Ohnmacht hinein strömt ihm von dem Herrn, dem er nachfolgt, Kraft zu. Obwohl Christus jetzt unsichtbar ist, erweist er seine Wirklichkeit und seine Macht an uns.
Daraus erklärt sich auch die Aussage des Paulus: Wir werden nicht müde! Das soll nicht heißen, daß ein Christ nicht auch matt und müde werden könnte; aber in diese Müdigkeit hinein wirkt der ewige Christus mit seiner Kraft und seinem Geist. Daß wir doch lernten, durch alle Widerstände und Schwierigkeiten hindurch auf Christus zu sehen, der uns auf diese Weise erfahren lassen will, daß er der Herr ist.

Lieber Vater im Himmel, gib uns, was wir brauchen, damit wir nicht in der Unruhe des Lebens bleiben, sondern die heilige Ruhe bekommen als deine Kinder, die auch durch alles Ungemach dieser Zeit getrost hindurch wandeln dürfen, weil der Weg zu dir, dem Herrn, führt. Amen.

Gedenke an den Herrn, deinen Gott; denn er ist's, der dir Kräfte gibt.

5. Mose 8, 18

Pause, Ferien, Urlaub, Freizeit! Alle sind sich darin einig: wundervoll, daß es so etwas gibt! Lassen wir einmal die Verkehrtheit beiseite, daß für manche Menschen die Freizeit die Hauptsache ist und alles andere Nebensache. Dann ist die Freizeit eine ausgezeichnete Gelegenheit, einmal dem Schema, dem oft so lähmenden Einerlei des Alltags zu entfliehen. Auch für die unter uns, die aus ihrem eigenen Leben wissen, daß alle Arbeit zuletzt Dienst am anderen Menschen ist und damit Dienst für Gott, ist der Urlaub eine Freude. Das ist begreiflich. Wer wollte leugnen, daß viele Fragen und Erlebnisse, die sich im Laufe der Tage ansammeln, innerlich nicht bewältigt worden sind. Daß sich das am Menschen selber, sogar an seiner Gesundheit, rächt, müssen viele erfahren.
Richtiger Urlaub, richtige Entspannung ist die Besinnung auf das eigentliche, das richtige Leben, wie der Herr es vorgelebt hat. Je früher sie einsetzt, um so besser für den Verlauf des Urlaubs. Jesus ist auch im Urlaub unser Herr, gerade dann. Wir wollen uns darüber freuen, daß heute für alle mehr Urlaubszeit da ist als noch vor einem halben Jahrhundert. Wir wollen diese Zeit aber auch nützen, daß wir, durch den Urlaub gestärkt an Leib und Seele, dann wieder getrost und fröhlich an die Arbeit gehen als Leute, die ihres Herrn Hand wieder fester gefaßt und neue Kräfte bekommen haben.

Dir sei Dank, Vater, daß du uns immer wieder Zeit zur Besinnung gibst. Hilf uns, daß wir solche Zeit nützen und dabei erkennen, wie väterlich du mit uns umgehst und wie du Tag um Tag uns die Kräfte schenkst, die wir brauchen. Amen.

Sein ist die Ehre und Gewalt von Ewigkeit zu Ewigkeit! Amen.

1. Petrus 4, 11

Kein Wunder, daß in jedem neuen Frühling dem Menschen das Herz aufgeht; die Saaten grünen, die Bäume sprießen, die Blüten tun sich auf. Kein Wunder, daß die Pracht des Sommers immer wieder besungen wird. Daß es das gibt! Menschen können es nicht ersinnen und nicht gestalten. Es ist alles Gottes Werk. An den Lilien auf dem Felde hat Jesus etwas von der Herrlichkeit seines Vaters gesehen. Er hat offene Augen gehabt für die Meisterwerke seines Vaters. Alle seine Werke ehren ihn. Könnten wir das doch von ihm lernen! Wir würden ein wenig davon ahnen, wie groß die Herrlichkeit Gottes sein muß, wenn schon vergängliche Schöpfung so schön ist.
Was sind Kunstblumen? Sind sie auch noch so täuschend gefertigt, sie leben nicht, sie wachsen nicht, sie duften nicht, wie ja nichts lebt, was der Mensch macht. Vom lebendigen Gott aber kommt Leben. Darüber hinaus hat er seinen Sohn gegeben. Er hat den Menschen durch seinen Sohn für das unvergängliche Leben bestimmt, das er selbst hat und denen gibt, die ihm die Ehre geben und ihn anbeten. Alle Herrlichkeit dieser Schöpfung ist nichts gegenüber der Herrlichkeit, die Gottes ist. Es ist, als wollte er mit aller Schönheit dieser Welt in dem Menschen die Sehnsucht nach der Herrlichkeit ewigen Lebens wecken, das einst alles erfüllen wird. Gott sei Ehre und Gewalt von Ewigkeit zu Ewigkeit.

Du großer Gott hast uns ein Abbild in der Schönheit deiner Schöpfung gegeben. Wir danken dir. Du hast uns in deinem Sohn etwas von deiner Herrlichkeit gezeigt. Schenke uns, daß wir in alle Ewigkeit an ihr Anteil haben. Amen.

Geht aber und predigt und sprecht: Das Himmelreich ist nahe herbeigekommen. Matthäus 10, 7

Jesus schickt seine Jünger auf Reisen, nicht auf Erholungs-, sondern auf Missionsreisen. Sind unsere Reisen auch Missionsreisen, wie der Herr das erwartet? Ein Christ ist immer im Dienst! Nach welchem Gesichtspunkt wählen wir unsere Reiseziele, unsere Reisegefährten? Haben wir sein Wort in unserem Reisegepäck, eine Bibel? Lassen wir doch den Gedanken fahren, daß Urlaub so etwas sei wie »Ferien vom Ich«. Von Gott gibt es keinen Urlaub. Er möchte mit seinem Frieden auch während unseres Urlaubs bei uns bleiben. Er möchte vielmehr, daß wir anderen den Frieden vorleben, ihn in ein Haus tragen, wo es ihn bisher nicht gab. Sind wir Friedensträger und Friedensbringer für friedlose Häuser und für friedlose Menschen? Am Ende sind sie das Reiseziel, das uns Gott zuweist!

Wenn durch uns auf andere sein Friede kommt, dann bringt das die beste Erholung, die Gott Menschen geben kann. Er hat sie jedem zugedacht. Jeder Urlaub ist Urlaub unter Gottes Augen. Der wird nicht langweilig, der ist voller Abenteuer. Da ist eine Reise angefangen, die ihr Ende nicht in dieser Welt hat, sondern erst bei ihm; da ist ein Weg beschritten, den wir nicht allein wandern, sondern zusammen mit allen, auf die sein Friede gekommen ist. Eine gute Reise, ein guter Weg!

Habe Dank, Vater, daß du mit deinem Sohn dein Reich in dieser Welt angefangen hast und wir dazugehören dürfen. Hilf uns, dieses Reich überall auszubreiten, wohin du uns schickst, damit andere mit uns erfahren, wohin sie gehören. Amen.

Mein Herz ist bereit, Gott, mein Herz ist bereit, daß ich singe und lobe. Psalm 57, 8

Es gibt ein Zurücksehen, das ist vom Bösen und mit dem Wort gemeint: »Wer die Hand an den Pflug legt und sieht zurück, der ist nicht geschickt zum Reiche Gottes.« Es gibt ein anderes Zurücksehen, das aus einem Verwundern ins andere kommt und zu einem Loblied nach dem andern führt. Es ist längst nicht so häufig wie das erste Zurücksehen, aber die Loblieder zeigen an, wie fröhlich es macht. Sie rühmen keinen Menschen. Sie singen von der Gnade Gottes.

Wo ist dein Loblied? Hast du keins? Dann fehlt dir noch das Beste. Das geschieht immer dann, wenn im Herzen kein Raum mehr ist für Gott. Dann hat der Mensch sein eigentliches Menschsein verloren. Darum kann er keine Loblieder mehr singen. Aber er kann das Menschsein wiedergewinnen.

Alle Loblieder zur Ehre Gottes sind von Menschen gesungen worden, die ihr Menschsein wiederfanden. Sie waren durch Tiefen gegangen, durch Angst und Leid oder große Sünde und schwere Schuld. Aber sie waren nicht darin geblieben. Aus der Tiefe hatte Gottes Hand sie herausgeholt. Wie es zugegangen war, das wußten sie oft nicht einmal. Aber sie konnten plötzlich wieder singen und froh sein. Mehr noch, sie mußten singen. Sie konnten es nicht lassen. Sie haben ihre Loblieder dem Herrn gesungen, der sie nicht verlorengehen ließ.

Ach Vater, unser Herz ist schnell bereit zum Verzagen und Klagen. Vergib uns, daß wir dir so wenig glauben und dich nicht anrufen. Öffne uns die Augen, damit wir deine unverdiente Güte erkennen und aus dem Klagen ins Loben kommen. Amen.

Haltet euch dafür, daß ihr der Sünde gestorben seid und lebet Gott in Christus Jesus. Römer 6, 11

Die immerwährende Gefahr, in der Christen leben, ist die, daß sie »Feuerwerkschristen« werden: mal leuchtet das Feuer Jesu auf, dann erlischt es; lichten Höhepunkten folgt um so schwärzere Nacht. Wer wüßte nicht darum? Paulus gibt einen Rat, wie aus »Feuerwerkschristen« Christen voll stetigen heiligen Feuers werden können. Sie sollen sich als gestorben ansehen, mit Christus gestorben. Die Sünde ist zwar noch da, weil der Satan da ist und Macht hat. Paulus aber sagt seinen Gemeinden: Ihr seid für die Sünde tot und von ihr nicht mehr ansprechbar, seit ihr den Ruf Christi gehört habt, seitdem ihr euch von ihm habt rufen lassen. Ihr seid nur noch ansprechbar für die Worte und die Weisungen und die Befehle Gottes. Nur so wird das Leben der Gemeinde ein stetes, stilles Leuchten.
Wir wissen von Luther, daß sein Kummer gewesen ist, nicht die Leute in seinen Gemeinden gehabt zu haben, in denen das Feuer still und leuchtend brannte. Den gleichen Kummer haben alle Verkündiger des Evangeliums bis heute. Wir stellen uns nur tot für die Sünde – und sind es gar nicht; aber wir könnten es sein, so gewiß wie Christus tot war. Und das andere könnten wir auch sein: Lebendig für Jesus durch das Leben, das er uns von seinem Vater schenkt.

Herr Jesus Christus, wir danken dir, daß du uns aus Sünde und Tod zum Leben gebracht hast. Hilf uns, daß wir das nicht allein mit dem Verstand wissen, sondern aus dem Herzen heraus leben. Amen.

Sind wir aber Kinder, so sind wir auch Erben, nämlich Gottes Erben und Miterben Christi. Römer 8, 17

Der Mensch ist ein ganz besonderes Wesen, ihm allein hat Gott seinen lebendigen Odem gegeben. Darf man fragen, wieviel der Mensch davon noch hat? Mit diesem Fragen müssen wir bei uns selber anfangen. Wie ein Mensch aussieht, der vom Atem Gottes erfüllt und belebt ist, wird an Jesus offenbar. Er allein ist wirklich Mensch. Das war aber auch der Grund dafür, daß Gott ihn nicht im Tode ließ. Die Menschen sollten wissen, was aus ihnen würde, wozu Gott sie bestimmt hat.
Das hat Gott mit jedem vor. Dazu hat er seinen Geist in die Welt gesandt. Das müssen Kinder von Vater und Mutter erfahren, nicht nur mit Worten. An ihren Eltern sollen sie etwas von der Art Jesu erleben. Neben allen Aufgaben, die Menschen in der Welt haben, ist das die wichtigste, die Gott den Eltern gegeben hat. Kinder und ihre Eltern sollen Gottes Kinder werden. Dazu müssen die Eltern um den Heiligen Geist bitten und die Kinder auch. Dazu müssen Kinder auf den Namen Jesu Christi getauft werden und mit den Eltern nach seinem Worte leben.
Das ist das Entscheidende. Dazu hat Gott die Menschen bestimmt, und aus diesen Menschen baut er sein Reich. Das ist für die Bildung des Menschen das Wesentliche. Daran wird offenbar, ob und wie wir richtig leben, um Erben, nämlich »Erben und Miterben Christi« zu sein.

Wir sind deine Kinder, o Gott, die von deinem Geiste leben. Gib uns Kraft zum Leiden und Gewißheit, einst in deine Herrlichkeit zu gelangen. Wir loben dich! Amen.

Alsbald taten sich seine Ohren auf, und das Band seiner Zunge ward los, und er redete recht.

Markus 7, 35

An Jesu Taten wird die Herrlichkeit seiner Herkunft sichtbar wie auch die Größe seiner Vollmacht. Was er dem Tauben getan hat, bleibt unerklärbar und ist doch Wirklichkeit. Wo heute Jesu Worte erklingen, die Geist und Leben sind, geschieht immer Ähnliches. Dem Menschen öffnen sich die Ohren. Er fängt an zu hören. Worte, die früher zwar sein Ohr erreichten, aber keine Wirkung hatten, treffen mit einem Mal ins Herz. Sie enthüllen dem Menschen die Wahrheit über sich selber. Das ist immer Christi Werk, wenn der Mensch zur Offenbarung der Wahrheit Ja sagt und zugibt, daß Christus recht hat und nicht er selber.
Christus offenbart ihm auch, daß er derjenige ist, der Schuld vergibt, der den Heiligen Geist schenkt und dem Menschen zu einem neuen Leben verhilft. Das ist das größte Geschenk, das der Mensch bekommen kann. Dieses Geschehen macht dem Menschen das Wort Gottes und den Herrn Christus lieb. Das bleibt ihm nicht verborgen. Das sagt er anderen weiter, weil er möchte, daß ihnen das Gleiche geschieht wie ihm selber.
Es geschieht also noch heute und immer wieder, daß Christus alles heil macht: Die Tauben macht er hörend und die Sprachlosen redend. Aus solchen Leuten besteht seine Gemeinde.

Sind wir hoffend stille, strömt die Kraft uns zu. Stets bleibt Gottes Wille, daß er Wunder tu. Durch Stillesein und Hoffen werd ich stark und fest, seh den Himmel offen, der mich nicht verläßt. Danke, Herr! Amen.

Er handelt nicht mit uns nach unsren Sünden und vergilt uns nicht nach unsrer Missetat. Psalm 103,10

Es kann einen Menschen wohl umwerfen, wenn er von seinem besten Freund verraten wird. Das gibt eine tiefe Wunde, vielleicht heilt sie nie. Mancheiner verblutet daran, manch einer macht seinem Zorn Luft oder wird von da an ein Menschenhasser und sucht, dem anderen das Böse zu vergelten.
Was für eine Barmherzigkeit, daß unser himmlischer Vater mit uns Menschen nicht nach dem Gesetz der Vergeltung handelt. Er müßte uns verdientermaßen übersehen, vergessen und ausrotten; aber er handelt anders. Er ist der in seiner Barmherzigkeit unveränderliche Gott. Merkwürdig, wie das Wort »unveränderlich« uns eine ganz neue Schau gibt für das Wesen Gottes. Die Naturwissenschaft hat entdeckt, daß alle bisher für unveränderlich gehaltenen Größen veränderlich sind und das Wesen der Welt darin besteht, daß sie eine veränderliche Welt ist. Gott ist der ganz andere, der Unveränderliche.
Davon leben wir. Wie in der Welt alles Lebendige von der Sonne lebt, die mit ihrer gleichbleibenden Wärme Leben weckt und erhält, so leben wir von Gott, der unveränderlich ist in seiner Barmherzigkeit und seiner Treue.

Du Gott der Barmherzigkeit, bei dir ist alle Vergebung. Wir danken dir, daß du uns das am Kreuz deines Sohnes offenbart hast. Wir leben von deiner Vergebung. Hilf uns, daß wir vergeben, wie du vergibst – um Jesu Christi willen. Amen.

Der Friede Christi regiere in eueren Herzen.

Kolosser 3,15

Das Wort Christi deckt im Herzen des Menschen alle Unwahrheit auf, weil es das Wort der Wahrheit ist. Es enthüllt alles, was vor Gott nicht recht ist. Wir können das auf verschiedene Weise beantworten: Entweder weichen wir der Wahrheit aus, oder wir geben ihr recht. Wer ausweicht, bleibt in der Unwahrheit. Wer ihr recht gibt, weiß, worin seine Schuld liegt. Dann kann wieder ein Doppeltes geschehen: Entweder der Mensch beruhigt sich, etwa mit dem Gedanken: Andere sind auch nicht besser – oder er möchte die Schuld los werden. Mit menschlichen Mitteln geht das nicht. Hier hilft nur das Wort Christi und der Herr selber, der Sünde abnimmt und vergibt. Nehme ich Christi Vergebung an, dann ist die böse Vergangenheit abgetan. Wer durch Christus seine Last los wird, und das kann täglich geschehen, der ist nicht nur wie erlöst, sondern ist wirklich erlöst.
Dieser Befreiung ist der Grund für allen Jubel und allen Dank, den die Gemeinde Christi laut werden läßt. »Halleluja« ist kein leeres Wort, darin stecken Freude und Dank: Preiset Gott! Solch Lob macht das Herz froh, auch wenn kein Ton über die Lippen kommt. Das Herz singt, wie es vorher noch nie gesungen hat. Denn nun ist alles neu geworden. Durch die empfangene Vergebung regiert der Friede Christi in unseren Herzen. Das läßt uns jubeln.

Herr, hilf mir, daß ich das Böse meide und all mein Tun nach deinem Willen vollbringe zu deinem Lob und mir zum Heil. Amen.

Jesus spricht zu ihr: »Habe ich dir nicht gesagt: wenn du glaubtest, so würdest du die Herrlichkeit Gottes sehen?« Johannes 11, 40

Im Grunde gibt es in der Welt nur eine einzige Not, nämlich die, nicht mit der Macht Gottes zu rechnen. Sie ist leider auch die Not, die am weitesten verbreitet ist. Unglaube und Kleinglaube machen das Leben schwer. Im Glauben ist alles zu ertragen. Daher muß er ständig geübt werden, und Gott selbst sorgt dafür, daß wir solche Möglichkeiten zum Üben immer von neuem bekommen.

In allen Nöten zuerst einmal Hilfe bei sich selber oder anderen Menschen zu suchen, das ist gewöhnlich auch bei uns das erste. Aber gerade das ist das Menschliche, nicht das Christliche. Und erst dann, wenn wir mit all unseren menschlichen Mitteln am Ende sind, taucht die letzte Möglichkeit auf – Gott. An Krankenbetten kann man es manchmal hören: »Wir haben schon alles versucht, nichts hat geholfen; nun können wir nur noch beten.« Nur noch so als letzter Ausweg, als Notnagel gewissermaßen. Sollte es nicht umgekehrt sein? Sollten wir nicht in allen Dingen, wie Luther im Katechismus empfiehlt, ihn anrufen, beten, loben und danken? Gleich am Anfang!

Wir sind durch Jesu Wort zum Glauben gerufen. Rechnen wir also getrost mit seiner Macht. Dann gilt auch uns: Ihr werdet die Herrlichkeit Gottes sehen.

Du unser Gott, Vater der Herrlichkeit. Du bist Herr über alle und alles, auch über Satan, Tod und alle bösen Mächte. Mache du uns dessen gewiß im Glauben, damit wir erfahren, daß dem alle Dinge möglich sind, der da glaubt, und erkennen, wie groß deine Macht und Herrlichkeit sind. Herr, stärke uns den Glauben. Amen.

Auf daß da komme die Zeit der Erquickung von dem Angesicht des Herrn. Apostelgeschichte 3, 20

Einmal wieder richtig aufatmen können ist in Zeiten innerer und äußerer Beklemmung eine Erquickung. Die Menschen versuchen auf vielerlei Weise, sich von ihren Nöten zu befreien – durch fröhliches Spiel, durch harmlose Hobbies oder auch durch gefährliche Sucht. Wenn der Geplagte anfängt, ein Narkotikum zu benutzen, mit dem er seinen elenden Zustand zu beseitigen sucht, ist sie schnell entstanden. Die Folge ist immer ein noch größeres Elend, aber niemals eine wirkliche Erlösung.
Um Erlösung aber geht es Petrus, wie auch Jesus und Gott sie meinen. Gott sorgt dafür, daß der Mensch wieder aufatmen kann. Diese Hilfe ist nicht abhängig von äußeren Mitteln und menschlichen Gegebenheiten. Die Möglichkeit des Aufatmens ist mit Jesus Christus gegeben, mit ihm allein. Petrus weiß davon aus seiner eigenen Erfahrung. Deshalb redet er davon. Was er sagt, gilt für die Menschen aller Zeiten, für die Christen besonders.
Der Verleugner Petrus hat aufgeatmet, als der Auferstandene ihn wieder annahm, als auch er mit dem Heiligen Geist beschenkt wurde. Nun konnte er die Tatsache bezeugen, daß die Zeit der Erquickung angebrochen sei. So ruft Petrus jetzt zu Jesus. Bei ihm sollen wir von aller Not und Beklemmung erlöst und wieder frei und frohe Menschen werden.

Du rufest alle, Herr, zu dir in Gnaden, die mühselig und beladen. All ihre Missetat willst du verzeihen, ihrer Bürde sie befreien. Ach, komm selbst, leg an deine Hände und die schwere Last von mir wende. Mache mich von Sünden frei, dir zu dienen Kraft verleih. Amen.

»Lasset die Kinder zu mir kommen und wehret ihnen nicht; denn solcher ist das Reich Gottes.«

Markus 10, 14

Was für eine Leidenschaftlichkeit und Liebe steckt in diesen Müttern, die mit ihren Kindern unbedingt an Jesus heranwollen. Er soll ihre Kinder segnen. Was für ein Glaube! Sie sind der Meinung, daß von Jesus etwas ausgeht, was ihren Kindern guttun würde. Er müßte sie nur anrühren. Was für eine Liebe! Sie wollen für ihre Kinder das Beste und wissen, sie selber können ihnen das nicht geben; denn kein Mensch kann mehr geben als er hat. Jesus soll es ihnen geben. Darum lassen sie sich nicht abweisen.
Wie gut versteht Jesus diese Mütter. Wie gut hatten diese Mütter Jesus verstanden, viel besser als seine eigenen Jünger. Darum wehrt er den Jüngern und »läßt die Kinder kommen«. Sie sind ihm nicht zu klein, nicht zu jung, nicht zu dürftig und nicht zu gering. In seinem Herzen ist mindestens soviel Raum für sie wie in den Herzen der eigenen Mütter. Er hat die Kinder lieb. Er will sie segnen.
Das ist heute noch so; Jesus will immer segnen. Wenn das doch alle wüßten, denen Kinder anvertraut sind, ganz gleich ob eigene oder fremde, und ihm die Kinder brächten. Keiner kann ihnen so helfen und sie für das harte Leben vorbereiten, keiner sie so behüten und so sicher führen wie er. Sie sollen es von Kindheit an wissen und im Leben erfahren.

Dir sei Dank, Vater im Himmel, daß du uns Kinder anvertraust und uns mit ihnen so reich beschenkst. Du weißt auch, wieviel Mühe wir mit ihnen haben und sie mit uns. Erhöre unser Gebet, wenn wir für sie beten, und laß deinen Geist auf ihnen und uns ruhen, daß wir mit ihnen in dein Vaterhaus finden. Amen.

Sehet die Vögel unter dem Himmel an ... Schauet die Lilien auf dem Felde.

Matthäus 6, 26.28

Sie predigen immer noch, die Vögel unter dem Himmel und die Lilien auf dem Felde. Sie verkündigen genau das gleiche wie zu der Zeit, als Jesus zum erstenmal auf sie hinwies: »Wir sind da, und wir werden erhalten.« Sie sind das sichtbare Zeichen dafür, daß der Schöpfer für alle seine Geschöpfe sorgt. Man kann nur immer wieder staunend und anbetend davorstehen. Die »Predigt« der Blumen und Vögel gilt für den modernen Menschen noch genauso wie für die ersten Hörer damals.

Die Frage ist nur, ob wir Heutigen den Hinweis Jesu auf die Blumen und Vögel noch gelten lassen wollen. In den veränderten Verhältnissen der Welt ist alles so schwierig geworden, viel verworrener als in den übersehbaren Verhältnissen zur Zeit Jesu. Immer hat der Mensch von heute das Gefühl, er könne sich in dem Wirbel des täglichen Lebens kaum noch behaupten, er werde von unkontrollierbaren Mächten bald hierhin, bald dorthin gerissen. Was kann schon der einzelne? Was gilt schon der einzelne? Muß er er da nicht das Bewußtsein einer ganz großen Verlorenheit bekommen?

Aber die Predigt der Vögel und der Lilien gilt. Wir können nichts Besseres tun, als sie zu hören, zu beherzigen und darüber froh zu werden.

Du Schöpfer aller Dinge, unser Vater, hilf uns doch glauben, daß du uns ebenso erhalten willst wie deine Schöpfung, damit wir aus dem Sorgen immer mehr ins Loben und Danken kommen. Amen.

Nun, Herr, wessen soll ich mich trösten? Ich hoffe auf dich. Psalm 39, 8

Was ist Trost? In unserer Umgangssprache kommt das Wort kaum vor. Obwohl alle Menschen irgendwie Trost suchen, haben sie eine seltsame Scheu vor diesem Wort, wie ein krankes Kind Scheu vor einer Medizin hat, weil sie bitter ist, oder als wenn einer etwas von jemand erbitten müßte, mit dem er es verdorben hat oder um den man sich nie kümmerte. Das sind menschliche Empfindungen, die wir alle kennen. Aber wenn es um das ganze Leben in allen seinen Beziehungen innerer und äußerer Art geht, sollten wir solche Hemmungen beiseite lassen.
Trost, jeder wirkliche Trost, hat mit Gott zu tun. Darum heißt Gott auch »der Gott alles Trostes«. Trost erfährt nur der, der Gott traut. In aller Veränderlichkeit der Menschen und der Zeiten bleibt Gott immer derselbe, unveränderlich. Darum ist er alles Vertrauens würdig. Sich an Gott »anbinden«, das bedeutet das hebräische Wort für trösten (harren) im Ursinn, es heißt: einen zuverlässigen Halt und eine sichere Stütze haben. Darum ist allein die Hoffnung auf Gott eine gewisse Hoffnung. Sie ist genau das Gegenteil vom menschlichen Hoffen nach dem Sprichwort: Hoffen und Harren macht manchen zum Narren.
Gott narrt niemand. Gott steht zu seinem Wort! Gott kannst du trauen, dann bist du getröstet.

Du treuer Gott, daß du uns Halt gibst, daß du unveränderlich zu uns stehst, daß du treu bist, wenn wir untreu sind, daß du Hoffnung für uns hast, wenn wir keine mehr für uns haben, daß du uns nicht losläßt, wenn wir dich loslassen, das allein tröstet uns. Habe Dank für deinen Trost. Amen.

Alles, was ihr tut mit Worten oder mit Werken, das tut alles in dem Namen des Herrn Jesus und danket Gott, dem Vater, durch ihn. Kolosser 3, 17

Mit diesen Worten hat der Apostel Paulus der ganzen Christenheit einen praktischen Rat für ihr persönliches Verhalten im täglichen Leben gegeben. Sie sollten zweierlei tun: Erstens sich fragen, ob sie das, was sie zu tun vorhaben, wirklich im Namen Jesu tun können. Zweitens, ob sie Gott für das, was sie dabei erlebten oder bekamen, im Namen Jesu danken können. Eine einfache Anweisung. Nun braucht niemand mehr den andern zu fragen, wie er sich verhalten soll. Jeder frage den Herrn selber! Welche Freiheit! Welche Selbständigkeit. Aber auch welche Verantwortung.

Es wäre gewiß eine herrliche Sache, wenn ein Mensch in seinem Alter nicht zu beten brauchte: »Gedenke nicht der Sünden meiner Jugend und meiner Übertretungen«, wie es im 25. Psalm heißt. Aber vermutlich werden wir alle doch so beten müssen. Es ist eben nicht alles Freude aus Gott, was sich in dieser Welt als Freude anbietet. Und diese Unterscheidung gilt es zu lernen. Je früher, um so besser.

Glaube doch keiner, daß Gott unsere Freude nicht wolle. Sein ganzes Evangelium ist ein einziger Aufruf zur Freude; aber eben eine Botschaft von der rechten Freude. Sie hat in Jesus ihren Grund.

Herr Jesus, alles, was du gesagt und getan, gelebt und gelitten hast, gilt uns. Laß uns erkennen, wieviel wir dir wert sind, damit wir begreifen, was wir dir zu danken haben. Gib uns Kraft, daß wir dir zuliebe leben und auch anderen deinen Namen liebenswert und groß machen. Amen.

Jesus kann auf ewig selig machen, die durch ihn zu Gott kommen. Hebräer 7, 25

Alle Menschen suchen Freude, besonders die jungen. Da schlägt eine Urahnung durch: Die Menschen sind zur Freude berufen. Das gilt auch da, wo sie von Gott nichts hören und wissen. Sie suchen sich etwas, wovon sie sich Freude versprechen. So ist das immer gewesen. Aber alle Freuden dieser Welt gehen vorüber. Gibt es denn aber Freude, die bleibt? Jesus sagt: »Ich will euch wiedersehen, und euer Herz soll sich freuen, und eure Freude soll niemand von euch nehmen.« Die Freude ist er selber.
Für die Leser des Hebräerbriefes spricht der Verfasser in ihrer Sprache. Es war allen geläufig, daß in der Religion ihrer Väter einmal im Jahr der Hohepriester, nachdem er sich selbst von seinen Sünden durch ein Opfer gereinigt hatte, für das ganze Volk Gott ein Sühneopfer brachte. Für die Christenheit hat der Hohepriester Christus dieses Opfer in seiner eigenen Person gebracht. Es kommt allen zugute, die sich an ihn wenden. Darauf kommt es an, daß jeder Christ sich an diesen Hohenpriester Christus hält. Dann darf er gewiß sein, daß ihm vergeben ist und er täglich neue Kraft zu einem neuen Leben erhält, die aus der Freude an Christus kommt. Diese Freude ist Angebot und Gabe unseres Hohenpriesters Christus. Um die bittet er täglich für jeden bei seinem Vater. Wohl dem, der sie kennt! Er soll sie noch besser kennenlernen, wenn er den schaut, der ihr Grund ist – Christus.

Jesu, wie soll ich dir danken? Ich bekenne, daß von dir meine Seligkeit herrühr; so laß mich von dir nicht wanken; nimm mich dir zu eigen hin, so empfindet Herz und Sinn Freude, Freude über Freude: Christus wehret allem Leide! Amen.

Gott aber kann machen, daß alle Gnade unter euch reichlich sei, damit ihr in allen Dingen allewege volle Genüge habt und noch reich seid zu jedem guten Werk. 2. Korinther 9, 8

Alle Liebesgaben Gottes erfüllen ihre Bestimmung erst dann, wenn sie nicht behalten, sondern weitergegeben werden. Wo das geschieht, fließen sie immer wieder nach. Wo es nicht geschieht, kommt nichts mehr nach. Das ist die eigentümliche Lebensordnung des Himmelreichs. Sie ist eine Folge des Glaubens. Der Glaube wird am guten Werk sichtbar.

In der ersten Zeit der Christenheit hat die Lebensart der Gemeinden großes Aufsehen erregt. Die Außenstehenden sahen, wie sich alle gegenseitig halfen. Sie staunten: Die haben sich ja untereinander lieb! Und das in einer so egoistischen Welt. Kein Wunder, wenn das die Menschen anzog. Da war kein besonderes Zureden nötig. Was für eine Werbekraft. Wenn wir die hätten!

Wir können sie haben; aber das hängt nun von jedem einzelnen ab. Wir müssen wieder geben lernen. Geben ist danken. Wir haben Gott so viel zu danken. Es ist eine feine Übung, sich eine Dankopferbüchse hinzustellen und jedesmal etwas hineinzutun, wenn es etwas zum Danken gibt. Wir werden dabei immer mehr ins Danken und ebenso ins Geben kommen und dabei ein wenig Gott ähnlicher werden, der ohne Aufhören gibt.

Gott, unser Vater, niemals können wir dir genug danken für deine irdischen und geistlichen Gaben. Hilf uns lieben lernen, wie du liebst, und geben, wie du gibst, damit wir als deine Kinder erkannt werden und andere durch uns ins Danken kommen. Amen.

Einer ist euer Meister; ihr aber seid alle Brüder.

Matthäus 23, 8

»Rabbi«, das heißt Meister, ist Jesus allein; »Vater« ist nur der Vater im Himmel, und rechter Lehrer ist Christus allein. Jedes Gemeindeglied darf direkte Verbindung mit dem Meister, mit dem Vater und mit dem Lehrer haben. Dadurch sind sie lebensmäßig miteinander verbunden und Brüder und Schwestern. Eine wundervolle Darstellung der Gemeinde: Christus allein ist die Mitte. Jeder einzelne hat seine direkte Verbindung mit ihm. Jeder ist mit jedem anderen über Christus verbunden. Der direkte und zuverlässigste Weg läuft über Christus. Unmenschlichkeiten, die so leicht auch unter Jüngern entstehen, kommen gar nicht zustande, wenn der Weg über Christus gegangen wird.
Der Dienst, den einer dem anderen leisten kann und soll, besteht darin, auf Christus hinzuweisen als den Größten, den Rabbi, und den Kleinsten zugleich, den Diener. Dann wird keiner in Gefahr kommen, durch sein Dienen unter den Brüdern groß werden zu wollen. Wie oft werden Menschen um ihres Dienstes willen geehrt! Das bringt den so gerühmten Diener Christi in Gefahr, seine Niedrigkeit vor Gott zu vergessen. Diese Gefahr, auf die Jesus hinweist, kann den Tod seiner Gemeinde bedeuten. Christus hat uns seinen Namen zum Zeichen dafür gegeben, daß wir seines Geistes sein sollen.

Du das Haupt, wir deine Glieder – du das Licht und wir der Schein – du der Meister, wir die Brüder. Du bist unser – wir sind dein! Amen.

Etliches fiel auf ein gutes Land und trug Frucht.

Matthäus 13, 8

Das Gleichnis vom viererlei Acker klingt fast so, als wollte Jesus sich selbst damit trösten. Seine Säearbeit war ähnlich der des Landmanns auf dem Felde. Die Landbestellung zur Zeit Jesu ging anders vor sich als bei uns. Da wurde der Same ohne weitere Vorbereitung des Bodens auf das ungepflügte und mit Unkraut bewachsene Feld gesät und dann alles zusammen umgepflügt. Das war *ein* Arbeitsvorgang. Man rechnete damit, daß sich die gute Saat zwischen all dem Unkraut schon durchsetzen und wachsen würde. Wie wir aus Jesu Gleichnis sehen, war das oft anders: Die Dornen wuchsen schneller; eilige Leute traten einen Abkürzungsweg durch das Feld, oder eine nur dünne Erdschicht über steinigem Boden ließ kein Wachstum der Wurzeln zu. Aber für Jesus war solche Erfahrung kein Hindernis. Er setzte seine Säearbeit bis zum letzten Atemzug fort.
Wir Heutigen sehen jedenfalls, daß in den Jahrhunderten aus jenen »etlichen« viele Millionen geworden sind. Sie alle sind die Frucht der Saat Jesu. Wir selber auch. Es ist gewiß nicht unser Verdienst. Nun haben wir die Aufgabe, zu säen, unentwegt und unverdrossen, ob wir Frucht sehen oder nicht. Jedes Herz ist wie ein ganzes Feld. Wir haben zu säen, in der Hoffnung und Erwartung, daß Gott Frucht gibt.

Vater, alles Gute in uns ist Frucht aus deinem Wort. Du hast es gegeben und wachsen lassen. Was sonst noch in uns ist, das ist von uns, böse Frucht. Verwirf uns nicht. Laß so viel gute Frucht wachsen, daß die böse ersticken muß. Erbarm dich, Herr. Amen.

Es sind mancherlei Gaben; aber es ist ein Geist.

1. Korinther 12, 4

Auf den Geist, der die Herzen erfüllt, kommt es an. Er wird sich im Zusammenleben der Menschen auswirken. Jede Gabe, die der einzelne mitbekommen hat, soll angewendet und eingesetzt werden. Den Worten des Paulus spürt man seine Erfahrung ab: »Es sind mancherlei Gaben, aber es ist ein Geist.« Daß der sich auswirkt und die Glaubensfreudigkeit aller darin zum Ausdruck kommt, das ist wichtig. Dann ist jedes Haus eine Kirche, jeder Hausvater darin der Priester und alle Bewohner wissen: Die verschiedenen Gaben haben sie vom Geist Gottes. Er gibt sie, er setzt die Menschen in Bewegung, und er baut aus ihnen seine Gemeinde. Alle sind dabei beteiligt. Dieser Geist holt die Menschen nicht nur unter Gottes Wort und rüstet sie aus, er stellt sie auch in den Dienst des Alltags.
Wo eine Gemeinde wirklich so lebt, daß der Geist sich auswirken kann, da ist Bewegung und Wirkung durch den Geist. Jeder ist darauf aus, daß der andere davon Gewinn hat. Da steht keiner allein, da steht jeder mit jedem zusammen an den Aufgaben in der Gemeinde. Eine vom Geist erfüllte Gemeinde ist immer ein lebendiger, für Christus tätiger Kreis von Menschen, in dem keiner seine eigene Ehre sucht. Dort ist Kirche – gebaut aus »mancherlei Gaben« unter dem »einen Geist«.

Herr, wir bitten dich um den Heiligen Geist, daß er uns erleuchte, im rechten Glauben erhalte und zu einer Gemeinde versammle. Vereinige die Deinen aus allen Völkern, daß sie eine heilige Kirche werden in deinem Geist. Amen.

Wer leben will und gute Tage sehen, der hüte seine Zunge, daß sie nichts Böses rede. 1. Petrus 3, 10

Welch großes Geschenk hat Gott dem Menschen mit der Sprache gegeben. Sie ist die Brücke von Mensch zu Mensch und zwischen Herz und Herz. Sie hält, solange die Worte wahr sind und der Mensch sagt, was er meint. Viele Brücken tragen nicht mehr, weil die Worte zweideutig verhüllen, was gemeint ist. Dann weiß kein Mensch, woran er mit dem andern ist. Die gute Gabe Gottes ist in ihr Gegenteil verkehrt, aus dem wahren Wort wird Lüge. Jedes Wort, das ein Mensch spricht, muß so wahr sein wie das Wort, das Gott spricht.
Achten wir also auf unsere Worte! Messen wir sie an dem Wort, das Gott sagt. Lassen wir sie freundlich und barmherzig sein, wahr und sauber. Wir haben alle die Sauberkeit lieber als den Schmutz, warum nicht auch die sauberen Worte mehr als die schmutzigen? Wie muß es wohl auf dem Grunde eines Herzens aussehen, wenn schmutzige Worte aus dem Munde kommen! Lassen wir unser Herz reinigen von Christus, der das will und dazu die Macht hat, dann helfen wir, daß Brücken geschlagen werden von Mensch zu Mensch. Welche Kraft hat ein gutes Wort! Wie kann es stärken, trösten, aufrichten und neuen Mut zum Leben machen, wenn Gottes Geist darin weht.

Hilf, daß ich rede stets, womit ich kann bestehen; laß kein unnützlich Wort aus meinem Munde gehen, und wenn in meinem Amt ich reden soll und muß, so gib den Worten Kraft und Nachdruck ohn Verdruß. Amen.

So sehet nun darauf, wie ihr zuhöret. Lukas 8, 18

Gott spricht. Er spricht direkt. Er hat sein Wort Menschen in den Mund gelegt, damit sie es in ihrer Sprache weitersagen. So leicht hat Gott es den Menschen gemacht; denn er möchte gern von allen gehört werden. Er will, daß allen geholfen werde. Keiner soll sagen: Gottes Wort sei nicht zu hören gewesen.
Eine Voraussetzung ist allerdings nötig: Der Mensch muß hinhören. Gottes Stimme meint jeden. Sie könnte von jedem gehört werden. Gott weiß sich schon verständlich zu machen. Der das Ohr gemacht hat, der weiß es auch so einzurichten, daß das Ohr hört. Nur – wir bekommen es ja fertig, zu hören und das Gehörte am Ohr einfach abprallen zu lassen, wenn es uns nicht paßt. Gottes Wort kommt dann durch unsere Schuld nicht bei uns an. Das liegt nicht an Gott, sondern an uns.
Es ist ein weiter Weg vom Ohr bis zum Herzen. Vieles kommt noch bis ans Ohr, aber es hat keine Wirkung auf das Herz. Erst im Herzen fängt das richtige Hören an. Da wird aus dem Hören das Gehorchen. Wer richtig hört, der gehorcht. Und wer gehorcht, der spürt, daß er Gottes Stimme gehört hat. Die führt ihn immer auf den rechten Weg. Denn Gott will uns auf den rechten Weg bringen und uns dann auf diesem Wege helfen. Wohl dem, der für die Stimme Gottes ein Gehör hat.

Vater, du sprichst die Sprache, die wir sprechen. Wir hören deine Stimme und überhören sie so oft. Es ist ein Elend, daß wir so harte Ohren haben. Öffne uns Ohren und Herz, damit wir gehorchen lernen und erfahren, wie selig das macht. Amen.

Du bist über wenigem getreu gewesen, ich will dich über viel setzen. Matthäus 25,21

Ein Christ steht unter dem Herrn Christus, nicht wir sind die Herren, sondern er. Keiner kann sagen: mein Haus, mein Geld, meine Zeit, meine Kraft und was ich sonst noch mein nenne. Es ist anders. Es ist sein Haus, sein Geld, seine Zeit, seine Kraft; alles, was ich bin und habe, ist sein. Dem Herrn Christus gehört alles.
Was wir haben und sind, ist also anvertrautes Gut. Wir sind nur seine Verwalter, »Knechte« sagt Jesus. Er darf mit Recht erwarten, daß wir das anvertraute Gut in seinem Sinne und für ihn nützen. Daß wir diese Erwartung doch nicht enttäuschen! Wir gehen mit dem anvertrauten Gut um, als wäre es unser eigenes. Wir denken gar nicht daran, es im Interesse des Herrn zu verwenden. Wir wirtschaften in die eigene Tasche. Für die Sache des Herrn ist immer zu wenig übrig.
Was sind wir für Verwalter! Fromme? Fromm kommt von dem altdeutschen Wort »fro«, das heißt »Herr«. Fromm bedeutet: wie der Herr. Verwalten wir, wie der Herr selber verwalten würde? Sind wir treu? Enttäuschen wir ihn nicht immer wieder? Lassen wir uns doch nicht dadurch beirren, daß der Herr noch keine Rechenschaft von uns fordert. Er wird kommen. Er wird danach fragen, was wir mit dem anvertrauten Gut gemacht haben. Wird er zu jedem von uns sagen können: »Ei, du frommer und getreuer Knecht, du bist über wenigem getreu gewesen, ich will dich über viel setzen!«?

Hilf uns die hohe Ehre bedenken, Herr Jesus, deine Knechte zu sein. Vergib uns unsere Untreue und unseren Eigennutz und hilf uns, daß wir vor dir bestehen können. Amen.

Einer aber unter ihnen, da er sah, daß er gesund geworden war, kehrte er um und fiel auf sein Angesicht zu Jesu Füßen und dankte ihm. Lukas 17, 15.16

Die zehn Aussätzigen haben Jesu Weisung: »Gehet hin, zeiget euch den Priestern!« befolgt und erlebten, daß sie nicht umsonst geglaubt hatten. Sie wurden gesund. Auch wenn heute einer von scheinbar unheilbarer Krankheit geheilt wird, geschieht es immer aus Gottes Macht, ob er das glaubt oder nicht. Wer aber glaubt, verhält sich anders als andere. Wer glaubt, der dankt – wie der eine von den zehn. Bei ihm war es wirklich so, wie Jesus sagt: »Dein Glaube hat dir geholfen.« Ihm war mehr geschenkt als seine Gesundheit, er hatte eine lebendige Beziehung zu Jesus gefunden, auf die alles ankommt, damals wie heute. Sage nur keiner: Ich sehe Jesus nicht, ich kann nicht mit ihm reden, ich kann nicht schildern, wie mir ist und wie ich leide! Welch ein Irrtum. Ist Jesus nicht der Lebendige? Was für die zehn Aussätzigen eine einmalige Gelegenheit war, ist heute eine jederzeit mögliche. Jesus hört noch heute und hilft – auf seine Weise. Du sollst wie der Samariter die lebendige Verbindung mit Jesus finden und ins Danken kommen. Dem ist wirklich geholfen, der dankt, auch wenn er nicht gesund wird. Er erfährt nämlich, daß er Kraft zum Tragen bekommt. Gott will, daß wir ins Danken kommen.

Vater, du hast uns durch deinen Sohn wissen lassen, daß dir nichts unmöglich ist und daß du auf unseren Glauben wartest. Schenke ihn uns, damit wir persönlich erfahren, daß du uns hilfst. Laß uns das Danken lernen und darin nie müde werden. Amen.

»Wer nicht mit mir ist, der ist wider mich.«

Matthäus 12, 30

Was die Mitte für einen Kreis ist, das will Jesus für die Menschheit aller Zeiten sein: das Zentrum. Der Vater hat es so bestimmt. Jeder soll wissen, daß der Vater seine Beziehung zum Menschen aufrechterhalten will und daß Jesus gekommen ist, diese Beziehung wiederherzustellen, wenn der Mensch sie von sich aus gelöst hat. Der Mensch hat die Freiheit, sie zu lösen. Gott zwingt niemand. Sein Sohn auch nicht.
Aber Jesus wirbt um Menschen. Er bittet, lädt ein, warnt, ermahnt, lockt, und in dem allem steckt sein heißes Werben um jeden einzelnen. »Wer«, so fangen viele Worte Jesu an, und hinter jedem Wort steht seine gespannte Erwartung: Wer kommt? Das Kommen entscheidet. Es ist Entscheidung für Jesus. Jesus macht dies Kommen nicht von einer Begabung, einem Examen, einer Ausbildung, einer ordentlichen Vergangenheit oder was immer abhängig. Alle diese Dinge spielen für ihn keine Rolle. Für Jesus ist nur wichtig, daß der Mensch kommt.
Wer kommt, der ist für ihn. Daraus ergibt sich: Wer nicht kommt, ist wider ihn. Leider nennen viele sich Christen, die im Grunde wider ihn sind. Jesus läßt sie nicht fallen. Er wirbt weiter. Er hat Zeit. Viele, auf die er jetzt noch wartet, werden einmal kommen und »mit ihm« sein. Auch sein Verfolger Saulus war eines Tages »mit Jesus«. Wir dürfen also hoffen!

Herr, du holst uns aus aller Gleichgültigkeit heraus. Du wirbst um uns und stellst uns in eine Entscheidung. Wir danken dir, daß du uns nicht losläßt, sondern hilfst, unser wahres Leben bei dir zu finden. Amen.

So gehe hin und tue desgleichen! Lukas 10, 37

Wo Jesus hinkommt, erweist er Barmherzigkeit, und dadurch wird auch bei andern das Feuer der Barmherzigkeit angezündet. Darum ist sie das Kennzeichen seiner Jünger und der Seinen. An ihrer Barmherzigkeit soll man sie erkennen, hat ihr Meister ihnen gesagt.
Der Christ ist immer der Nächste zum Helfen, weil er sich an die Stelle des anderen versetzen kann. Er kann von sich selbst los. Christus hat ihn von sich selbst erlöst. Nun ist er für andere frei. Weil er selbst Jesu Hilfe alle Tage erfährt, gibt er sie aus Dank und Liebe weiter. Barmherzigkeit aus Barmherzigkeit, ohne Aufhören, weil die Barmherzigkeit Jesu auch nie aufhört.
Mit dieser Hilfe geschieht der Welt ein lebenswichtiger Dienst; denn die Welt wartet auf Barmherzigkeit. Sie hat vielleicht noch niemals so gewartet wie heute. Was jetzt ist – Haß, Lüge und Mord –, ist im Grunde ein einziger Schrei nach Barmherzigkeit. Wo anders kann sie herkommen als von denen, die von der Barmherzigkeit Christi leben. Hier ist jeder einzelne gefordert, auf jeden einzelnen kommt es an! An jedem Tage wird er zu beweisen haben, ob er den Christennamen mit Recht trägt.

Du Vater der Barmherzigkeit. Du hast uns an Jesus Christus vor Augen gestellt, daß du barmherzig bist und deine Barmherzigkeit jeden Morgen neu ist. Wir danken dir dafür, denn sie ist unser Leben. Hilf uns, in dieser mitleidlosen Welt Zeugen deiner Barmherzigkeit zu werden, damit die Welt erkenne, daß du aus unbarmherzigen Herzen barmherzige machen kannst. Amen.

Johannes aber wich von ihnen und zog wieder nach Jerusalem. Apostelgeschichte 13,13

»Da habe ich die Lust verloren und die Arbeit hingeschmissen!« Das waren die Worte eines Lehrlings, der erklären sollte, warum er seine Lehrstelle verlassen hatte. Er war in jeder Weise für seinen Beruf geeignet. Er hatte gut gelernt und bereits Tüchtiges geleistet. Man hätte von ihm noch viel erwarten können. Nun war es mit dieser Hoffnung vorbei. Er hatte die Lust verloren und war daher für seinen Beruf unbrauchbar geworden. Wie oft kommt das vor, und wie schmerzlich ist das gerade dann, wenn tüchtige Lern- und Arbeitskräfte dringend benötigt werden. Was hilft da alle körperliche und geistige Eignung, wenn im entscheidenden Augenblick die Willigkeit zur Arbeit fehlt.
Genau das gleiche kommt leider auch im Dienst für die Sache Jesu immer wieder vor. Johannes Markus, der Paulus auf seiner ersten Missionsreise begleitete, ist ein Beispiel dafür. Er machte einen guten Anfang, aber als ihm sein Dienst nicht mehr paßte, gab er ihn auf. Wir wissen, im Dienst für Jesus ist nie Überfluß an Arbeitskräften. So war es von Anfang an. Es sind ja immer Freiwillige – andere kann der Herr nicht gebrauchen. Sie müssen nur auf ihre Eignung geprüft werden. Jesus hat verschiedene Möglichkeiten in seinem Dienst und kann auch die kleinste Gabe verwenden. Auf den Arbeitsfeldern der Diakonie kann man das mit Staunen sehen. Alle, die Lust und Liebe und Willigkeit haben, die kann der Herr gebrauchen!

Herr Jesus, du hast dich nach dem Willen deines Vaters ganz an deinen Weg gehalten und bist nicht von ihm abgewichen, wie wir immer wieder von dir. Schenke uns an jedem Tage neu die Willigkeit und Barmherzigkeit in deinem Dienst. Amen.

Wem ich gnädig bin, dem bin ich gnädig, und wessen ich mich erbarme, dessen erbarme ich mich.

2. Mose 33, 19

Am liebsten wäre es dem Menschen, Gott erkundigte sich bei ihm, was er tun soll. Nie macht er es dem Menschen recht. Was für Klagen muß Gott mit anhören! Immer möchte der Mensch Gott meistern. Wie kommt er dazu? Ist Gott nicht der Herr? Kann er nicht tun, was er will? Ohne Rücksicht darauf, ob es uns paßt?
Es muß schon so stehenbleiben als Gottes Wort: »Wem ich gnädig bin, dem bin ich gnädig; und wessen ich mich erbarme, dessen erbarme ich mich.« Darin steckt zunächst einmal die befreiende Botschaft: Gott ist gnädig. Er beugt sich herunter zu jedem, der in der Tiefe der Angst und Sünde lebt, um ihn herauszuholen. Aber das andere steckt auch darin: Gott verwirft auch! Kann Gott denn anders, wenn ein Mensch sich nicht von ihm rufen läßt und meint, er brauche Gottes Erbarmen nicht? Lieb ist es ihm nicht, dem Gott des Erbarmens, aber was soll er tun, wenn sein Erbarmen zurückgewiesen wird?
Ist das zu hart? Ist das ungerecht von Gott? Kann er mehr tun als seine Gnade anbieten? Laßt uns sie annehmen, sonst sind wir verloren. Ihm auftun, darauf kommt's an. Unser Wollen hilft nicht, unser Laufen hilft uns nicht. Aber Gottes Erbarmen hilft uns. In Christus ist es da.

Herr, hilf uns doch erkennen, daß es nur den Weg zu dir gibt, den du selbst gegeben hast, Jesus. Du weißt, wie gern wir einen eigenen Weg suchen und mit welchem Eigenwillen wir den gehen. Wir sind so stolz; wir möchten nicht auf dein Erbarmen angewiesen sein. Rette uns vor uns selber. Erbarme dich unser um Christi willen. Amen.

»Daran wird jedermann erkennen, daß ihr meine Jünger seid, so ihr Liebe untereinander habt.«

Johannes 13, 35

Der Heiland zieht uns mit seinem Liebhaben zu sich, und wer durch Wiederlieben antwortet, der steht auf Gottes Seite. Dann liebt er die Welt mit der Liebe Gottes, vor allem die Verachteten, die Ausgestoßenen, die Gemiedenen, die an der Welt Leidenden, um sie aus der Welt herauszulieben, damit sie in den Bereich der Liebe Gottes kommen. Als Geliebte Jesu leben und handeln alle Glieder einer lebendigen Gemeinde nach seiner Art. Die Gemeinde Christi ist ja sein Leib. Ihre Füße laufen den am Leben Zerbrechenden nach, und ihre Hände packen das Elend an – überall, wo ihr Haupt, der Heiland, sie hinschickt. Er ist der Lehrer im Liebhaben. Bei ihm lernt und übt die Gemeinde das Liebhaben praktisch.
Solche Liebe sucht den Bruder. Das ist zunächst jeder andere in der Gemeinde, aber darüber hinaus jedermann. Jesus will die Seinen zum Liebhabenlernen reizen, wenn er darauf hinweist, daß er selber in der Gestalt der Hungrigen, Durstigen, Nackten, Kranken und Gefangenen über die Erde geht. Damit will er sagen: Sieh nur genau hin, ich bin's! Nun kannst du dem Bruder die Liebe vergelten, die ich dir erwiesen habe.

Herr Jesus, du hast uns das Liebhaben vorgelebt und uns zur Bruderschaft gemacht, als du selbst unser Bruder wurdest. Du schaffst uns immer neue Gelegenheit, das Liebhaben und Brudersein in der Welt zu üben und uns darin zu bewähren. Laß es uns doch gelingen, Herr Jesus! Amen.

Sehet euch um nach Männern, die voll heiligen Geistes und Weisheit sind. Apostelgeschichte 6, 3

Die Zwölf, die das Evangelium verkündigten, versorgten auch die Armen der Gemeinde. Nun geschah es, daß griechisch sprechende jüdische Witwen aus irgendeinem Grunde übersehen worden waren. Diesem Notstand helfen die Zwölf dadurch ab, daß sie die Gemeinde zusammenrufen und sieben anderen Männern den praktischen Dienst der Austeilung der Lebensmittel übertragen. Diese sollten bei der Gemeinde in gutem Ruf stehen und voll Heiligen Geistes und Weisheit sein. Diese Männer hat die Gemeinde als Diakone bezeichnet.
Johann Hinrich Wichern hat vor mehr als hundert Jahren, als er in der Kirche zur Inneren Mission aufrief, den Dienst der Diakonie für die ganze Kirche wieder herausgestellt. Nur durch das Wort für den Herrn Christus gewonnene und vom Heiligen Geist geleitete Menschen können solchen diakonischen Dienst tun. Die Apostel haben die sieben Männer vor der Gemeinde eingesegnet und über ihnen gebetet. Die Liebesarbeit der Gemeinde war geistlich geregelt, und die Apostel waren frei für ihren Dienst der Verkündigung. Beide Dienste hatten das Ziel, das Wort vom Kreuz zu verkündigen und die Menschen in die Gemeinde hineinzuziehen. Wo sind heute junge Menschen, Männer und Frauen, die sich so in den Dienst stellen lassen wie jene sieben in der Urgemeinde Jesu?

Herr, wir danken dir für die vielen Möglichkeiten, Menschen anzusprechen und ihnen zu helfen. Verbinde alle, die im Dienst der Diakonie stehen, zu einer tragenden Gemeinschaft. Laß uns erkennen, daß du jedem einen besonderen Dienst der Liebe anvertrauen willst. Amen.

Siehe, ein rechter Israelit, in welchem kein Falsch ist. Johannes 1,47

August Hermann Francke hat eine feine Anweisung zum Bibellesen geschrieben. Sie ist noch nicht überholt, obwohl sie schon über 200 Jahre alt ist. In dieser Anweisung schreibt er, in erster Linie müsse der, der seine Bibel recht lesen wolle, ein einfältiges Herz mitbringen. Zu Franckes Zeit bedeutete »einfältig« ein Lob. »Einfältig« ist das, was nur »einmal zusammengefaltet« ist. Wenn man es dann auseinanderfaltet, ist alles offen und sofort übersehbar. Es kommt also zunächst gar nicht darauf an, ob es dem Bibelleser noch an Erkenntnis mangelt, ob er Vorurteile hat, Zweifel oder Bedenken. Wichtig ist nur, ob er aufrichtig gewillt ist, das eigene Herz an dem Wort der Schrift zu prüfen und sich durch das Wort etwas sagen zu lassen. Wo das geschieht, tut das Wort Gottes an dem Herzen seinen Dienst.
Was Francke schreibt, hat er Jesus abgelauscht. Als Nathanael Jesus begegnet, sieht Jesus nicht auf seine mangelnde Erkenntnis und die fragenden Zweifel. Er sieht nur, hier ist ein aufrichtiger Mann. Hier ist ein ehrliches Suchen. Gott fragt auch uns vor allem andern nach unserer Aufrichtigkeit, nach der Wahrhaftigkeit gegen uns selber und gegen ihn. Er läßt es den Aufrichtigen gelingen.

Du bist die Wahrheit, Herr Christ. Du fragst uns nach unserer eigenen Wahrhaftigkeit. Siehe an, wie gern wir uns selber belügen über unseren inneren Zustand. Verwirf uns nicht, hilf uns von uns selber los und in deine Wahrheit! Sende uns vom Vater den heiligen Geist, daß er uns in alle Wahrheit leite, und schenke uns die Kraft, in der Wahrheit zu bleiben. Amen.

Darum sollt ihr nicht sorgen! Matthäus 6, 31

Sorgen ist in Gottes Augen töricht, sogar gefährlich! Darum hat es der Heiland verboten: »Ihr sollt nicht sorgen!« Kann er deutlicher reden?
Er kennt unsere Einwendungen und alle unsere »Aber«. Er weiß, daß unsere Sorgen nicht grundlos, sondern sehr ernsthafte Anliegen sind. Gerade deswegen aber – und das ist nun unseres Herrn »Aber« – läßt er uns wissen, daß wir unsere Sorgen vertrauensvoll in die barmherzigen Hände unseres himmlischen Vaters legen sollen. Wer die ganze Welt versorgt wie er, der nimmt uns auch alle Sorgen ab, die wir ihm bringen. Wer bewiesen hat, daß wir ihm so viel wert sind wie sein eigener Sohn, der wird auch unsere Sorge noch tragen. Hat er das Größte für uns getan, so wird er uns diesen Dienst erst recht tun. Laden wir sie getrost bei ihm ab.
Willst du nicht? Sonst sind wir doch froh, wenn wir einen schweren Koffer endlich abstellen können. Wie dankbar sind wir dem, der ihn uns trägt. Wie leicht geht es sich dann. Das will der Herr: uns das Leben leicht machen, indem er uns die Sorgen abnimmt. Darum trägt er unsere Last. Auch die heimliche und verborgene. Ja, gerade diese Last. Dafür ist er Spezialist. Für die hat er seine Wundermedizin: die Vergebung, die unsere Sorgen in Freude verwandelt. Sorge dich nur, wie du zu ihm hinkommst; denn bei ihm hat alles Sorgen ein Ende.

Laß dir danken, Herr Jesus, daß du uns das Sorgen verwehrst, und laß uns erfahren, daß auf dem Wege mit dir alles Sorgen zum Loben wird. Amen.

»Was ihr getan habt einem unter diesen meinen geringsten Brüdern, das habt ihr mir getan.«

Matthäus 25, 40

Im Grunde wartet die Welt nur darauf, daß sie Liebe erfährt. Sie hungert nach Liebe, und dieser Hunger ist noch größer als ihr Hunger nach Brot. Weil der Heiland das wußte, darum hat er die Welt geliebt, mit der Tat und mit der Wahrheit. Er ist der Welt den Beweis seiner Liebe nicht schuldig geblieben. Überall, wo ein Kreuz steht, verkündigt es: Seht, welch eine Liebe! Zu dir! Glaubst du das? Solcher Glaube ist ein tätig' Ding. Er tut Werke der Liebe gerade an denen, die der Liebe bedürfen und die Christus seine Brüder nennt. Sie brauchen seine Liebe genauso wie du. Und nun fragt er: Was hast du »meinen geringsten Brüdern« getan? Sieh, wie sie warten: Flüchtlinge, Heimatlose, Hungernde, Einsame, verwahrloste und gefährdete Jugendliche, Alte und Kranke, Verbitterte, Sorgenvolle, Hoffnungslose und Gefangene. Sie warten auf ein freundliches Wort, einen aufmunternden Blick, auf ein Zeichen deiner Liebe. Überall gibt es Gelegenheit, zu beweisen, daß Christus seine Gefolgschaft in den Dienst der Liebe gestellt hat, daß unsere Liebe echt ist.
Noch einmal: Die Welt hungert nach Liebe. Wer anders sollte diesen Hunger stillen können als wir, die wir uns von Christus im Übermaß geliebt wissen. Wir dürfen ihr die Liebe nicht schuldig bleiben.

Du weißt, Herr Christ, wie gern wir uns von dir liebhaben und dienen lassen. Das tut uns wohl. Erinnere uns, daß viele auf solche Wohltat vergeblich warten. Gib uns Herzen, die in Liebe brennen, und tätige Hände, die gern um deinetwillen andern tun, was du uns tust. Amen.

Nun weiß ich, daß du Gott fürchtest und hast deines einzigen Sohnes nicht verschont um meinetwillen.

1. Mose 22, 12

»Hier bin ich«, damit stellt sich Abraham widerspruchslos dem Anspruch Gottes. Er ist bereit, seinen einzigen Sohn zu opfern. Nach drei Tagen der Wanderung, als der Vater den Sohn gebunden hat und die Hand ausstreckt, wird er wieder angesprochen. Wieder antwortet er: »Hier bin ich«, um nun zu erfahren, daß der Anspruch Gottes auf den Sohn zwar bestehen bleibt, daß aber das Opfer nicht vollzogen werden muß, weil an des Sohnes Stelle ein Opferlamm da ist. Abraham hat die Glaubensprobe bestanden. So handelt Gott immer. Ob die Probe drei Tage dauert wie bei Abraham, oder Monate oder Jahre, ist unwesentlich. Gott will durch seinen Anspruch uns zur Bewährung im Glauben verhelfen, und – wenn man von Gott so menschlich reden darf – Gott freut sich der Bewährung.
Bis in den Wortlaut hinein: »und hast deines einzigen Sohnes nicht verschont um meinetwillen« erinnert dieser Bericht an den Bericht des Paulus, daß Gott seines eigenen Sohnes nicht verschont hat um unsertwillen. Das Opfer, das Gott dem Abraham erspart, bringt er selber, um in uns den Glauben zu wecken und zu stärken, daß er uns genau wie Abraham zu Trägern seiner Verheißungen machen möchte, zum Volke Gottes, das ein Segen für alle Welt sein soll. Immer wartet er auf unser: »Hier bin ich.«

Hab Dank, Vater, daß du uns zum Glauben rufst und uns darin ausbildest, immer mehr Vertrauen zu dir zu gewinnen. Schenke uns den Willen, uns gehorsam von dir führen zu lassen, damit wir schon in dieser Welt zu deinem Volk gehören, das deinen Namen verherrlicht. Amen.

Gedenket an eure Lehrer, die euch das Wort Gottes gesagt haben. Hebräer 13, 7

Manche Menschen können genau angeben, welches Wort sie zu Jesus geführt und wer es ihnen gesagt hat. Einer dem anderen eine Hilfe! Jeder hat zwar Fehler, vollkommen ist keiner – nur einer: Christus, das lebendige Wort. Wir werden nicht aufgerufen, dem Wandel unserer Lehrer zu folgen, sondern ihrem Glauben. Unser Wandel erlöst uns nicht, der bleibt unvollkommen, allein der Glaube an Christus bringt durch.
Für jedes Glied einer Gemeinde, also für jeden Getauften ist es unerläßlich, daß er mit seinem Wort und Werk bezeugt: Ich gehöre zu Christus und lasse mich in all meinen Lebensbereichen von ihm leiten. Diese persönliche Verbindung ist das Wesentliche. Der Dienst des Herrn Christus an jedem, der sich zu ihm hält, ist die größte Ehre, die ein Mensch gewinnen kann. Er erhält durch ihn Leben und Seligkeit. Das ist das Ziel, das Christus mit dem Menschen hat. Was Christus uns sagt und an uns tut, veraltet nicht, es gilt noch heute. Und uns gehört nur das Heute; das Gestern ist vergangen, und die Zukunft ist noch nicht da.
Sollten wir bisher nicht zu Christus gehört haben, so ist heute der Tag, an dem er uns neu dazu auffordert. Dann wäre das Heute der Tag in unserem Leben, an dem unsere Beziehung zu Christus anfängt. Das wäre ein seliges Heute!

Gib, Herr, all denen, die dich suchen, daß sie dich finden, und denen, die dich finden, daß sie dich wieder von neuem suchen – bis all unser Suchen zum Finden und unser Finden zu deinem ewigen Lobe geworden ist. Amen.

Die Güte des Herrn ist's, daß wir nicht gar aus sind; seine Barmherzigkeit hat noch kein Ende, sondern sie ist alle Morgen neu. Klagelieder 3,22.23

Gott will unser Lob nicht um seinetwillen. Er will es um unsertwillen. Es ist für den Menschen lebenswichtig, daß er Gott lobt. Darum tut er von sich aus alles, um uns ins Loben zu bringen.

Alles Lob Gottes fängt damit an, daß er uns die Augen auftut über uns selber und sein Tun in unserm Leben. Unser Leben taugt nicht vor ihm; und das ist das Wunder: Gott hat uns dennoch lieb. Das ist die größte Entdeckung, die ein Mensch machen kann. Ist sie aber einmal gemacht, dann haben die Wunder Gottes kein Ende: daß er uns so lange erhalten hat, daß er für uns da ist, daß er Großes mit uns vorhat, daß er sich um die kleinsten Dinge unseres Lebens müht – Wunder über Wunder.

Wird es trotzdem dunkler in und um uns, dann wollen wir uns daran erinnern, wie Gott einmal unser Leben gedeutet hat und uns aus dem Murren ins Loben brachte. Wir wollen daran denken, daß Gott noch derselbe ist, und ihn loben für seine Treue. Sie hat wirklich kein Ende. Wie könnte Gott die fallen lassen, für die er seinen Sohn dahingab zur Erlösung aus Sünde und Schuld. Er wird sie erretten, und sie werden ihn loben.

Vater, du vergiltst uns nicht nach unserer Missetat. Deine Güte gab uns den Sohn, der uns von Tod und Hölle errettet hat. Laß dir unser Lob gefallen und uns nicht damit aufhören, so wie du nicht aufhörst, uns zuzubereiten für dein Reich. Amen.

Wohl denen, die in deinem Hause wohnen; die loben dich immerdar. Psalm 84, 5

»Ein Kirchgänger bin ich ja gerade nicht, aber man kann auch zu Hause beten.« Leute, die so sprechen, haben dabei ein schlechtes Gewissen. Sie wissen ganz genau, daß ein richtiger Christenmensch am Sonntag in den Gottesdienst gehört; aber sie sind nicht da. Sie möchten mit ihrer Redensart irgendwie zum Ausdruck bringen, daß sie Gottes Wort nicht gerade verachten. Aber so groß ist ihre Liebe zum Gotteswort nun auch wieder nicht, daß es sie in die Kirche zieht. Das ist schlimm für sie. Sie wissen nicht, daß im Gottesdienst nicht sie Gott dienen sollen, sondern daß er ihnen dienen will. Er will sie beschenken. Er will Gemeinde schaffen und die Kraft zu einem rechten Zusammenleben schenken. »Wohl denen« bedeutet »selig«! Also: Selig, die in deiner Gemeinde zu Hause sind und dich (darum) immerdar loben. Auf das Haus und den Raum kommt es nicht an, sondern darauf, daß aus Menschen unter dem Wort eine Gemeinde Jesu wird.
Die Anschauungen der Menschen sind zeitgebunden. Einmal heißt es: der einzelne ist alles; dann geht das gemeinsame Leben in die Brüche. Dann heißt es: die Gesamtheit ist alles; dann kommt der einzelne nicht zu seinem Recht. Das ewige Wort aber führt zugleich den einzelnen und auch die Gesamtheit in der Gemeinde zur Vollendung.

Du Schöpfer aller Dinge, du hast uns geschaffen und deinen Sohn in die Mitte der Menschheit gestellt, daß er deine Gemeinde um sich sammle. Jedem einzelnen zum Gewinn und zum Bau deines Reiches. Hilf jedem von uns durch dein Wort, ein lebendiges Glied in deiner Gemeinde zu werden, dir zu Lob, Dank und Preis, zur Anbetung und Verherrlichung deines Namens. Amen.

Lasset uns lieben, denn er hat uns zuerst geliebt!

1. Johannes 4, 19

Jesu Liebe ist staunenswert. Sie ist nicht nur tiefer und dauernder, sie ist auch von ganz anderer Art als die zwischen Mensch und Mensch. Jesu Liebe fragt nicht, was und wer der andere ist. Sie läßt sich nicht davon beeinflussen, ob sie erwidert wird oder nicht. Sie liebt einfach. Wie die Sonne scheint, die unterschiedslos ihre Strahlen überall hinschickt, so liebt Jesus. Und wer sich seiner Liebe öffnet, der spürt ihre Wirkung.
Das Kreuz auf Golgatha ist das unvergängliche Zeichen dafür. Die ausgebreiteten Arme Jesu zeigen der ganzen Welt, daß sein Herz und seine Arme offen sind für alle und daß er wartet, bis eines Tages auch die kommen, die jetzt noch nicht wollen, weil sie meinen, sie kennten Besseres als ihn.
Gott liebt den Menschen so, wie der Mensch ist. Darum geht Jesus auch zu den Sündern und Verachteten und wirbt um ihr Herz und ihre Liebe. Um nichts sonst. Die Liebe weiß: Wo sie einem Menschen das Herz abgewinnt, wo er anfängt, die Liebe zu erwidern, weil ja Liebe nur mit Liebe vergolten werden kann, da hat sie den Menschen. Jesu Liebe macht ihn erst richtig zum Menschen, weil er lieben lernt und aus Liebe zu Jesus sein verkehrtes Leben läßt und tun will und muß, was Jesus will. Selig, wer ihn liebhat. Er hat das Leben gewonnen.

Laß uns nicht erschrecken, Herr Jesus, über die Schuld und Bosheit anderer Menschen. Du bist über unsere Schuld und Bosheit auch nicht erschrocken. Du hast uns aus ihr herausgeliebt. Hilf uns, daß wir dir das täglich mit unserer Liebe vergelten. Amen.

Umsonst habt ihr's empfangen, umsonst gebt es auch!

Matthäus 10, 8

Könnte der Mensch Gottes Gnadengaben für Geld kaufen, dann wäre das eine Ungerechtigkeit gegenüber allen Leuten, die zu arm dazu sind. Gottlob ist es anders. Im Raum des Reiches Gottes hört die Macht des Geldes auf. Die Tür zu Gottes Reich steht allen offen. Der Eintritt ist frei. Jesus ist die Tür, er hat es selbst gesagt. Jesus hat alle Unterschiede an Geld und Macht, Ehre und Reichtum beiseite geschoben. Hier gilt nur der redliche Wille, durch diese Tür zu wollen. Die wahre Kirche Jesu Christi ist die von Gott beschenkte und gibt dieses Geschenk als Geschenk weiter. Jeder darf kommen und Gottes Wort empfangen. Daß Gott die Menschen liebt, ist sein größtes Geschenk – ein unglaubliches; denn welcher Mensch wollte meinen, er habe solche Liebe verdient?
Aber die Kirchensteuern, wir kennen den Vorwurf, passen die zu Jesu Wort? Wer unter Einsatz seiner ganzen Persönlichkeit predigt und unterrichtet, Seelsorge übt und sich der Nöte anderer annimmt, der steht unter Jesu Weisung: »Ein Arbeiter ist seines Lohnes wert.« Der Arbeiter wird bezahlt, denn auch er muß für sich und die Seinen den Lebensunterhalt haben; aber seine Verkündigung kostet nichts. Das, was er in Jesu Auftrag als »Botschafter an Christi Statt« weiterzusagen hat, ist unbezahlbar. Gottes Gnadengaben sind für Geld nicht zu haben.

Du bist reich, lieber Vater, und du gibst immer, frei und umsonst. Lebenslang gilt dir unser Dank. Schenke uns den Willen, daß auch wir immer gern das Beste geben, wie du es tust. Amen.

Willst du gesund werden? Johannes 5, 6

Nur nicht krank werden! Dieser Wunsch ist begreiflich. Trotzdem muß der Mensch sich der Krankheit stellen. Es ist nicht sicher, ob den Lebenskünstlern, die sonst allen Schwierigkeiten mit ihrer Weisheit begegnen: »Man muß versuchen, das Beste daraus zu machen«, das auch bei der Krankheit gelingt. Dazu ist nämlich mehr als Lebenskunst nötig. Dazu braucht der Mensch einen handfesten Glauben.

Die Frage Jesu: »Willst du gesund werden?« ist im Grunde eine Frage nach unserem Glauben. Ob wir glauben, daß Gott auch durch eine Krankheit in unser Leben hineinwirkt? Auch die Krankheit muß zum Heil des Menschen dienen. In seinem Leben bedeutet die Krankheit ein »Halt!« Wenn der Mensch liegen muß, sieht die Welt ganz anders für ihn aus. Schmerzen, schlaflose Nächte, das Hin und Her der Gedanken – vielleicht auch Selbstvorwürfe – zeigen dem Menschen seine Schwachheit und Ohnmacht. Das ist oft Gottes Stunde: »Willst du gesund werden?«

Es geht um viel mehr als um die Gesundheit des Leibes. Die Frage: »Willst du gesund werden?« heißt eigentlich: »Willst du nicht Gottes Geist haben und Gottes Kind werden?« Das ist Gottes Angebot! Der Mensch soll die einzige wirkliche Sicherheit suchen: Gott und seinen Sohn Jesus Christus. Gerade in der Zeit der Krankheit kann der Mensch sie finden. Und wer sie gefunden hat, der wird »von innen her« gesund. So kann eine Krankheit zum ewigen Gewinn werden.

Mach uns klar, Herr Jesus, daß du in der Stille der Krankheit zu uns reden willst. Laß uns dann aufmerken, was dein Wort uns sagt, damit wir an ihm gesund werden. Amen.

Sie haben alle von ihrem Überfluß eingelegt, diese aber hat ihre ganze Habe eingelegt. Markus 12,44

Eine unbekannte Frau ist durch Jesus der ganzen Christenheit bekannt geworden. Mit seinem Lob für diese Frau macht Jesus klar, daß seine Gemeinde um seinetwillen zur Linderung der Not in und außerhalb der Gemeinde alles zur Verfügung stellen soll, was sie hat, so wie er sich selber eingesetzt hat. Unter all den Tempelbesuchern und Gebern ist diese Frau ihm am engsten verwandt. Darum weist er seine Jünger ausdrücklich auf sie hin.
Der Christenheit, die der Welt die Liebe Christi zu bezeugen hat, ist es aufgegeben, dieser Welt mit ihrer Verkündigung zugleich den Tatbeweis ihrer Liebe zu erbringen, sonst ist sie nicht glaubwürdig. Die Tat der Liebe schlägt auch da noch durch, wo das Wort der Liebe zunächst nicht geglaubt wird. Und der Ruf zum praktischen Liebesdienst öffnet nicht nur Herzen und Hände, sondern gewinnt darüber hinaus auch Menschen, die zunächst gar nicht an persönlichen Einsatz dachten. So wird der Ruf zu einer Berufung der Christen.
Alle Christen tragen den Namen des Herrn und sie sollen Jesu Erwartung »mit Wort und Werk und allem Wesen« erfüllen. Die Glaubwürdigkeit der Predigt des Evangeliums und der Christenheit hängt davon ab. Die ganze Welt soll wissen, daß ihr nur die Liebe Christi helfen kann. Darum darf die Christenheit den Tatbeweis der Liebe nicht schuldig bleiben.

Laß unser Werk geraten wohl, was ein jeder ausrichten soll, daß unsere Arbeit, Müh und Fleiß gereich zu deinem Lob, Ehr und Preis. Amen.

Gott widersteht den Hoffärtigen, aber den Demütigen gibt er Gnade. 1. Petrus 5, 5

Leicht übersieht ein Mensch, der hoch steht, das Kleine und die Dinge in der Tiefe. Gott übersieht nichts. Gerade das Kleine und Geringe beachtet er ganz besonders. Dieser Zug Gottes, des Allerhöchsten, zum Geringen ist seine Gnade. Der Allerhöchste beugt sich tief herunter. Was Gnade ist, stellt Jesus dar, um mit den Allergeringsten den Bau seines Reiches anzufangen. Damit gibt er ihnen von seiner Ehre und seiner Herrlichkeit ab. Nie kann ein Mensch einen Menschen so ehren und nie hat ein Mensch einen anderen so hoch geehrt wie Gott den Menschen. An der Tatsache, daß er selber die Gestalt des Menschen angenommen und in Jesus Christus unter den Menschen gelebt hat, ist das für alle Zeiten abzulesen.
Daraus ergibt sich folgerichtig: Alle, die groß werden wollen, stehen in der Gefahr, daß die Gnade Gottes an ihnen vorübergeht. Weil die Demütigen Gott verwandt sind, darum fließt ihnen zuerst und zu allermeist seine Gnade zu. Umgekehrt führt die Gnade Gottes aber immer wieder zu Gott zurück. Er erhöht die Demütigen. Die von ihm Begnadeten werden auch die von ihm Erhöhten. Als die Dienstwilligen Gottes erhöht er sie zu seiner Zeit. Das glauben sie, das ist ihr Trost und ihre Hoffnung.

Du unser Gott bist allein der Herr. Dir allein gebührt die Ehre und die Anbetung. Du hast den Menschen gemacht und seine Erlösung durch Jesus Christus geschehen lassen. Du beugst dich herunter zu den Niedrigen und holst sie zu dir. Wir bitten dich um Jesu Christi willen, laß uns deine Gnade täglich neu erfahren. Amen.

Befiehl dem Herrn deine Wege und hoffe auf ihn, er wird's wohl machen. Psalm 37, 5

Das ist ein guter Rat. Es gibt keinen besseren. Wer ihn befolgt, wird merken, daß Gott am Werk ist, alles wohl hinauszuführen, was uns bekümmert. Aber es muß Gott gesagt werden. Gewöhnlich machen wir uns selber Gedanken über unsere Nöte und Schwierigkeiten, wälzen sie hin und her, besprechen sie womöglich mit andern, die gar kein Interesse an uns haben, und wundern uns dann, wenn das Herz dabei immer schwerer wird. Dem allen entgeht jeder, der so verfährt, wie es hier geraten wird: Wälze die ganze Last deines Lebensweges auf Gott. Laß die Bangigkeit fahren, entsage dem Eigenwillen, gib dich mit deinem ganzen Wesen in Gottes Hände. Wenn Gott uns in Nöte hineinkommen läßt, dann wartet er auf unsern Anruf. Der ist das Zeichen für ihn, daß wir neues Zutrauen zu ihm gefaßt haben. Und wo festes Zutrauen zu ihm ist, da läßt er seine Hilfe sehen.

Wer so vertraut, der wird am Ende jubeln können: Gott hat alles wohlgemacht! Vielleicht anders, als wir dachten, auf jeden Fall besser! Denn Gottes Gedanken sind höher als unsere und seine Möglichkeiten und Macht größer als unsere. Er führt uns seine Wege. Daß wir uns nur immer willig von ihm führen lassen; denn er wird Wege finden, da dein Fuß gehen kann.

Lieber Herr, wir danken dir, daß dein Herz nach uns verlangt, daß die Tür zu dir immer offensteht. Vergib, daß wir das immer wieder vergessen! Nimm hin unsere Last, du kennst sie. Laß uns erfahren, daß du über Bitten und Verstehen hilfst, und laß unser Vertrauen zu dir immer fester und inniger werden. Amen.

Lasset uns aber Gutes tun und nicht müde werden.

Galater 6, 9

Ermüdungserscheinungen sind ein böses Zeichen. Sie zeigen an, daß die bewegende Kraft fehlt. Sie ist abhanden gekommen, weil die Hingabe an Christus abhanden gekommen ist. Er wird unser nicht müde. Er trägt uns alle Tage mit seinem kräftigen Wort. Und er trägt alles mit, was wir in seinem Namen und um seinetwillen auf uns nehmen. Wenn wir wirklich glauben, werden wir nicht müde. Dieser Glaube wird uns immer wieder in Bewegung setzen. Er ist der Motor. Aus einem wirklichen Glauben kommen »automatisch« die guten Werke. Und wo solche Früchte des Glaubens nicht wachsen, muß man fragen, ob der Glaube echt oder fromme Einbildung ist.
Wer wirklich Christ ist, gibt sein ganzes Leben in Christi Hände, der ist sein Herr. Der darf nun über die Zeit, die Arbeitskraft, den Besitz, das Geld – kurzum die ganze Existenz des Christen verfügen. Auf diese Weise lernt der Christ, christlich zu leben. Was bei solchem Leben herauskommt, nennt der Apostel: »Gutes tun und nicht müde werden.« Dabei wird deutlich, daß die Kraft und Willigkeit, Gutes zu tun, nicht aus der Natur des Menschen kommt. Sie kommt aus der Hingabe an Christus. Je größer die Hingabe, desto größer die Kraft.

Herr Jesu Christ, wir danken dir, daß du unser nicht müde wirst. Du sendest immer wieder vom Vater den heiligen Geist in unser müdes Herz. Du gibst uns Kraft und Gelegenheit, Gutes zu tun, und bereitest uns zu rechten Kindern deines Vaters. Amen.

Nun aber spiegelt sich bei uns allen die Herrlichkeit des Herrn in unsrem aufgedeckten Angesicht.

2. Korinther 3, 18

Ein Gesicht sieht so aus, wie das Herz beschaffen ist. Verschlossene Gesichter, verschlossene Herzen. Traurige Gesichter, traurige Herzen. Viele verstecken ihre Gesichter hinter einer Maske, zum Schutz vor den Menschen. Die sollen nicht sehen, wie denen zumute ist.
Aber Jesus sieht! Er »wußte, was im Menschen war«, und es jammert ihn noch heute der vielen Masken. Es sind Fratzen und keine Gesichter. Jesus will dem Menschen wieder ein richtiges Gesicht geben. Darum läßt er seine Herrlichkeit aufleuchten, läßt uns an seinem Leben und an seinem Wort sehen, wer er ist. Das hat seine Wirkung. Wer Jesus ins Angesicht gesehen hat, spürt die Wirkung, daß ihm »alle seine Sünden einfallen«. Dem Petrus ist es auch so ergangen, als er bat: »Herr, gehe von mir; ich bin ein sündiger Mensch.« Vor seiner Begegnung mit Jesus hatte er gar nichts davon gemerkt. Das ist auch heute noch und immer so. Nur vor Jesus, in seinem Licht, erkennt jeder sich selbst. Und dann heißt es: vor Jesus stehenbleiben. Er hilft aus dem Dunkel heraus. Keine Befreiung ist größer, nichts ist schöner.
Diese Schönheit – »Klarheit« hat Luther übersetzt – prägt sich dann im Gesicht dessen aus, der vor dem Herrn steht. Klare Entscheidung für Jesus verwandelt auch das Gesicht, es wird von einer inneren Schönheit erhellt.

Herr, mache du unsere Herzen lauter und unsere Augen hell. Laß sie widerstrahlen von der Klarheit, die du in unsere Herzen gesenkt hast. Laß auf unseren Gesichtern zu sehen sein, daß dein Licht uns erleuchtet. Amen.

Solange wir noch Zeit haben, lasset uns Gutes tun an jedermann, allermeist aber an des Glaubens Genossen. Galater 6,10

Gott bewertet den Menschen nicht nach seinem Alter. Aber Gott erwartet, daß ein Mensch, der sich Jesus an die Seite stellt, mit zunehmendem Alter immer besser lernt, sich nach Jesu Art zu benehmen. Er möchte, daß Menschen, je älter sie werden, sich durch sein Wort zu Menschen Gottes heranbilden. Darum schreibt Paulus: »Solange wir noch Zeit haben.« Das klingt so, als meine er, zu diesem Zweck habe Gott manchem eine besonders lange Lebenszeit gegeben. Gerade der alte Mensch, weil er viele Menschen und Zusammenhänge besser kennt als der junge, wird sich zuerst um die mühen, die zur Gemeinde gehören. Täten sich alte Menschen zu solchem Dienst zusammen, dann brauchte keiner über Mangel an sinnvoller Beschäftigung zu klagen. Die bei Alten oft gefürchtete lähmende Einsamkeit fände ihr Ende.
Außerdem würde deutlich: Wo aus Barmherzigkeit Verbindungen zwischen Menschen geweckt und gepflegt werden, da erfaßt sie auch junge Menschen. Die Alten bleiben nicht auf abgeschlossene Kreise beschränkt, auch nicht im Liebesdienst nach außen. Paulus weist ausdrücklich darauf hin: »Tut Gutes jedermann.« Wenn sie sich gegenseitig solche Werke tun, dann ist das ein Zeichen dafür, daß Junge und Alte auf dem rechten Wege sind.

Gott, du hast mich von Jugend auf gelehrt, und noch jetzt will ich deine großen Taten verkündigen. Auch im Alter, Gott, verlaß mich nicht, so will ich dir danken für deine Treue mit allem, was ich noch bin und habe. Amen.

Es ist dir gesagt, Mensch, was gut ist, und was der Herr von dir fordert, nämlich Gottes Wort halten und Liebe üben und demütig sein vor deinem Gott.

Micha 6, 8

Eindeutig spricht der Prophet aus, daß Gott vom Menschen nichts anderes fordert als das, was er selbst tut. Das ist nicht verwunderlich, denn der Mensch soll ja dem Bilde Gottes ähnlich sein. Also darf er kein anderes Recht setzen als das, was Gott setzt, und nichts Unrechtes fordern, wie Gott auch nichts Unrechtes fordert. Wie Gott die Güte liebt und selbst die Güte ist, erwartet er von seinem Menschenbild, daß es ebenso Güte liebt und ausstrahlt. Und weil Gott der Herr ist, erwartet er, daß der Mensch gern tut, was der Herr will. Durch Gott erhält er seine rechte Würde und sein wahres Menschsein.
In seiner großartigen Schau über den Zustand der Menschheit sagt Paulus: »Da ist keiner, der Gutes tue, auch nicht einer.« Das ist eine furchtbare, geradezu alarmierende Erkenntnis. Was soll aus der Menschehit, aus einer Welt werden, die sich von dem Schöpfer und von den Lebensanweisungen, die er gegeben hat, geradewegs wegbewegt? Gott aber will dem Ruin der Menschheit nicht tatenlos zusehen, dafür steht Jesus Christus als unübersehbares Zeichen in der Welt. Er ist das Zeichen Gottes dafür, daß Gott trotz allem, was ist und was war, Leute aus uns machen will, die seinem Bilde entsprechen.

Herr, daß du uns kennst, beschämt uns tief; denn du siehst alle unsere Schuld. Daß du uns nicht verwirfst, sondern vergibst und uns in deine Zucht nimmst und nach deinem Bilde umformst, ist unser Leben. Dir sei Lob und Dank! Amen.

Herr, was ist der Mensch, daß du dich seiner annimmst, und des Menschen Kind, daß du ihn so beachtest? Psalm 144, 3

»In welches Reich gehört die Pflanze?« wurde in einer Schulklasse gefragt. »Ins Pflanzenreich«, kam die Antwort. »Und in welches Reich gehört der Mensch?« Eine Weile war alles still. Dann hob ein kleines Mädchen zaghaft den Finger und antwortete: »Ins Himmelreich.« Ja, so hoch wertet Gott den Menschen! Seltsam, er weiß doch, sogar noch viel besser als jeder von uns, daß der Mensch die Herrlichkeit Gottes längst verloren hat. Wie oft hat er Gott widersprochen, sich gegen ihn aufgelehnt und sein Dasein verneint. Ob Gott an solchen Kindern, wie wir es sind, seine Freude haben kann? Ein irdischer Vater hätte solche Kinder längst aufgegeben.
Gott ist anders! Gott denkt an den Menschen. Gott nimmt sich seiner an. Er tut es heute noch und immer wieder. Wer diese Tatsache Gott abnimmt, der weiß es. Er weiß, daß er trotz allem, was ist und was war, darauf rechnen darf, daß Gott nicht aufhört, ihn zu rufen, um ihn zu werben, ihn zu einem neuem Menschen zu machen und ihm seine Herrlichkeit wiederzugeben.
David hat es gewußt und ausgesprochen. Wir können es noch besser wissen; denn für uns ist Jesus der Bürge Gottes, daß alles, was David gesungen hat, stimmt. Um seinetwillen gibt uns der Vater den heiligen Geist und läßt uns seine Kinder werden.

Herr Jesus Christ, wir preisen deine Macht und deine Herrlichkeit. Wir danken dir, daß du uns aus aller Furcht des Todes erlöst hast, damit wir als Kinder Gottes getrost leben, sterben und auferstehen können. Amen.

Ich habe dich je und je geliebt, darum habe ich dich zu mir gezogen aus lauter Güte. Jeremia 31,3

Weil das Wort »Liebe« mißbraucht und so viel von Liebe geredet wird, wo gar keine Liebe ist, darum hat Gott so viel Mühe, dem Menschen verständlich zu machen, was es um seine Liebe eigentlich ist. Gottes Liebe kennt keinen Anfang. Sie war immer da. Darum kann Gottes Liebe zu jeder Zeit bei jedem Menschen anfangen. Sie liebt und wartet immer nur darauf, daß sie erkannt und erwidert wird. Gottes Liebe wird auch nicht müde. Sie läßt nicht nach. Sie wendet sich nicht ab. Sie tut das auch dann nicht, wenn sich der Mensch von ihr abwendet. Je mehr der Mensch sie beiseite schiebt und für nichts achtet, um so größer wird die Liebe mit ihrem Opfer. Nichts ist ihr zu groß, zu viel und zu schwer, was sie nicht hingäbe. Sie läßt sich treten, verspotten und beschimpfen – und bleibt immer dieselbe unverbrüchliche und treue Liebe.
Ist das nicht unwürdig, seine Liebe so wegzuwerfen, sich so zu erniedrigen, sich so zu demütigen, sich so behandeln zu lassen und dennoch weiterzulieben? Gewiß! So denken und handeln wir. Wenn ein Mensch unserer Liebe so begegnet, wie wir Gottes Liebe begegnen, dann machen wir Schluß! Gott aber nicht! Er liebt weiter. Die Liebe Jesu am Kreuz beweist das. Er hat die Arme ausgebreitet, um alle an sein Herz zu ziehen.

Mit unserm Liebhaben sind wir schnell am Ende, Vater, wenn wir enttäuscht werden. Ja, wir lieben nicht einmal dich so, wie wir dich lieben sollten. Wie enttäuschen wir dich immer wieder mit unserm Ungehorsam. Verwirf uns nicht. Laß uns dich lieben lernen. Amen.

Meister, welches ist das vornehmste Gebot im Gesetz?

Matthäus 22, 36

Es sieht so aus, als ob Jesus und ein Schriftgelehrter miteinander ein theologisches Gespräch führten. Es ist aber mehr. Jesus sagt: Gott fordert den ganzen Menschen. Und dieser ist verpflichtet, sich um den anderen Menschen zu mühen wie um sich selber.
Jesus antwortet dem Schriftgelehrten, obwohl er weiß, daß der Gesetz und Gebot genau kennt. Gleichzeitig fragt er ihn mit seiner Antwort: »Du sollst deinen Nächsten lieben wie dich selbst«, ob er dieses Gebot beachtet und es dem Nächsten vorgelebt habe. Jesus hat das getan. Seine Liebe zum Vater wird immer wieder daran deutlich, daß er alle, die ihm begegnen, in seine Liebe einschließt. Auch seine Antwort an den Schriftgelehrten ist dafür ein Zeichen. Wir werden also von Jesus daran erinnert, nicht nur davon zu reden, daß wir Gott von ganzem Herzen, von ganzer Seele und ganzem Gemüt lieben sollen, sondern diese Liebe als Nächste praktisch üben müssen.
Jesus hat das vorgelebt. Immer setzte er den anderen an die erste und sich selbst an die zweite Stelle. Immer war er der Diener der anderen.
Die Christenheit muß durch echte Liebe beweisen, daß ihr Wort wahr ist. Wird die Liebe ihre wichtigste Mission, dann fällt es der Welt leichter zu glauben, daß Gott die Welt liebt. Unsere Verkündigung und unsere Werke müssen übereinstimmen. Wo die Worte nicht wirken, muß die Liebe wirken.

Liebe üben macht viel Mühe: Wir sollen nicht nur lieben, sondern wie du, o Gott, die Liebe sein. Dazu hilf uns, treuer Herr! Amen.

Sehet zu und hütet euch vor aller Habgier; denn niemand lebt davon, daß er viele Güter hat.

Lukas 12,15

Mit dieser Warnung beginnt Jesu Gleichnis vom reichen Kornbauern. Gibt es diesen klugen und doch so törichten Reichen nicht überall und zu allen Zeiten? Sind wir selber etwa auch einer? Man braucht keinen Bauernhof zu besitzen und kann doch dem Kornbauern in der Lebensauffassung gleichen. Der reiche Mann hat viele Güter und eine große Ernte; alles muß aufbewahrt werden – natürlich für ihn allein, weil er davon herrlich und in Freuden leben will. Worin unterscheiden sich die Menschen eigentlich? Mehr haben, sagen die einen, die haben. Teilen, sagen die andern, die nicht haben; denn sie wollen auch haben. Im Grunde ist die Lebensauffassung bei allen gleich. Und doch ist sie falsch. Der reiche Mann hatte zweifellos geschickt gewirtschaftet und klug gehandelt. »Aber Gott sprach« – damit hat er nicht gerechnet, daß Gott auch ein Wort mitzureden hätte. Gott? Für Gott war in seiner Wirtschaft kein Platz.

Auf der ersten Seite der alten Kassenbücher stand früher: »Mit Gott!« Das war eine Mahnung und eine Verpflichtung. Wer beides ernst nahm, der konnte sich nie so verrechnen wie der reiche Kornbauer. »Mit Gott!« – diese Rechnung geht immer auf.

Herr, bewahre uns vor dem Habenwollen und vor dem Großwerdenwollen. Du weißt, daß unser Herz dazu neigt. Laß uns erkennen, daß alles dir gehört, was wir besitzen; sogar wir selber gehören dir. Hilf, daß wir mit dir rechnen. Laß uns Menschen werden, auf die auch du rechnen kannst. Amen.

So stehet fertig, zu treiben das Evangelium des Friedens. Epheser 6, 15

Unaufhörlich hält Gott dem trotzigen und widersprechenden Menschen seine Hand hin, um mit ihm Frieden zu schließen. Jesus Christus ist diese Hand. Seit er kam, gibt es in dieser friedlosen Welt überall Menschen, die diese Hand ergriffen haben und nun unter dem Frieden Gottes stehen. Zu ihnen dürfen wir gehören. Wir scharen uns um Christus, der unser Friede ist. Gottes Auftrag an uns ist, daß wir das andern weitersagen. Sie sollen, wie wir, Kinder des Friedens werden, »Friedensstifter«, wie Jesus in der Bergpredigt sagt. Hier hat die Gemeinde ihren rettenden Dienst zu tun.
Sie tut ihn zum Beispiel auch mit der Telefonseelsorge. Wer in Not ist und Hilfe braucht, der kann die Nummer der Telefonseelsorge anrufen. Dort sitzt Tag und Nacht jemand, der Rede und Antwort steht. Hier ist eine neue Möglichkeit aufgetan. Der Mensch, der selber im Frieden Gottes lebt, kann aus dem eigenen Frieden heraus den andern in den gleichen Frieden rufen. Hier hat eine technische Erfindung einen neuen Weg zum andern Menschen geöffnet. Stellen wir uns einmal vor: Wenn über alle Telefonleitungen der Welt einer dem andern etwas von diesem Frieden Gottes vermitteln würde, dann wäre dies technische Mittel ein wirkliches Werkzeug des Friedens.

Du, Gott des Friedens, hast mit uns deinen Frieden gemacht. Hab Lob und Dank. Hilf uns nun auch, daß wir in diesem Frieden leben und ihn überall um uns her ausbreiten, damit die Welt an uns erkenne, daß von dir allein dieser Friede kommt. Amen.

Sie hatten lieber die Ehre bei den Menschen als die Ehre bei Gott. Johannes 12,43

Über den kleinen Gernegroß kann man noch lachen. Es sieht aber auch zu komisch aus, solch ein Kindergesicht unter Vaters Hut oder ein kleines Mädchen in Mutters Sachen, dazu die drolligen Versuche, die Großen nachzuahmen. Nur – im kleinen Gernegroß steckt schon ein großer, und der ist dann sehr darauf aus, daß man ihm die gebührende Ehre erweist. Ehre, das ist das Stichwort. Wohlangesehen, hochgeehrt, berühmt und gerühmt werden, darauf läuft am Ende alles menschliche Streben hinaus. Immer höher geht's hinauf, wie auf einer Leiter. Selbst wenn die Sprossen der Leiter andere Menschen sind, die nur getreten werden – macht nichts! Wer am höchsten hinaufkommt und zuletzt oben steht, erhält die größten Ehrungen. Also los!
Einen aber jammert all dies eitle Getue und diese menschliche Ehrsucht: Jesus, den Herrn der Welt. Er ist der eigentliche Herr; denn er ist auch der Herr über den Satan und über den Tod. So hoch hat ihn Gott geehrt, daß er ihn zum Herrn gemacht hat über alles. Und das darum, weil er nur gedient hat – allen Menschen und damit auch seinem Vater. Er suchte nicht *seine* Ehre. Was für ein Leben! Das leuchtet und will uns in dies Leuchten hineinlocken – anders gesagt: in die Nachfolge Jesu.

Du weißt, Herr Jesus, wie gern wir im Mittelpunkt stehen und darauf achten, daß wir geehrt werden. Du weißt auch, wie neidisch und mißgünstig wir dadurch werden und andern und uns das Leben schwer machen. Mache dich selber zum Mittelpunkt unseres Lebens, damit wir dir dienen zur Ehre deines Namens. Amen.

Sind die Engel nicht allzumal dienstbare Geister, ausgesandt zum Dienst um derer willen, die das Heil ererben sollen? Hebräer 1, 14

Hier und da lebt der »Michaelistag« noch im Bewußtsein des Volkes. Die vielen Michaeliskirchen erinnern auch noch daran, daß der Erzengel Michael, der Führer der himmlischen Heere, im Volksbewußtsein eine große Rolle spielte. Er galt als Schutzpatron der Deutschen. Wer seinen Sohn Michael nannte, wollte in ihm einen Vorkämpfer für die Sache Gottes im Kampf gegen den Unglauben sehen.
Engelsdienst für die Gläubigen! Dienst der »guten Mächte« Gottes für seine Leute, denen er Hilfe zuteil werden lassen kann dadurch, daß er himmlische Boten schickt. Sie sind »starke Helden«, die seine Befehle ausrichten, wo sich kein irdischer Bote dazu bereit findet. Ihr Erscheinen kündet im Alten und Neuen Testament das besondere Eingreifen Gottes an. Engel verkünden die Geburt Jesu. Engel dienen ihm. In Gethsemane stärkt ihn ein Engel. Engel führen Petrus aus dem Gefängnis. Engel freuen sich über jeden Sünder, der Buße tut. Kinder haben ihre Engel. Sie tragen Lazarus in Abrahams Schoß, stehen um den Thron Gottes und beten Gott an.
Engelsdienst geschieht heute noch.Gottes heiliger Engel will auch mit uns sein, daß der böse Feind keine Macht über uns bekomme.

Du bist der ewige und allmächtige Gott. Deine Macht ist von Ewigkeit her und ohne Ende. Wir danken dir mit deinen heiligen Engeln, daß du so groß bist und so wunderbar führst. Du machst uns dessen gewiß, daß keiner allein ist, sondern jederzeit mit dir und deinen Engelmächten rechnen darf. Amen.

Und ich sah einen anderen Engel fliegen, der sprach mit großer Stimme: Fürchtet Gott und gebet ihm die Ehre! Offenbarung 14, 6.7

Jesus hat seinen Jüngern aufgetragen: »Gehet hin in alle Welt, und machet zu Jüngern alle Völker.« Es kommt alles darauf an, daß – wie vom Engel der Offenbarung mit »großer Stimme« verkündet – alle »Gott fürchten und ihm die Ehre geben«. Denn er hat der Welt den Retter gegeben und diesem das Gericht übertragen. Der Heiland ist auch der Richter, und sein Gericht ist gerecht. Die das Gericht bestehen, erhalten »das Heil«.

Jesus Christus will eines jeden Herr werden, denn er will, daß »allen Menschen geholfen werde und sie zur Erkenntnis der Wahrheit kommen«. Das Heil der ganzen Welt und jedes einzelnen hängt davon ab, daß solche Erneuerung fortwährend geschieht. Das jederzeit und überall zu verkündigen, ist die Mission der Christenheit. Die hat sie sich nicht ausgesucht, die ist ihr von Gott für die Welt übertragen worden.

Kein Zweifel, daß die Christen dabei das gleiche erleben werden wie Jesus selber. Er hat seinen Jüngern gesagt: »Ihr werdet gehaßt sein von jedermann um meines Namens willen.« Gleichzeitig tröstet er sie: »Wenn ihr beharret, werdet ihr euer Leben gewinnen.« Um ihnen auch alle Furcht zu nehmen, sagt er ihnen zu: »Siehe, ich bin bei euch alle Tage bis an der Welt Ende.« Dann ist der Augenblick da, an dem er selber uns vollendet.

Du, Herr, bist meine Zuversicht. Es wird mir kein Übel begegnen, und keine Plage wird sich meinem Hause nahen. Denn du hast deinen Engeln befohlen, daß sie mich behüten auf allen meinen Wegen. Des bin ich fröhlich und getrost. Amen.

Lobe den Herrn, meine Seele, und vergiß nicht, was er dir Gutes getan hat. Psalm 103, 2

Menschen sind vergeßlich. Am leichtesten vergessen sie Gottes Wohltaten und sein Lob. Das ist undankbar. Aber es ist lästig, jemand Dank schuldig zu sein. Das will der stolze Mensch nicht.
David ist anders. Er kann nur aus einem Verwundern ins andere fallen darüber, daß Gott ihn getragen und trotz allem nicht aufgegeben hat. Das ist das Gute, was Gott ihm getan hat! Was David am wenigsten erwarten durfte, was kein Mensch mit Fug und Recht erwarten kann, gerade das ist ihm widerfahren: Gott hat ihm seine Schuld vergeben. Das schließt allen Segen Gottes ein. So weiß sich David gesegnet in dem Sinne, wie wir es im Katechismus bekennen: »ohn' all mein Verdienst und Würdigkeit«. Nun kann er nicht anders, als seine Seele zum Lobe aufrufen. An der Vergebung Gottes hat er erkennen dürfen, wie groß Gottes Erbarmen ist.

Je früher diese Erkenntnis beginnt, um so besser, um so reicher die Segnungen, um so größer das Lob zur Ehre Gottes, um so froher der Mensch. »Lobe den Herrn, meine Seele«, singt David, der den nicht kannte, der sich der »Sohn Davids« nannte: Jesus. Wie müssen *wir* erst Gott loben, die wir Jesus kennen! In ihm spiegelt sich die ganze Güte Gottes wider. Lobe den Herrn, meine Seele.

Du bist immer bereit, du gnädiger Gott, zu segnen und die Gaben deiner Herrlichkeit über uns auszuschütten. Wir sagen dir Lob und Dank, daß du das über alle Maßen getan hast und noch täglich tust. Vergib, daß wir so lässig sind, dich dafür zu loben, und erwecke uns Herz und Sinne neu, daß wir fröhliche Lobsänger werden. Amen.

»Meine Speise ist die, daß ich tue den Willen des, der mich gesandt hat, und vollende sein Werk.«

Johannes 4, 34

Jede Ernte bleibt ein Wunder. Sie ist Gottes Werk und sein Geschenk. Wir können nur dafür danken. Unser Dank soll darin bestehen, daß wir Hungernde satt machen, ob sie an unsere Türe klopfen oder ob sie in einem anderen Erdteil wohnen. Beschenkte schenken! Welche Barmherzigkeit, die Gott mit seiner Ernte den Menschen immer wieder erweist, obwohl längst nicht alle dafür danken.
Alles Brot ist Brot von Gott. Wo das erkannt wird, kommt auch der Dank für die Speise des inwendigen Menschen, denn »der Mensch lebt nicht vom Brot allein«. Jesu Speise war die Erfüllung des Willens seines Vaters. Jedesmal, wenn wir essen, sollen wir daran denken.
Den Hunger der Seele zu stillen, war Jesus gekommen. Er wußte, wie groß dieser Hunger ist und daß niemand anders ihn stillen kann als er. »Ich bin das Brot des Lebens« – die Jünger sollten es austeilen. Sie sollten sich daran freuen, daß es für die Menschen eine Speise zum ewigen Leben wird.
Wir sollen auch austeilen. Es ist nicht wichtig, wer sät und wer erntet, aber es ist wichtig, daß das Wort von Jesus, dem »Brot des Lebens«, ausgebreitet wird, damit der Hunger nach dem wirklichen Leben gestillt wird. Als Gottes Sä- und Ernteleute wissen wir, daß daraus eine Ernte für die Ewigkeit heranwächst.

Herr, wir bitten dich: Laß uns die Fülle deiner Gaben zum Segen gebrauchen. Gib, daß Ströme lebendigen Wassers von dir zu uns und von uns zu den anderen fließen, der du der Mittler und Bewahrer allen Lebens bist. Amen.

Betet ohne Unterlaß.

1. Thessalonicher 5, 17

Was du wohl antworten würdest, wenn dir einer sagte: »Vergiß nicht zu atmen!« Du würdest ihn daraufhin ansehen, ob er wohl alle Sinne beisammen hat. Wer könnte das Atmen vergessen? Atmen gehört zum Leben!
Wenn Paulus seine Gemeinde in Thessalonich auffordert, das Beten nicht zu vergessen, sondern es ohne Aufhören zu tun, dann meint er damit, daß ein solches Versäumnis für einen Christen lebensgefährlich ist. Wer nicht mehr betet, ist als Christ genauso »tot« wie ein Mensch, der nicht mehr atmet. Diesen Sachverhalt sollten wir in aller Nüchternheit sehen. Bei solcher Überlegung würde deutlich, aus welchem Grunde unser Christenleben manchmal so lau ist, warum wir nicht fröhlich und guten Mutes sind, sondern uns genauso in allerlei Nöten und Ängsten verzehren wie die Leute, die nicht beten. Beten ist nämlich Antwort, unsere Antwort darauf, daß das Wort, das Gott gesagt hat, bei uns angekommen und richtig gehört worden ist. Es ist erstaunlich, wie Menschen, die sonst höflich antworten, wenn sie gefragt werden, es sich ohne Bedenken herausnehmen, auf das Fragen und Rufen Gottes einfach zu schweigen. Wer nicht betet, verachtet Gott!
Natürlich hat Paulus nicht gemeint, daß einer vom frühen Morgen bis in die Nacht hinein auf den Knien liegen soll. Aber weil der Christ leben soll in dem Klima des Gebets, darum bittet Paulus die Gemeinde in Thessalonich: »Betet ohne Unterlaß.« Uns gilt das auch!

So hoch achtest du uns, du großer Gott, daß du mit uns redest. Gib uns, daß auch wir dich hoch achten und dir antworten, damit wir je länger je mehr erfahren, wie gut du uns kennst und wie gut du zu uns bist. Amen.

Dies ist mein lieber Sohn, an welchem ich Wohlgefallen habe.

Matthäus 3, 17

Welch ein Kummer für Eltern, wenn sie sich um ihre Kinder in jeder Weise mühen und dann doch erleben, daß die ihre eigenen Wege gehen. Das sind Krisenzeiten erster Ordnung. Oft führen sie zu einem dauernden Konflikt. Das Vertrauen ist zerbrochen. Es besteht die Gefahr, daß Eltern und Kinder dann nur noch nebeneinander her leben, jeder für sich. Der Vater redet wohl noch von seinem »Sohn«, aber Sohn ist der eigentlich nur noch dem Namen nach. Man muß wirklich fragen, mit welchem Recht ein Vater noch vom »Sohn« und ein Sohn vom »Vater« reden kann, wenn beide ständig im Gegensatz stehen.
Bei Jesus ist das ganz anders. Jesus ist wirklich der »Sohn« seines Vaters, Sohn im Vollsinn. Er ist nicht nur wie der Vater, er ist der ganze Vater. Er denkt wie der Vater. Er ist gehorsam und tut nur, was der Vater will – bis zum Ende! Das bestätigt Gott selbst bei der Taufe Jesu: »Dies ist mein lieber Sohn, an welchem ich Wohlgefallen habe!«
Der Sohn will aber nicht allein bleiben. Er sucht seinem Vater weitere Söhne und Töchter. Darum kommt es nun darauf an, daß wir auf die Seite des Sohnes treten und auf seiner Seite bleiben. Das wird mit dem Wort »überwinden« ausgedrückt. »Wer überwindet, der wird es alles ererben, und ich werde sein Gott sein, und er wird mein Sohn sein.« Er hat es gesagt. Er macht es auch wahr!

Herr Jesus, du hast in deiner Güte uns allen dargestellt, wie ein Sohn des Vaters lebt. Du rufst uns in deine Nachfolge, damit wir ebenso zu leben lernen und dein Vater auch an uns sein Wohlgefallen haben kann. Laß es uns gelingen. Amen.

Euch aber, die ihr meinen Namen fürchtet, soll aufgehen die Sonne der Gerechtigkeit und Heil unter ihren Flügeln. Maleachi 3, 20

Gott hat sich als heiliger Gott zu erkennen gegeben, der mit seinem Namen angerufen sein will. In die Unreinheit des Allzumenschlichen hinein leuchtet immer wieder Gottes Reinheit, in die menschliche Ungerechtigkeit hinein Gottes Barmherzigkeit, in den menschlichen Haß seine göttliche Liebe, in die menschliche Brutalität sein väterliches Erbarmen, in den menschlichen Vernichtungswillen sein Retterwille. Alles, was dem Menschen fehlt, was er aber braucht und wonach er sich im Grunde seines Herzens sehnt, ist da bei Gott. Und Gott will es nicht für sich behalten. Er will es verschenken.
»Heil« nennt Gott das, was er über den Menschen bringen will; nicht von außen, sondern von innen her. »Gerechtigkeit« nennt er es auch. Wo sie hinkommt, da will sie alles richtig und recht machen, was verkehrt und ungerecht ist. Nun muß keiner mehr in Heillosigkeit und Ungerechtigkeit bleiben. Jeder kann heraus, der nach diesem Heil und nach dieser Gerechtigkeit Sehnsucht hat und fragt, jeder, der die Botschaft davon glaubt. Dazu hat Gott uns sein Wort und seinen Sohn, unseren Heiland, gegeben. Mit ihm kommt Gottes Wesen, seine Heiligkeit über den Menschen.

Du willst die Sonne der Gerechtigkeit und dein Heil über uns aufleuchten lassen und unser Leben hell machen, du allmächtiger, ewiger Gott. Verleihe uns, daß wir uns davor nicht fürchten, sondern getrost immer wieder deinen Namen anrufen, damit wir in deinem Lichte leben. Amen.

Laßt uns doch den Herrn, unsern Gott, fürchten, der uns Frühregen und Spätregen gibt zur rechten Zeit und uns die Ernte treulich und jährlich behütet.

Jeremia 5, 24

Welch ein Wunder ist das Keimen, das Wachsen, das Blühen und das Fruchtbringen! Wir achten es kaum noch, weil es so oft geschieht. Stellen wir uns aber vor, wir erlebten zum erstenmal, wie aus einem Korn Halm, Ähre und Frucht wird, aus einem Korn sechzig oder gar hundert Körner werden. Woher nimmt das Korn diese Kraft, eine ganze Pflanze herauszutreiben? Woher hat der schlanke Halm die Elastizität, die schwere Ähre zu tragen, sich im Winde zu wiegen und doch nicht umzubrechen? Wie kommt es, daß der Mensch aller Speisen überdrüssig werden kann, des Brotes nicht? Ob der Heiland daran gedacht hat, als er vom Brot sagte: »Das ist mein Leib«, weil wir ihn so nötig brauchen wie das tägliche Brot?
Jede Ernte erinnert uns daran, wie ohnmächtig wir Menschen sind und wie sehr darauf angewiesen, daß Gott fort und fort seine Wunder des Werdens, Wachsens und Reifens geschehen läßt. Wenn Menschen nur darauf bauen, wie sie mit allen Künsten landwirtschaftlicher Wissenschaft eine gute Ernte erzielen wollen, dann werden sie sich doch immer wieder damit verrechnen. Doch wer mit Gott rechnet, kann über viel, der kann aber auch über wenig froh sein und danken.

Du unser Schöpfer und Herr! Wir stehen voller Ehrfurcht und Staunen vor dem Wunder des Werdens, von dem die Welt voll ist – uns zugut. Hilf uns bedenken, daß es allen Menschen zugedacht ist, damit wir reichlich geben lernen, wie du gibst. Amen.

Ich freue mich und bin fröhlich in dir und lobe deinen Namen, du Allerhöchster. Psalm 9, 3

Wie froh der Mensch bis tief in den Grund seines Herzens hinein werden kann, weiß jeder, der Gottes Gaben annimmt. An jedem Morgen stärken sie den Menschen neu. Er erfährt dadurch, daß Gottes Gnade nicht abnimmt, sondern zunimmt, und damit wird er über die Güte Gottes immer froher, je länger er lebt.
Wer von Jugend auf dies Frohsein kennt, der wird es auch im Alter als größten Schatz bewahren. Gott hilft ihm dazu, denn er verläßt den alten Menschen nicht. Gott weiß ja, daß die Kräfte des Menschen abnehmen, die Sinne schwinden, das Gedächtnis nachläßt und der Kreis der Menschen, in deren Mitte er lebt, kleiner wird. Er weiß auch, daß das alles Belastungen sind, die den Glauben bedrängen. Sie sollen sein. Aber um so mehr ist Gott mit seiner Fürsorge da und seinem Trost.
Das Alter ist gleichsam die hohe Schule des Glaubens. Gerade den alten Menschen nimmt Gott da gern hinein, weil er den Glauben wachsen lassen will, ehe der Glaube zum Schauen wird. Wer wirklich glaubt, daß er mit jedem Tage der Herrlichkeit einen Schritt entgegengeht, der kommt immer mehr ins Freuen, bis seine Freude vollkommen wird. So hat es Jesus verheißen.

Du Allerhöchster! Du hast uns zur Freude berufen, weil du weißt, wie sehr wir uns danach sehnen und wie oft sie uns fehlt. Du machst uns das Herz froh mit deiner Vergebung und läßt uns nie allein. Du bringst uns durch Angst und Tod zu dir in die Freude, die kein Ende hat, damit sich alle deine Verheißungen an uns erfüllen. Lob und Dank sei dir in Ewigkeit. Amen.

Also wird auch Freude im Himmel sein über einen Sünder, der Buße tut. Lukas 15,7

»Siehe, ich verkündige euch große Freude, ... denn euch ist heute der Heiland geboren«, das ist der eine Ton eines Dreiklanges. »Tut Buße, das Himmelreich ist nahe herbeigekommen«, der zweite – und »Es wird Freude sein vor den Engeln Gottes über einen Sünder, der Buße tut«, das ist der dritte. Wo dieser Dreiklang im Herzen eines Menschen widerhallt, da ist er in die Freude gekommen, die ihren Ursprung im Himmel hat.
Freude ist eine Sache des Herzens. Weil es Gott um die Freude im Herzen eines Menschen geht, darum fragt er nach dem einzelnen Menschen, denn nur der einzelne Mensch hat ein Herz. Die Masse hat keins. Wenn Christus in die Buße, in die Umkehr ruft, dann pocht er an das Gewissen des einzelnen Menschen. Weil Gott den ersten Menschen nach seinem Bilde schuf, darum ist er darauf aus, dem einzelnen seine Herrlichkeit zu verleihen und das verlorengegangene Bild wiederherzustellen, das der Mensch verdorben hat. Der Mensch aber soll Mensch sein und Freude haben. Das will Gott! Darum hat er durch seinen Sohn jeden einzelnen zur Umkehr rufen lassen, damit der Mensch wieder Mensch wird, Mensch Gottes, und die Freude kennenlernt, die diese Umkehr mit sich bringt.
Gott wartet darauf, daß der Mensch auf den Ruf hört, und seine himmlischen Heerscharen warten mit.

Dir sei Lob und Dank, lieber himmlischer Vater, daß du uns aus der Traurigkeit unseres Lebens in die Freude rufst, von der deine Herrlichkeit voll ist. Du weißt, wie sehr wir uns nach Freude sehnen. Hilf uns, daß wir sie bei dir finden. Amen.

Der Mensch lebt nicht vom Brot allein, sondern von einem jeglichen Wort, das durch den Mund Gottes geht. Matthäus 4, 4

Wie weitherzig ist Gott! Er gibt auch denen, die ihm nicht danken. Jesus sagt: »Gott läßt seine Sonne aufgehen über die Bösen und über die Guten und läßt regnen über Gerecht und Ungerechte.«
Gute und gerechte Menschen möchte Gott gern haben, sonst hätte er dem Menschen seine Gebote nicht gegeben. Zu diesem guten Gott einzuladen, ist Jesus gekommen. Wie ein Säemann seinen Samen sät, so sät er Gottes Wort. Es soll in die Herzen der Menschen fallen und gute Früchte bringen. Paulus zählt sie auf: »Liebe, Freude, Friede, Geduld, Freundlichkeit, Gütigkeit, Glaube, Sanftmut, Keuschheit.« Sie sind Früchte des Geistes, die aus dem Worte Gottes und Jesu Christi kommen. Sie sind Zeichen des ewigen Lebens. Es genügt eben zum Leben nicht, daß nur die Früchte der Erde da sind. Die Früchte des Geistes braucht die Menschheit auch. »Der Mensch lebt nicht vom Brot allein, sondern von einem jeglichen Wort, das durch den Mund Gottes geht«, hält Jesus dem Versucher entgegen. Jesus selbst ist das Brot des Lebens.
Mit unserem Dank für die Früchte der Felder, die uns das leibliche Leben ermöglichen, verbinden wir unseren noch größeren Dank für das ewige Brot, das uns der Vater in seinem Sohn Jesus Christus gegeben hat. Wer von dem Brot ißt, das Jesus heißt, der hat das ewige Leben.

Dir sei Lob und Dank, lieber himmlischer Vater. Du gibst uns Menschen beides, Brot zum irdischen Leben und Brot zum ewigen Leben. Du machst uns damit zu deinen Kindern in dieser und jener Welt, aus lauter Güte. Amen.

Euer Vater weiß, was ihr bedürfet, ehe denn ihr ihn bittet.

Matthäus 6, 8

Die ganze Menschheit muß nach wie vor von dem leben, was Gott in seiner unbegreiflichen Güte immer wieder werden läßt. Sie ist immer von neuem auf den Vater angewiesen. Wer Augen dafür hat, kommt vom Sorgen los und wird dankbar. Solches Wissen bindet an den Vater. Kein Mensch ist aber davor sicher, daß in ihm Zweifel an der Vatergüte Gottes auftauchen, wenn er nicht weiß, woher er die nötige Nahrung nehmen kann. Aber gerade das soll dann der Anlaß sein, den Vater darum zu bitten. Gott sucht auf allerlei Weise, uns bei sich zu halten, weil unser zeitliches und ewiges Leben davon abhängt. Oft bleibt ihm kein anderer Weg übrig als der, dem Menschen das Brot zu entziehen, damit er sich wieder an den Vater wendet.
Jesus hat sich auch an den Vater gehalten. Als er selbst vierzig Tage gehungert hatte und der Satan ihm zumutete, aus Steinen Brot zu machen, hat er nein gesagt. Dann hat ihn der Vater versorgt. Die Engel kamen zu ihm und dienten ihm. Jesu Beispiel soll uns Mut machen, unter allen Umständen zuerst den Vater zu bitten. Der seinen Sohn für das Heil der Menschen dahingab, der wird es auch nicht an der täglichen Nahrung fehlen lassen. Wer sich an ihn wendet, soll es erfahren: Der Vater sorgt für ihn.

Du kennst, o Vater, wohl das schwache Wesen, die Ohnmacht und des Herzens Unverstand. Drum greifst du zu und hältst und trägest uns, brauchst Vaterrecht und zeigest Muttertreue. Wo niemand meint, daß etwas Deines sei, da hältst die Deinen du und läßt sie nie. Amen.

»Es werden nicht alle, die zu mir sagen: Herr, Herr! in das Himmelreich kommen, sondern die den Willen tun meines Vaters im Himmel.« Matthäus 7, 21

Nichts schadet der Sache Jesu und seiner Christenheit so sehr wie die »frommen Wörter«. Nichts hat das Wort Gottes so um seine Glaubwürdigkeit gebracht wie sein Mißbrauch. Kein Wunder. Die Menschen sehen sich doch den Menschen an, der Gottes Wort im Munde führt. Sie dürfen erwarten, daß er sich selbst danach richtet. Sie sind dann mit Recht enttäuscht und entrüstet, wenn er es nicht tut. Trifft uns das auch?
Da singen wir im Gottesdienst: »Herr, erbarme dich unser.« Wir singen es sogar mehrmals hintereinander. Haben wir denn nun draußen vor der Kirchentür wirklich Erbarmen mit dem andern? Da sagen wir so und so oft: *Herr* Jesus Christ! Das bedeutet doch, daß wir für ihn da sein und ihm willig dienen wollen; aber sind wir nicht im Grunde doch unsere eigenen Herren und dienen uns selber? Jesus warnt, wir sollen uns mit solchem »Herr, Herr«-Sagen nicht selber betrügen; vielmehr sollen wir genau nachprüfen, ob wir den Willen des Vaters tatsächlich tun. Am Tun erst ist zu sehen, ob das »Herr, Herr«-Sagen echt ist. Wo es echt ist, da ist das Himmelreich. Wo der Wille Gottes getan wird, da will Gott sich im Wort und Werk der Seinen verherrlichen.

Herr Jesus Christ, du fragst nach der letzten Wahrhaftigkeit und Ehrlichkeit unseres Redens und Lebens. Du weißt um unser Versagen und unser Stückwerk. Reinige du uns von allem eigenen Wesen und aller Halbheit und gib uns Kraft, den Willen deines Vaters zu tun, damit bei uns und durch uns dein Reich gemehrt und dein Name gepriesen werde. Amen.

Jesus Christus, der sich selbst für unsere Sünden gegeben hat, daß er uns errette, dem sei Ehre von Ewigkeit zu Ewigkeit! Amen. Galater 1, 4.5

Selbst die Gemeinde ist in Gefahr, sich gegen Gottes Boten aufzulehnen und ihre eigene Gerechtigkeit an die Stelle der göttlichen Gerechtigkeit zu setzen. Auch Paulus wird aus der Gemeinde heraus angegriffen. Er muß sich verteidigen. Das tut er auch, aber in christlicher Weise.
Paulus will nicht Gegner der Galater sein. Er verweist sie nur auf das, was Jesus Christus an ihnen und an ihm getan hat. Durch Christus ist er mit ihnen und sind sie mit ihm verbunden. Sie aber zerreißen dieses Band und zeigen sich als Gegner Christi, wenn sie sich von ihm abwenden, wenn sie ihn und seine Botschaft ablehnen.
Als Gesandter Christi muß er die Galater mit großem Ernst und aller Eindringlichkeit warnen, daß sie das Werk Jesu, seine Gemeinde, nicht zerstören. Gott selbst würden sie sonst in den Arm fallen und die Errettung der Welt hindern, denn es gibt ja keinen anderen, der sie dem Satan entreißen kann, als Christus allein. Das Evangelium zu verkündigen und den Herrn zu preisen, ist und bleibt der Dienst des Paulus.
Es ist auch unser Dienst.

Herr Jesus Christus, mache uns ganz gewiß, daß uns unsere Sünden vergeben sind, damit wir fest an dich glauben, du Erretter der Welt. Hilf, daß wir uns durch nichts von diesem Glauben abbringen lassen. Habe Dank für deine große Barmherzigkeit. Amen.

Bleibe in dem, was du gelernt hast. 2. Timotheus 3, 14

Immer weniger Kindern werden die biblischen Geschichten erzählt, und sie haben kaum Gelgenheit, Jesus kennenzulernen. Dabei bedeutet doch die persönliche Erfahrung mit ihm einen gar nicht auszusagenden Gewinn.
Daran hat Paulus gedacht, als er seinem Mitarbeiter Timotheus empfahl, das festzuhalten, was ihm über die Worte und das Wesen Jesu gesagt war. Das sollte die Grundlage für die Gestaltung seines Lebens sein. Es ist nötig, daß wir uns immer wieder an das Wort Jesu erinnern und von ihm bestimmen lassen. Sonst wird aus uns eine andere Art Mensch als Gott will. Wer Gottes Wort außer acht läßt, darf sich nicht wundern, wenn er am wirklichen Leben vorbeilebt und sich um dieses wie um jenes Leben bringt.
»Bleibe«, sagt Paulus. Das ist für uns wetterwendische und immer auf Neues bedachte Menschen nicht einfach. Wie viele Bücher gibt es neben der Bibel. Die Bibel aber ist *das* Buch, also das wichtigste und unentbehrlichste. Es gibt leider viele Bibliotheken und Bücherschränke ohne Bibel, von anderem Gedruckten ganz abgesehen.
Der den Menschen gemacht und Christus zu dem Menschen gesandt hat, der allein kann ihm raten, was er zu sagen und zu tun hat, um ein Mensch Gottes zu werden und Werke zu tun, die dem Herrn gefallen. Gottes Gebrauchsanweisung für unser Leben ist immer richtig.

Allmächtiger, allwissender Gott und Vater! Du weißt, daß wir immer auf uns selber bauen, auf unser eigenes Herz und unsere eigene Kraft. Aber du hast dich unser herzlich angenommen und uns in Christus festen Grund unter die Füße gegeben. Laß uns umkehren zu dir und bei dir bleiben in Zeit und Ewigkeit. Amen.

Wenn ihr nicht Zeichen und Wunder seht, so glaubt ihr nicht. Johannes 4, 48

Sicher haben wir schon einmal beim Abschied gesagt: »Rufe mich an«, wenn wir mit dem anderen Verbindung halten wollten. Ob wir Gottes Aufforderung »Rufe mich an« auch als seine Absicht auffassen, mit uns Verbindung zu bekommen?
Unser Text macht das deutlich. Der Vater des Kranken hat Jesus gehört; er überlegt nicht nur, was zu tun wäre, sondern nimmt die Verbindung mit ihm auf und geht zu ihm. Keinem ist damit geholfen, daß ihm der Gedanke kommt: Ich müßte eigentlich beten. Er muß sich tatsächlich mit seinem Anliegen an den Herrn wenden. Wir wissen von Jesus: Bei ihm sind auch die unmöglichen Dinge möglich. Jesus selber hat als Beter gewußt, welche Kraft einem Menschen aus der Erhörung des Gebetes zufließen kann. Er hat ebenso gewußt, daß ein nicht erhörtes Gebet den Menschen anfechten, den Glauben erschüttern und vielleicht sogar zerstören kann. Aber aus seinem eigenen Gebetsleben wußte er, daß der Glaube zu Gott sogar dann wachsen kann, wenn Gott das Gebet nicht erhört. Es kommt also nicht auf die Zeichen und Wunder sondern nur darauf an, daß wir unser Vertrauen nicht verlieren.
Hier erhört Jesus. Der Vater glaubt dem Wort Jesu: »Gehe hin, dein Sohn lebt«, obwohl er davon zunächst nichts sieht. »Selig sind, die nicht sehen und doch glauben!«

Großer und unbegreiflicher Gott, der du nach deinem Willen wirkst in der himmlischen wie in der irdischen Welt – neige dein Ohr und nimm von deiner Gemeinde, der du die Erlösung offenbart hast, Dank und Lob. Amen.

Kommt, laßt uns anbeten und knien und niederfallen vor dem Herrn, der uns gemacht hat. Denn er ist unser Gott. Psalm 95, 6.7

Ohne Beten tappt der Mensch im Dunkeln und findet sich nicht zurecht. Was für ein wunderbares Geschenk Gottes, daß wir beten dürfen! Hätte er nicht zuerst zu uns gesprochen, wie könnten wir antworten? Jedes Gebet ist ja Antwort auf Gottes Wort. Je besser wir sein Wort fassen, um so inniger beten wir. Das hilft uns, seine rechten Kinder zu werden. Kinder bereden alles mit ihrem Vater.
So sollte es sein! Aber wie oft ist es nicht so. Wie oft müssen wir erst ermahnt werden: »Kommt, laßt uns anbeten und knien und niederfallen vor dem Herrn!« Wie fällt uns das Danken schwer, weil wir vergessen, daß alles, was wir sind und haben, Gottes Geschenk ist. Bestehen nicht die meisten unserer Gebete aus Bitten, die sich um die eigene Person drehen? Und noch viel seltener beten wir für andere.
Es kommt aber die Zeit, da braucht uns niemand mehr aufzufordern: »Kommt, laßt uns anbeten und knien und niederfallen vor dem Herrn.« Was dann als Herrlichkeit Gottes vor unsern Augen steht, das wird uns ganz von selber auf die Knie zwingen, und wir werden nur staunend anbeten können. Die Liebe Gottes ist dann allen Erlösten offenbar und Grund zum Lobgesang und zur Anbetung Gottes in Ewigkeit.

Hilf uns erkennen, Herr, welch eine wunderbare Gabe das Beten ist. Hilf uns aus dem Bitten immer mehr ins Danken und Loben hinein und in die Anbetung deiner göttlichen Herrlichkeit hier und dort. Amen.

Glaube an den Herrn Jesus, so wirst du und dein Haus selig!

Apostelgeschichte 16, 31

Es ist beachtlich, daß die erste Christengemeinde in Europa aus zwei Hausgemeinden entstand. Die Purpurkrämerin Lydia in Philippi ließ sich taufen »mit ihrem Hause«. Und von dem Kerkermeister heißt es: »Er ließ sich taufen und alle die Seinen alsbald.« So kann es also sein: Die Kirche fängt im Hause an. Der Heiland hat das selber ausgesprochen: »Wo zwei oder drei versammelt sind in meinem Namen, da bin ich mitten unter ihnen.« Wo er ist, da ist Gemeinde Christi. Die Gemeinde und die ganze Christenheit lebt davon, daß alle ihre Glieder die »Kirche im Hause« haben. Solche »Kirche im Haus« ist die gottgegebene Gelegenheit zur Übung im christlichen Leben. Jeder neue Tag mit seinen Spannungen und Erlebnissen gibt Anlaß genug, zu prüfen, ob wirklich Glaube, Friede und Freude im Hause regieren, ob und wieweit Freundlichkeit, Sanftmut und Geduld vorhanden sind. Was im Hause geübt wird, das wird sich im Umgang mit andern Christen und allen, die noch nicht zur Gemeinde gehören, bewähren.
Was solch ein christliches Miteinander und Füreinander im Hause bedeutet, sehen die heranwachsenden Kinder. Kinder richten sich mehr nach dem, was ihnen von den Eltern vorgelebt wird, als nach dem, was die Eltern ihnen sagen. Ob in unseren Gemeinden deshalb so wenig Verbundenheit untereinander ist, weil Eltern in der »Kirche im Haus« ihren Kindern so viel schuldig geblieben sind?

Dir sei Dank, Herr Jesus, daß dir kein Haus zu klein ist, um lebendige Kirche zu sein. Laß auch uns dazu werden. Amen.

Ich, ich tilge deine Übertretungen um meinetwillen und gedenke deiner Sünden nicht. Jesaja 43, 25

Einmal im Jahr muß der Schatzmeister vor seinem Vorstand über seine Kassenführung Rechnung legen. Sie wird geprüft, und es wird ihm, wenn sie für richtig befunden ist, Entlastung erteilt.
Im täglichen Leben macht sich der Mensch gewöhnlich selber zum Schatzmeister und zum Rechnungsprüfer und erteilt sich auch selbst die Entlastung. Käme dergleichen im öffentlichen Leben vor, dann würde es heißen: »eine tolle Wirtschaft«. Ob es nicht etwa bei manchem Menschen so ist? Da stimmt kein Tagesabschluß, kein Jahresabschluß – und die Lebensbilanz erst recht nicht. Wer soll da Entlastung erteilen?
Wohl uns, daß Gott da ist. Er hat eine neue Möglichkeit: »Ich, ich tilge deine Übertretungen.« Das Wort Gottes ist eine Antwort auf den flehentlichen Hilferuf eines Verzweifelten: Wer kann mir helfen? »Ich, ich«, ist Gottes Antwort; er sagt es zweimal, als besorge er, daß der Verzweifelte es nicht hören könnte. Gott tilgt die Schuld am Kreuz. Bezahlt hat Jesus; nicht mit Gold oder Silber, sondern mit seinem heiligen, teuren Blut und seinem unschuldigen Leiden und Sterben. Nun sind wir für ewig entlastet.

Du ewiger Gott, wenn du von uns Rechenschaft forderst, können wir dir, »auf tausend nicht eins antworten«. Wir wissen nicht einmal mehr genau, wie oft und womit wir dein Gebot übertreten haben. Nun tilgst du selbst unsere Schuld am Kreuz. Mache uns der Vergebung gewiß und froh. Amen.

»Wer saget denn ihr, daß ich sei?«

Matthäus 16, 15

Über diese Frage Jesu an seine Jünger dürfen wir uns nicht wundern. Als er sie stellte, was sein Name in aller Munde. Alle rätselten an ihm herum, einige bekannten sich zu ihm, viele lehnten ihn ab. Manche sagten sich ausdrücklich von ihm los. Das wurden schließlich so viele, daß Jesus seine Jünger fragte: »Wollt ihr auch weggehen?« Nun sollten sie Stellung nehmen: »Wer saget denn ihr, daß ich sei?«
Diese Frage Jesu klingt dauernd durch die Welt. Jeder muß Stellung nehmen und tut das auch auf die eine oder andere Weise. Von dieser Stellungnahme hängt das ganze Leben ab. Sie ist ganz persönlich. Keiner darf dabei auf das hören, was andere sagen oder wie andere sich entscheiden. Jeder muß in seiner Entscheidung ganz frei sein, sonst hat sie keinen Wert.
Wir blicken auf das Kreuz. Da ist die unvorstellbare Entscheidung gefallen. Jesus hat sich für uns entschieden, um die Sünden der Welt zu sühnen und den Tod zu überwinden – für uns. Er dachte nicht an sich, seine Marter und seinen Tod, sondern nur an uns.
Was soll aus uns werden, wenn wir für unsere Sünden zur Rechenschaft gezogen werden? Wie sollen wir mit der Last des Lebens fertig werden? Wir müssen uns für Jesus entscheiden, ihn als unseren Herrn, unseren Heiland und unseren Erlöser annehmen. Er ist es!

Herr, mache uns zu solchen Menschen, die sich nicht an dir ärgern. Hilf uns glauben, daß du dich auf Golgatha für uns entschieden hast, damit wir uns für dich entscheiden und in dir festen Grund für unser Leben haben. Amen.

»Suchet in der Schrift; denn ihr meinet, ihr habt das ewige Leben darin; und sie ist es, die von mir zeuget.« Johannes 5, 39

Vor kurzem begegnete mir ein vielbelesener Mann. Es war erstaunlich, was er alles gelesen hatte und wie gut er in der alten und neuen Literatur Bescheid wußte. Man sah es an seinen Bücherschränken und an seinem Schreibtisch. In unserer Unterhaltung erklärte er, daß er immer weniger danach frage, was wohl an modernen Büchern erschienen sei; er habe nämlich angefangen, die Bibel zu lesen. Als ich ihn fragte, was ihn denn besonders an diesem Bibelbuch fessele, schwieg er zunächst; dann gab er ganz leise die Antwort: »Jesus«.
Dieser Mann ist nicht der erste, der beim Bibellesen von der Gestalt Jesu gepackt wird. Seltsam genug bleibt es immerhin, was für eine Gewalt und Wirkung von dem schwarz auf weiß gedruckten Wort ausgeht. Jesu Worte sind eben nicht wie die Worte anderer Menschen. Von ihnen geht eine Kraft aus, der sich keiner auf die Dauer entziehen kann, der einmal anfängt, sich in seine Worte zu versenken. Er wird darin versinken, und das Leben, das in diesen Worten steckt, wird sich seiner bemächtigen. Jesus erklärt selber, woran das liegt: »Die Worte, die ich rede, die sind Geist und sind Leben.« Sie sind das Leben aus der »oberen« Welt. Darum bleibt niemand, der sich mit der Schrift wirklich befaßt, so, wie er vorher war.

Dir hat es gefallen, du barmherziger Gott, dein Leben uns sehen zu lassen an Jesus Christus und die Kraft dieses Lebens in die Worte zu binden, die er gesagt hat. Wir danken dir, daß du uns in ihm so nahe kommst. Hilf uns durch ihn zum ewigen Leben. Amen.

So will ich nun, daß die Männer beten an allen Orten und aufheben heilige Hände ohne Zorn und Zweifel. 1. Timotheus 2, 8

Die einmütige Ansicht der meisten Männer über das Beten ist: das ist etwas für Frauen und Kinder! Beten ist für sie ein Zeichen der Schwäche! Betende Männer haben Seltenheitswert. Nichts macht die Entchristlichung des sogenannten christlichen Abendlandes so deutlich wie dieser Tatbestand. Umgekehrt hat diese Entchristlichung darin ihren Grund, daß der normale Mann meint, es sei unmännlich zu beten. Ist das wahr? Jesus war ein Mann – *der* Mann. Was ein Mann ist und woran ein echter Mann zu erkennen ist, das lernt man bei Jesus, und der war ein Beter. Sein Leben war ein einziges Gespräch mit Gott. Darum war sein Leben so herrlich, wie die Evangelien es schildern.

Dieser Beter Jesus sagt: Gott will solche Leute haben, die ihn im Geist und in der Wahrheit anbeten. Jesus muß es wissen. Von ihm weiß es Paulus; darum schreibt er: Ich will haben, daß Männer heilige Hände aufheben an allen Orten. Also in deiner Stube, im Büro, bei deinem Essen, in der Kirche. Das ist das Zeichen der Männlichkeit, wie Gott sie versteht. Und die ist das genaue Gegenteil von Kriecherei, Duckmäusertum und Zweigleisigkeit. Beten macht Männer zu Männern Gottes.

Du erhörst Gebet und vernimmst unser Schreien; denn du bist Gott und hast uns befohlen, daß wir uns an dich wenden. Wir danken dir, daß wir es dürfen. Laß uns gewiß sein, daß du uns besser verstehst, als wir es aussprechen können, und uns besser erhörst, als wir bitten, damit wir uns freuen und dich an allen Orten anbeten. Amen.

Redet untereinander in Psalmen und Lobgesängen und geistlichen Liedern, singet und spielet dem Herrn in euren Herzen. Epheser 5, 19

Singen ist selten geworden. Wer hat heute schon gesungen? Kein Volkslied, erst recht keinen Schlager, sondern ein Lied zur Ehre Gottes, weil ihm danach ums Herz war? Heute läßt sich der Mensch Musik vorspielen. Es heißt: Mit Musik geht alles besser! Aber solche Musik kommt von außen.
An solche Musik ist in unserem Wort nicht gedacht. Hier ist das Singen gemeint, das der Mensch selbst ausübt. Es geht darum, selber zu singen – weil man muß, weil man so überwältigt ist von der Barmherzigkeit, Güte und Treue Gottes, daß Worte allein gar nicht genügen, um es auszusagen. Paulus steht auf dem Standpunkt: Wo einer weiß, daß er erlöst ist von Sünden, Tod und Teufel, da muß es inwendig klingen. Da muß er das Lied singen zur Ehre Gottes. Und wenn einem die Gabe des Singens nicht gegeben ist, da muß es im Herzen klingen, dies Lied des Glaubens und der Freude. Wo es nicht klingt, da ist am Ende noch gar kein Glaube. Darum möchte Gott am Singen seiner Gemeinde hören, wie es um ihren Glauben bestellt ist. Das Lied zur Ehre Gottes ist das Lied der Herzen, die der Herr froh gemacht hat. Gott hört es gern.

Du ewiger Gott, die Engel singen das Lob deiner Barmherzigkeit und Heiligkeit. Du hast sie auch uns offenbart; denn du willst, daß wir mit ihnen das Loblied der Erlösten singen aus Freude, daß du uns hineingenommen hast in dein Reich. Laß uns frohe Lobsänger werden durch unsern Herrn Jesus Christus. Amen.

Christus hat euch ein Vorbild gelassen, daß ihr sollt nachfolgen seinen Fußtapfen. 1. Petrus 2, 21

Petrus hätte die Worte »Christus hat euch ein Vorbild gelassen« nie geschrieben, wenn ihm nicht immer wieder entrüstet gesagt worden wäre: Du kannst von keinem Menschen verlangen, daß er eine Untat mit einer Wohltat und Haß mit Liebe vergilt, das ist unmöglich. Petrus antwortet: Es ist möglich, Christus ist das Vorbild. Als Christen müßt ihr in seine Fußtapfen treten.
Seine Fußtapfen sind in den Evangelien deutlich erkennbar, und das Kreuz am Ende seines Weges ist überall sichtbar. Skiläufer wissen, es läuft sich leichter, wenn schon eine Spur da ist. Das Kind läuft leichter, wenn es in die Fußtapfen des Vaters treten kann. Jesus hat den Weg gebahnt, und es kommt nur noch darauf an, in seine Fußtapfen zu treten und in seiner Spur zu bleiben. Dazu sind alle aufgefordert. Wie nötig ist diese Aufforderung. Wer mit offenen Augen in die Welt schaut, muß zugeben, die Welt droht im Haß unterzugehen. Christus aber setzt grundsätzlich gegen den Haß die Liebe und gegen die Untat die Wohltat. Damit beginnt er in der Welt ein Neues. Er ist der Anfänger und das Vorbild einer neuen Menschheit. Sie ist schon im Werden. Wir sind mit allen anderen zu ihr gerufen, um so gesinnt zu werden, wie Jesus Christus auch war.

Herr Christus, wir können dich nicht sehen. Aber du hast uns in deinen Worten und Taten leuchtende Spuren hinterlassen. Mache uns willig, dir nachzuspüren, und laß uns erfahren, daß du uns auf dem Wege hinter dir her deinem Vorbild immer ähnlicher machst. Dir sei Lob und Dank! Amen.

»Ich bitte aber nicht allein für sie, sondern auch für die, die durch ihr Wort an mich glauben werden.«

Johannes 17, 20

Die Gemeinde Jesu lebt davon, daß der Herr der Gemeinde für sie betet. Sie hat es nötig; denn sie ist eine vom Satan belagerte Festung, und in ihr selber »menschelt« es nicht wenig. Auch in Kirchen geschieht das, was man im politischen Raum »Säuberung« nennt. Eine Gruppe spaltet sich ab, weil ihr die übrigen nicht »rein« genug sind. Dahinter steckt zwar die richtige Einsicht, daß die Gemeinde »heilig« sein muß; aber welcher Mensch kann da gerecht urteilen? Wird das nicht leicht immer wieder auf das hochmütige Gebet hinauslaufen: Ich danke dir, Gott, daß ich nicht bin wie die anderen – Gemeindeglieder?
Der Heiland will die Seinen vor dieser Gefahr bewahren. Darum bittet er den Vater für uns und alle, die nach uns kommen: »Heilige sie in deiner Wahrheit.« Der Vater soll die Gemeinde reinigen. Er stellt unablässig jeden vor die Wahrheit, vor Jesus. Da fällt die Entscheidung, ob man sich unter die Wahrheit beugt und zu der Bitte kommt: Gott, sei mir Sünder gnädig. Es gibt nur diesen einen Weg. Der muß dann weitergegangen werden; das heißt: Immer wieder– täglich! – ist die Beugung vor dem Gott der Wahrheit nötig für jeden, der zur Gemeinde gehört. Dann reinigt Gott. Die Beugung unter die Wahrheit reinigt. Aus der Reinigung aber kommt die Freude.

Wir müssen vor dir bekennen, du heiliger Gott, daß du die Wahrheit über uns besser weißt als wir selber. Aber wir trauen deinem Wort, daß du uns in Christus geheiligt hast, auch wenn wir nicht begreifen können, wie das zugeht. Tue uns nach dem Gebet deines lieben Sohnes, daß wir an ihn glauben. Amen.

Der Herr kennt die, die auf ihn trauen. Nahum 1,7

Mit unserer Sprache gehen wir oft recht leichtfertig um. »Kennst du den?« wird einer gefragt, und der Gefragte antwortet: »Ja, der steht doch hier an jedem Morgen an der Haltestelle.« Weder Name noch Art, noch Wohnung, noch Charakter, noch Stellung, noch irgend etwas Näheres kennt der Gefragte; aber er sagt »Ja«.
An der Bibel können wir unsere Sprache kennenlernen. Wenn die von »kennen« redet, dann meint sie kein oberflächliches »Gesehenhaben«, sondern ein Kennen, das durch und durch geht, das nur zustande kommt, wenn man Tag und Nacht mit dem andern umgeht und lebt. Das etwa meint der Prophet Nahum, wenn er sagt: »Der Herr kennt die, die auf ihn trauen.«
Der Herr weiß also genau, wer die sind, die sich von ganzem Herzen auf ihn verlassen, – und mit denen er lebt. Denen gibt er von seinem Leben ab. Nach dem Vertrauen fragt er, das wir ihm bringen, und wo er's bekommt, läßt er den Menschen in sein Leben ein. Da ist dann keine Angst mehr um Zukunft und Alter, keine Furcht vor Gericht und Satan. Da ist Freude an dem, was Gott getan hat und tut, und Dank für alle seine Wohltaten: für die Vergebung, die täglich neu ist, für den Geist, der erneuert, für die Führung, die oft so seltsam und doch so wunderbar ist. Das Verwundern darüber, wie gut uns Gott kennt und leitet, wird immer größer und unser Verlangen, ihn von Angesicht zu schauen, auch.

Herr, daß du uns kennst, beschämt uns tief; denn du siehst alle unsere Schuld. Herr, daß du uns nicht verwirfst, sondern vergibst, richtet uns auf. Herr, daß du uns in deine Zucht nimmst und nach deinem Bilde bildest, ist unser Leben. Dir sei Lob und Dank. Du hilfst uns zum Leben. Amen.

Liebe Kindlein, ich schreibe euch; denn die Sünden sind euch vergeben durch seinen Namen.

1. Johannes 2, 12

Die lieben Kindlein waren erwachsene Leute. Diese Anrede ist nicht damit erklärt, daß ein Vater auch zu dem 50jährigen Sohn noch sagen kann: Liebes Kind! Auch nicht damit, daß Johannes als ihr geistlicher Vater, durch den sie zum Glauben gekommen waren, sie mit Recht so nennen konnte.
Johannes gehört selber zu den »lieben Kindlein«. Er war wie sie alle durch Jesus in ein neues Verhältnis zu Gott gekommen: »Die Sünden sind euch vergeben durch Christi Namen.« Die Sünde war keine Grenze mehr zwischen dem Vater und den Kindern, Jesus hatte sie aufgehoben. Das war das Entscheidende. Gott war aller Vater geworden und sie alle waren Söhne und Töchter Gottes in dieser Welt. In jedem Vaterunser sprach jeder diese neue Beziehung zu Gott aus. Alle anderen Beziehungen, die sonst noch zwischen ihnen bestanden, daß sie Verwandte, Nachbarn, Berufskollegen waren oder Bewohner der gleichen Stadt, waren Dinge zweiter Ordnung. Der erste alle fest verbindende Zusammenhang war: Gott ist unser Vater. Das war fortan das Wichtigste für sie. Mitten in der Welt gehörten sie zum Vater, der für sie da war und sie für ihn, in Zeit und Ewigkeit. Dieses Wissen festzuhalten und es sich durch niemand und nichts nehmen zu lassen, war ihr Leben. So kann es heute und immer auch für uns werden und bleiben.

Dir sei Dank, Vater, daß du für Leute, wie wir sie sind, Vater sein und bleiben willst und wir deine Kinder sein dürfen. Laß uns durch dieses Wissen alle Tage deiner froh werden. Amen.

Ruhet ein wenig. Markus 6, 31

Jeder Tag mit all seinem Tun beansprucht Körper, Geist und Sinne in hohem Maße, aber auch das Herz. Herz und Mut kann nur Gott immer wieder stärken. Der Mensch findet Gott schwer im Lärm des Tages. Dazu gehört Stille. Doch wo ist Stille?
In der Kirche ist es still. Wo sie auch an Wochentagen geöffnet ist, kann der Mensch dort still seine Hände falten und vor Gott ausbreiten, was das Herz bedrückt. Sicher gehst du mit getrostem Herzen wieder heraus. Wenn nicht beim ersten oder zweiten, dann beim nächsten Mal. Es will eben einmal angefangen sein.
Solch Alleinsein mit Gott ist unentbehrlich für jeden, ganz gleich, wer er ist und in welcher Arbeit er steht. Der Tag und die Arbeit bekommen dadurch immer den richtigen Kurs. Kapitän und Pilot »peilen die Lage«, ihren Standort, auch unentwegt, um festzustellen, ob sie noch den richtigen Kurs haben. Und wir, die wir in einer gefährlichen Welt unterwegs sind zur ewigen Herrlichkeit, sollten das nicht auch tun? Wie können wir ruhig und fröhlich sein, wenn wir nicht unseres Weges gewiß sind?
Seinen Jüngern empfiehlt Jesus die Stille aus eigener Erfahrung. Aus der Stille des Umgangs mit Gott kommt die Kraft, mit der Unruhe unsres Herzens und der Welt draußen fertig zu werden.

Gottes Führung fordert Stille. Wo der Fluß noch selber rauscht, wird des Vaters ew'ger Wille mit der eignen Wahl vertauscht. Göttliche und innere Dinge lassen vollends gar nicht zu, daß man sie im Sturm erzwinge, sondern weisen uns zur Ruh. Ebnen soll sich jede Welle; denn mein König will sich nahn. Nur an einer stillen Stelle legt Gott seinen Anker an. Amen.

Meine Seele verlangt nach deinem Heil: ich hoffe auf dein Wort. Psalm 119, 81

Ob nicht die ganze Unsicherheit und Zerrissenheit des modernen Menschen daher rührt, daß er über der Pflege des äußeren Menschen verabsäumt, dem inneren Menschen die nötige Pflege durch das Wort Gottes angedeihen zu lassen? Ob nicht die völlig verfahrene Lage in der ganzen Welt, die der vom Wort Gottes gelöste Mensch hervorgerufen hat, uns deutlich machen soll, daß es gar keine andere Hilfe gibt als die Heimkehr zum Wort? Daß wir lernen müssen: ohne das Wort keine Rettung, weder für den einzelnen Menschen noch für die Welt?
Dann wäre also die Sehnsucht nach Frieden, nach Kraft, nach Gerechtigkeit die Diagnose dafür, daß der einzelne und die Menschheit am Wort vorbeigegangen sind. Dann wäre das Gebet: »Ich hoffe auf dein Wort« das Zeichen, daß nun erkannt ist, was fehlt, und wieder geglaubt wird: Alle Hilfe kann nur vom Wort kommen.
Was könnte uns anderes helfen als das Wort Jesu: »Sei getrost, deine Sünden sind dir vergeben.« Alle unsere Ohnmacht und Angst kann nur eins – bitten, so wie hier gebetet wird: »Meine Seele verlangt nach deinem Heil; ich hoffe auf dein Wort.« Anders läßt sich das Leben nicht finden, und anders läßt es sich nicht bestehen.

Herr, du hast den Menschen auf dich hin geschaffen. Wir gehören nach deinem heiligen Willen zu dir. Immer wieder vergessen wir das. Vergib uns und lehre uns, auf dein Wort zu hören, das Leben schafft und an Leib und Seele gesund macht. Laß uns seine Macht und sein Heil täglich erfahren. Amen.

Ich will das steinerne Herz wegnehmen aus ihrem Leibe und ihnen ein fleischernes Herz geben.

Hesekiel 11,19

Ein herzkranker Mann ließ einmal seinem Unmut beim Arzt freien Lauf: »Jetzt behandeln Sie mich schon über drei Jahre, und alles, was Sie mit mir angefangen haben, hat nichts geholfen!« Der Arzt wurde schließlich ärgerlich und sagte: »Ja, mein Lieber, einfach ein neues Herz einsetzen, damit ist es auch nicht getan.«
Aber an solche Dinge denkt der Prophet nicht. Wenn er »Herz« sagt, dann meint er das Wesen und die Sinnesart des Menschen. »Der hat ja kein Herz, der hat einen Stein in der Brust«, sagt der Volksmund von einem hartherzigen und gefühllosen Menschen. Steinerne Herzen machen die Welt kalt und das Leben schwer, das eigene und das anderer Menschen auch.
Dazu ist aber die Welt nicht gemacht und das Leben auch nicht. Gottes Welt soll voll gütiger Herzen und Menschen sein, wie Jesus war. Er ist der Mensch mit dem »fleischernen« Herzen, wie Gott es jedem zugedacht hat! Ja, wenn alle Christen, wenn du und ich, wenn wir solche Herzen hätten! Willst du das wirklich? Gott will! Begegnet sein Wille dem unseren, dann wird Wirklichkeit, was wir einige Kapitel weiter bei Hesekiel lesen: Wir werden solche Leute, die in Gottes Geboten wandeln und seine Rechte halten und danach tun. Das ist Gottes lebenumgestaltende Operation; sie verschafft uns wirklich ein neues Herz.

Wecke in uns, lieber Vater, ein solches Vertrauen zu dir, daß wir dir unser ganzes Herz überlassen, damit wir Menschen nach deinem Herzen werden. Amen.

Es wird gepredigt werden dies Evangelium vom Reich in der ganzen Welt zum Zeugnis für alle Völker. Matthäus 24, 14

Die Forscher der Völkerkunde haben die überraschende Beobachtung gemacht, daß alle Völker einen Glauben und eine Religion haben, die dem ganzen Leben des Volkes ihren Stempel aufdrückt. Sie sind alle irgendwie »gläubig«. Ob sie in ihrem Glauben, wie viele behaupten, wirklich glückliche Leute sind, ist eine andere Frage. Seltsam ist jedenfalls, daß eine Fülle von Völkern ihren alten Glauben hat fahren lassen, um das Evangelium von Jesus Christus anzunehmen. Es zwang sie niemand! Sie müssen in dem neuen Glauben an Christus etwas gefunden haben, was sie vorher nicht hatten und doch brauchten.
Wenn man einmal überdenkt, was der Welt mit dem Evangelium gegeben ist, und sieht, wie wenig die sogenannten »christlichen« Völker davon haben, könnte man weinen. Solch ein Angebot Gottes – und so mißachtet! Aber mitten in allen Völkern der Welt lebt eine Gemeinde Jesu in den verschiedenartigsten Kirchen: die eine Kirche Christi. Sie hat den Auftrag Jesu, das Evangelium allen Völkern zu verkünden, nicht vergessen. Sie steht mit Freuden am Werk, weil sie weiß, daß der Herr sein Reich vollenden wird, wenn das Evangelium allen Völkern verkündigt ist. Christus für die Welt! Die Welt für Christus.

Du Gott über Himmel und Erde, über alle Völker und Reiche, dich beten wir an. Lebendiger Gott, du sammelst dir eine Gemeinde, die dir dient in Ehrfurcht und Liebe. Du hast auch uns da hineingerufen. Stärke uns den Glauben und die Liebe, bis alle Welt dich in deinem Heiland ehrt. Amen.

Ich bin der Herr, dein Gott. Du sollst keine anderen Götter haben neben mir. 2. Mose 20, 2.3

Null ist nichts. Eins ist die kleinste Zahl. Zwei ist mehr. Drei ist noch mehr. Wir verstehen zu rechnen. Wir haben gern mehr als ein Eisen im Feuer und gern mehr als nur eine Sicherung. Wer will leugnen, daß wir genau nach dieser Art handeln?
Gott mutet dem Menschen das genaue Gegenteil zu. Wir sollen *nur ihm* vertrauen, *nur ihn* fürchten, *nur ihn* lieben, *nur ihn* und niemand und nichts neben ihm.
Gott erklärt selbst, warum er das verlangt. »Ich bin der Herr, dein Gott.« Damit übernimmt er die ganze Fürsorge für den Menschen und sagt dem Menschen seine ganze göttliche Hilfe zu – in allen Dingen. Gott darf darum auch erwarten, daß er bei jedem an erster Stelle steht.
Was wir neben ihn stellen, das würde ihm seine Ehre nehmen. Verstehen wir Paulus? Neben Jesus gilt nichts. Verstehen wir Luther? Neben Jesus gilt nichts. Wer neben Jesus noch anderes stellt, der raubt Gott seine Ehre, der beansprucht einen Platz neben Gott, der setzt sein eigenes menschliches Wort dem Worte Gottes gleich, der spaltet damit aber auch den Menschen, so daß er nicht mehr Mensch sein kann und das Ebenbild Gottes verliert. Das soll aber gerade nicht geschen! Darum wacht Gott »eifersüchtig« darüber, daß ihm, *ihm allein* die Ehre gegeben wird.

Du Allmächtiger, du hast dich in deiner Barmherzigkeit uns zugewandt. Gib doch, daß wir erkennen, wie gut du bist und wie sicher wir in deiner Hut leben, damit wir – je länger, desto mehr – unser Vertrauen auf dich ganz allein setzen wie Kinder auf ihren Vater. Amen.

Der Knecht aber bleibt nicht ewiglich im Hause; der Sohn bleibt ewiglich. Johannes 8, 35

Gedenktage lassen rückwärts schauen. Sie erinnern an ein Ereignis, das vergangen ist. Das Wort »Reformation« sagt aber, daß es gerade nicht um ein Zurückschauen auf Vergangenes geht, sondern um Gottes gegenwärtiges Wirken. Er will dem Menschen und der Gemeinde die Form geben, die sie nach seinem Willen haben soll. Dazu zeigt Gott in Jesus den Menschen, der in Wahrheit Mensch ist.
Jesus wollte seine Landsleute unlöslich mit sich verbinden und sie frei machen, von sich selbst und von ihrer Vergangenheit. Die war belastend genug. Sie hatten zwar in dem Land das Zuhause bekommen, das Gott ihnen verheißen hatte, aber bei Gott waren sie nicht zu Hause. Sie hätten sonst den Sohn, der aus des Vaters Haus kam, nicht verworfen. Sie begriffen nicht, daß er sie zu seinen Brüdern und Schwestern und zu Kindern seines Vaters haben wollte, wie er es selber war. Diese Reformation hat Jesus angefangen, die Wiederherstellung des wirklichen Menschen.
Lassen wir uns in diese Umwandlung hineinziehen? Sonst ist jede Reformationsfeier umsonst. Lassen wir uns aber vom Worte Jesu neu machen, dann stehen wir in der rechten Reformation und sind da zu Hause, wo er ist.

Habe Dank, Vater, daß du uns Jesus vor die Augen stellst und am Werk bist, uns ihm ähnlich zu machen. Hilf, daß wir uns dagegen nicht wehren, sondern das willig an uns geschehen lassen, damit wir mit ihm verbunden und mit dir eins werden. Amen.

Wir aber predigen den gekreuzigten Christus.

1. Korinther 1, 23

Das war Luthers große Entdeckung: Nur vom Kreuz und vom Gekreuzigten her erkennt der Mensch die Wahrheit über sich selbst und die Welt. Vom Kreuz her ist Luthers Glaube erneuert worden, darum war es das Bemühen seines Lebens, den gekreuzigten Christus zu verkündigen. Vom Gekreuzigten her beginnt immer Gottes Reformation, die Neugestaltung des Menschen, der Gemeinde und der Welt. So hat Gott es gewollt. So hat es Christus offenbart. So haben die Apostel es verkündigt.
Auch uns, gerade uns und der Welt von heute! Sie steht in einem heißen Ringen um ihre Neugestaltung. Wir wissen zwar, daß sie eine vorübergehende Welt ist, auf die neue Welt hin. Aber gerade deswegen dürfen wir als Christen sie nicht sich selbst überlassen. Wir sind verpflichtet, ihr den gekreuzigten Christus zu verkündigen, weil nur der Gekreuzigte das tragende Fundament für ein neues Volk Gottes sein kann. Wir wissen um die Widerstände in der Welt; aber wir wissen erst recht um den Plan Gottes: Sie soll durch Jesus Christus aus etwas Vorübergehendem in eine herrliche Ewigkeit verwandelt werden. Menschen von Fleisch und Blut wie wir dürfen durch die Verkündigung des gekreuzigten Christus mithelfen, daß Menschen in der Welt ihren festen Standsort gewinnen und sich um nichts mehr ängstigen müssen, weil sie wissen, daß sie eine gesicherte und herrliche Zukunft haben: die Herrlichkeit Gottes.

Habe Dank, Herr Jesus, daß du mit uns tauschst: Du nimmst unsere Sünde und gibst uns deine Gerechtigkeit; wir sind dein Tod, und du bist unser Leben. So lieb hast du uns. Amen.

Glaubt ihr nicht, so bleibt ihr nicht. Jesaja 7, 9

Vom Reformationsfest kommen wir her, und jeder von uns soll es sich noch einmal ernstlich sagen lassen: Die Reformation Luthers nützt dir nichts, wenn du nicht durch das Wort Gottes zu einem neuen Leben kommst. Du mußt täglich Gottes Wort in dein Herz nehmen und aus diesem Wort heraus leben. Das heißt glauben! Um zum Glauben zu helfen, hat Luther seinen »lieben Deutschen« die Bibel in die deutsche Sprache übersetzt. Jeder sollte sie in seiner Muttersprache lesen können und beherzigen. Darum hat er seinen Katechismus geschrieben, den großen und den kleinen. Jeder sollte über die Grundlagen seines Glaubens Bescheid wissen. Darum hat er seine Lieder gedichtet. Jeder sollte ein Lied von dem singen können, der seines Glaubens Grund ist.
Wer aufgehört hat zu glauben, der hat den festen Grund des Lebens verlassen, will der Prophet sagen. Er stellt eine Gewissensfrage an sein Volk – heute also an die Kirche, die Gemeinde Jesu; denn das Volk fragt im allgemeinen nicht viel nach Gott. Hat die Kirche Glauben gehalten, so daß um ihres Glaubens willen das Volk erhalten bleiben kann? Laßt uns Raum haben im Herzen für Gottes Reformation, Raum haben in der Kirche für den Geist Gottes! Dann werden wir »bleiben« und Treue halten können, weil wir den Glauben haben, der mit Gottes Zusage in seinem Wort unbedingt rechnet.

Dir, Vater, sei Dank. Du willst, daß wir in Zeit und Ewigkeit eine Bleibe bei dir haben. Du hast sie uns durch deinen Sohn geschaffen. Gib, daß wir deinem Wort vertrauen und das Ende des Glaubens davonbringen, unserer Seele Seligkeit. Amen.

Wir haben geglaubt und erkannt, daß du bist Christus, der Sohn des lebendigen Gottes. Johannes 6, 68

Jesus stellt die Vertrauensfrage. Jeder Christ muß sie beantworten. Zu wem und an wen halten wir uns? Wirklich zu Christus? Hat er den ersten Platz in unserem Leben? Bestimmt er täglich Weg, Ziel, Wort und Leben? Er zwingt keinen. Er will nur Freiwillige. Sind wir das?
Wir müssen uns dieser Frage stellen, gerade wir, denn wir tragen Christi Namen. Die Frage läßt sich, wie wir an der Antwort des Petrus deutlich sehen, nur praktisch beantworten: »Wir haben geglaubt und erkannt.« In dieser Reihenfolge: zuerst »geglaubt« und dann »erkannt«. Wir wollen immer umgekehrt. Wir wollen zuerst die Beweise, und dann, falls uns die Beweise genügen, wollen wir glauben. Das ist aber kein Glauben mehr. Petrus meint: Wir haben es gewagt, mit dir zu gehen, als du uns in die Nachfolge riefst; zuerst haben wir geglaubt, und dann haben wir erkannt: Du bist der von Gott Verheißene.
Einen anderen Weg gibt es nicht. Nur der, der es mit Christus wagt, wird erkennen, was es mit Christus auf sich hat und wer er ist. Es gilt, der Einladung Jesu nachzukommen: »Folge mir nach.«

Vater, du hast uns in der Welt nicht uns selbst und erst recht nicht dem Satan überlassen. Du rufst uns durch dein Wort in die Nachfolge Jesu. Schenke uns den Mut, es mit ihm zu wagen. Du willst auch uns erfahren lassen, daß du deinen Sohn uns zum Heiland bestimmt hast. Dir sei Lob, Ehr und Preis. Amen.

Ihr sollt verkündigen die Wohltaten des, der euch berufen hat von der Finsternis zu seinem wunderbaren Licht. 1. Petrus 2, 9

Gott selber hat die Menschen dazu berufen, »Kinder des Lichtes« zu werden. Jeder Mensch soll das erfahren. Kinder des Lichtes sind alle, die sich von Jesus, der das Licht der Welt ist, erfüllen und durchströmen lassen. Sie strahlen dann von innen her – wie die Sonne – das Licht aus, das Jesus in ihnen angezündet hat.
Das wird sich in unserem Umgang auswirken. Jeder hat viele Berührungspunkte mit anderen Menschen. Hier ist für Kinder des Lichtes die Möglichkeit, das Licht, mit dem das Licht der Welt sie erfüllt, ausstrahlen zu lassen. Sie können das, weil sie diese Kraft zum Strahlen nicht aus sich selber nehmen – dann wären sie schnell am Ende – sondern weil Christus aus der Fülle seines Lichtes ihnen diese Kräfte immer wieder neu zufließen läßt. Er gibt sich selbst und alle seine Gaben denen, die sich ihm öffnen. Je mehr sie sich öffnen, um so mehr gibt er. So werden sie Lichter in der Finsternis dieser Welt, und es wird wahr, was er seinen Jüngern gesagt hat: »Ihr seid das Licht der Welt«.
Ob es bei uns leuchtet? Leuchtende Menschen sind eine unübersehbare Verkündigung mitten im Alltag. Die ist unser Beruf, in den Gott uns gestellt hat. Wir wollen ihn nicht verfehlen.

Hab Dank, Vater des Lichtes, daß du uns in dein Licht stellst und unser Herz erhellst. Laß uns Träger deines Lichtes werden, Zeugen deiner Kraft, anderen zur Hilfe in ihrer Finsternis, dir zur Ehre. Amen.

Das ist ein köstlich Ding, dem Herrn danken und lobsingen deinem Namen, du Höchster. Psalm 92, 2

»Allen recht getan, ist eine Kunst, die niemand kann«, sagt der Volksmund. Wollte man auf das Gerede der Menschen hören, dann kann Gott es auch nicht. Keinem macht er es recht, immer haben wir an ihm etwas auszusetzen. Wir sind mit ihm unzufrieden. Also geschieht gewöhnlich das genaue Gegenteil von dem, was hier geraten wird. Wir danken nicht, wir singen Gott auch keine Loblieder.
Im übrigen halten wir Menschen und Kinder für schlecht erzogen, wenn sie sich nicht bedanken, und wären sogar entrüstet, wenn aus einem Chor, der uns zu Ehren ein Geburtstagslied singen will, einige erklärten: Für den singe ich nicht! Wollen wir Gott und die Menschen mit zweierlei Maß messen? Hat Gott es nicht *vor* allen andern um uns verdient, daß wir ihm danken? Leben wir nicht einzig und allein von seinen Gaben? Hat er es nicht verdient, daß wir ihm um seiner Vollkommenheit willen die Ehre geben und ihm Loblieder singen? Hat er uns nicht an Jesus sehen lassen, wie vollkommen er ist? Und diese Vollkommenheit dürfen wir nicht nur an ihm sehen, die will Gott uns sogar schenken – um Jesu willen. Wer davon hat, der wird nicht mehr aufhören, zu danken und zu lobsingen.

Dir sei Ehre und Dank und Lob, du gütiger Gott, für alle deine Barmherzigkeit und Treue und für alle deine Gaben. Sie sind nicht zu zählen. Laß uns unsere Undankbarkeit nicht entgelten, tue uns Herz und Lippen auf, daß wir mit allen deinen Heiligen dich loben und uns deiner freuen. Amen.

Siehe, es kommt die Zeit, spricht Gott der Herr, daß ich einen Hunger ins Land schicken werde, nicht einen Hunger nach Brot oder Durst nach Wasser, sondern nach dem Wort des Herrn, es zu hören.

Amos 8, 11

Zu allen Zeiten sind die Menschen so wie zur Zeit des Amos. Sie wollen das Leben genießen. Dazu brauchen sie Geld, und darum will jeder recht viel verdienen. Ganz gleich, ob auf redliche oder unredliche Weise, sogar an Feiertagen. Was fragen sie nach Gottes Wort? Das ist ihnen Nebensache, überflüssiges Beiwerk, bestenfalls eine gute Dekoration für feierliche Anlässe, sonst nichts.
Ob Gott das Verdienen und Genießen ruhig mit ansehen wird? Es kann auch anders kommen. Es kann schnell geschehen, daß die Wertlosigkeit alles irdischen Besitzes offenbar wird und man die ganze Zeit, die mit Vergnügung und Belustigung ausgefüllt war, als verlorene Zeit erkennt. Es kann geschehen, daß durch die Verachtung des Wortes Gottes der eigentliche Sinn des Lebens verlorengeht. Eines Tages kann die furchtbare Erkenntnis aufdämmern: zu spät! Was dann? Dann hilft nichts weiter als das Wort, das Gott spricht. Dann ist Gottes Stunde. Dann ist der Hunger und der Durst nach dem Wort da, das allein allen Hunger und Durst stillen kann. Wohl dem, der es dann annimmt.

Dir sei Lob und Dank, lieber himmlischer Vater, daß du nicht aufhörst, uns anzureden, und daß wir dein Wort haben. Vergib, daß wir es so oft überhören, und laß uns erfahren, daß es uns mit dir verbindet, daß es allen Hunger und allen Durst nach Leben für immer stillt. Gib uns dein ewiges Leben. Amen.

Gehe zuvor hin und versöhne dich mit deinem Bruder und alsdann komm und opfere deine Gabe.

Matthäus 5, 24

Seit sich der Heiland als vollkommenes Opfer für unsere Schuld dargebracht hat, braucht die Gemeinde Jesu kein weiteres Opfer. Bei jeder Feier des Abendmahls hat sie Anteil am vollkommenen Opfer Christi und darf sich freuen: Unsere Schuld ist abgetan. Im Abendmahl gibt Gott jedem Vergebung und Frieden. Aber wer an diesem Frieden Anteil haben will, muß zuvor mit jedem anderen, der etwas gegen ihn hat, Frieden schließen. Frieden mit Gott bedingt zugleich Frieden mit den Menschen. Also: Gehe zum andern hin, ehe du das Abendmahl nehmen willst, und reiche ihm die Hand zur Versöhnung.
Jesu Forderung gilt auch für den, der nach seiner Meinung »im Recht« ist. Der andere meint nämlich auch, er sei es. Hier geht es aber nicht um dein oder sein Recht. Wo das Abendmahl gefeiert wird, da gibt es kein »Recht« mehr; denn »da ist das ewige Erbarmen, das alles Denken übersteigt«. Da gilt nur Vergebung und Barmherzigkeit. Dann ist das Himmelreich mitten unter uns. Welch ein Strom der Vergebung und des Friedens kann von allen Abendmahlsgästen in eine haßerfüllte und friedlose Welt hineinfließen, wenn sie selber vergeben und Frieden machen, weil sie Vergebung und Frieden empfangen haben.

Dir sei Dank, Vater, du hast deinen Sohn geopfert, damit wir Frieden bekommen. Hilf uns, daß wir unser rechthaberisches und eigensüchtiges Herz hergeben, damit wir Menschen des Friedens werden und mit Recht »Kinder des Friedens« heißen, weil du, der Gott des Friedens, unser lieber Vater bist. Amen.

Zerreißet eure Herzen und nicht eure Kleider und bekehret euch zu dem Herrn, eurem Gott! Joel 2,13

Teilnahme an religiösen Bräuchen ist noch lange kein Beweis dafür, daß eine wirkliche Verbindung zu Gott besteht. Das will der Prophet Joel seinem Volk und uns sagen. Leute mit zerrissenen Kleidern oder mit Säcken angetan, mit Asche oder Staub auf dem Kopf, hatte er bei Bußtagen seines Volkes oft gesehen. Das sollte das Zeichen für eine bußfertige Haltung vor Gott sein. Nur – wer wollte erkennen, ob hinter dem zerrissenen Kleid wirklich ein bußfertiges Herz schlug?
Joel hat seine Erfahrungen gemacht. Leute in Sack und Asche hat er viele gesehen, aber keine wirkliche Abkehr vom gottlosen Leben und keine Hinwendung zu Gott. Und diese Umkehr war doch das Entscheidende. Buße ist entweder Beginn eines neues Lebens oder nur leere Form. Sollte sich Gott mit einem zerrissenen Kleid und Asche auf dem Kopf anstelle eines reuigen Herzens begnügen? Er wollte echte Umkehr des Herzens! Dadurch sollte der wirklich Bußfertige erfahren, wie gnädig, barmherzig, geduldig und gütig Gott ist. Denn Gott ist freundlich der Seele, die nach ihm fragt. Ein selbstgerechtes, stolzes Herz kann Gott nicht gefallen; ein zerschlagenes und demütiges gefällt ihm wohl. Dem hilft er auf.

Du heiliger Gott, vor dir gilt kein frommes Gehabe. Du siehst auf die Echtheit und die Wahrhaftigkeit. Du läßt dich nicht täuschen. Wir danken dir, daß du selber uns durch dein Wort zur Abkehr von allem frommen Schein führst und uns in die Wahrheit leitest. Hilf uns zu erkennen, wie groß deine Treue und Gnade sind. Amen.

Wer aber beharret bis ans Ende, der wird selig.

Matthäus 24, 13

Übersehen wir nicht, daß diese Verheißung an die Bedingung geknüpft ist: »Wer aber beharret bis ans Ende!« Gemeint ist das, was Jesus an anderer Stelle mit den Worten sagt: »Bleibt in mir« – »bleibe am Weinstock« – »bleibet in meiner Liebe«. Dieses »Bleiben«, das so einfach klingt, ist darum so schwierig, weil der Herr unsichtbar ist; aber seine Widersacher sind sichtbar. Die tägliche Aufgabe besteht darin, dem Unsichtbaren mehr zu trauen als dem, was vor Augen ist. Das aber ist gerade der Erweis des Glaubens, nach dem Jesus fragt. Diesen Beweis erbringen heißt: beharren.

»Beharren« ist also kein Zustand der Ruhe. Beharren gleicht der Bewegung der Magnetnadel im Kompaß. Jede Drehung des Kompasses versetzt sie zwar in Bewegung, aber immer wieder stellt sich die Nadel auf den Magnetpol ein. Es ist der Gemeinde Jesu verheißen, daß sie hin und her geschüttelt und gestoßen wird und daß viele Drangsale über sie kommen. Gerade darin soll sie aber das »Beharren« lernen. Der Herr, »der ewige Magnet«, hilft ihr, daß sie mitten in der Drangsal Richtung und Weg nicht verliert, sondern immer wieder zu ihm zurückfindet.

Lieber Vater im Himmel, du hast uns in deinem lieben Sohn einen festen Grund gegeben, auf dem wir sicher stehen und bleiben können. Wir danken dir. Hilf uns, daß wir uns durch niemand verlocken lassen, diesen Standort zu verlassen. Halte du selbst uns fest bei deinem Wort, damit deine Verheißungen sich an uns erfüllen. Amen.

Es kommt die Stunde, in welcher alle, die in den Gräben sind, werden seine Stimme hören.

Johannes 5, 28

Der kluge Mensch, der so vorsorglich alles überlegt, macht gewöhnlich vor dem Gedanken an sein Sterben Halt. Aber so gewiß, wie er lebt, muß er auch Sterben. Und dann? Dann hat nur noch eine Stimme Gewicht, die Stimme Jesu, die schon jetzt in die Welt hinein den Menschen ruft. Jetzt kann er ihr ausweichen, sie überhören; dann aber nicht mehr. Wenn wir uns doch Gedanken darüber machten, wie es weitergeht. Es geht nämlich weiter.
Jesus redet von einer doppelten Möglichkeit. So schön die eine ist, so furchtbar ist die andere. Die eine ist Auferstehung zur Herrlichkeit, die andere Auferstehung zum Gericht. Wer will nach seinen Worten und Werken gerichtet werden? Jeder weiß, was dabei herauskommt. »Wer mein Wort hört«, sagt Jesus aber, »und glaubt dem, der mich gesandt hat, der hat das ewige Leben und kommt nicht in das Gericht.« Da ist die Möglichkeit, dem Gericht zu entgehen. Die einzige! Sie ist deine Möglichkeit. Du hast sie in der Hand. Was weiß der Mensch über die Stunde, in der er stirbt? »Es kommt die Stunde«, sagt Jesus. Er möchte uns »zur Auferstehung des Lebens« gelangen lassen, wenn wir ihm anhangen.

Du unser Heiland, du Richter der Welt, wir beten dich an um deiner Liebe willen, mit der du uns rufst und suchst. Wir wissen, daß all unser Tun umsonst ist, auch in dem besten Leben. Laß uns die Vergebung zuteil werden, die du uns am Kreuz erworben hast, und laß uns zum Leben in deiner Herrlichkeit auferstehen. Amen.

Fürchte Gott und halte seine Gebote. Prediger 12, 13

Kostbar sind das Leben und die Zeit. Beides hat Gott dem Menschen zur Verfügung gestellt, damit er etwas daraus mache, was vor Gott bestehen kann. Alle Anweisungen dazu hat Gott in seinen Geboten gegeben. Daß wir uns nur nicht von unseren Wünschen und den vergänglichen Dingen verlocken lassen,so wertvoll sie auch scheinen. Sie müssen von der letzten Stunde unseres Lebens her betrachtet werden, dann verlieren sie ihren Glanz. Schade um die Zeit, die wir brauchen, um sie zu gewinnen. Wir leben nicht zweimal. Das kostbare Leben, das Gott uns gegeben hat, will mit den Kostbarkeiten Gottes gefüllt werden. Auch seine Gebote gehören dazu. Bewahren wir sie, dann bewahren sie uns davor, daß wir eines Tages über ein verfehltes Leben klagen müssen. Dann haben wir weder Menschen noch Tod zu fürchten.

Das ist das Wunderbare: Furcht vor Gott treibt alle andere Furcht aus. Wer Gott fürchtet, der ist ihm angenehm. An Jesus ist das zu sehen. Er hat uns ein Leben ohne Furcht vorgelebt, damit wir seine Herrlichkeit erkennen und es ihm nachleben. Ist Jesu Leben nicht voller Wunder? Lockt es uns nicht, ein Leben wie seines zu gewinnen? Darauf will Gott mit uns hinaus. Das ist auch die Absicht seiner Gebote. Wir gewinnen erst dann unser eigentliches Leben, wenn wir seine Gebote halten, und Johannes hat ganz recht: Seine Gebote sind nicht schwer.

Dir sein Dank, Vater, daß deine Gebote uns in dein Leben und in deine Herrlichkeit führen. Halte du uns bei deinen Geboten, damit wir nach deiner Verheißung dein Leben gewinnen. Amen.

Seid gleich den Menschen, die auf ihren Herrn warten, wann er aufbrechen wird von der Hochzeit, auf daß, wenn er kommt und anklopft, sie ihm alsbald auftun. Lukas 12, 36

Nach Gottes Willen soll die letzte Stunde des Lebens die seligste Stunde werden. So ist es den Wartenden von Gott zugedacht, der Herr über Tod und Leben ist und durch die Auferstehung seines Sohnes dem Tode die Macht nahm. Nicht Grauen vor dem Tod soll die Seinen ängsten, sondern die Erwartung auf die Vollendung soll ihr Herz erfüllen. So hat es Jesus gewollt, als er davon sprach, daß in seinem Reich die Seinen mit ihm zu Tisch sitzen werden. Das Heilige Abendmahl, das er eingesetzt hat, ist Zeichen und irdisches Abbild des Mahls, das in der Herrlichkeit bereitet ist. Mit solcher Zusage will Gott dem Menschen helfen, Tod und Leben zu bestehen.
Lebendige Hoffnung haben wir allein durch die Auferstehung Christi von den Toten. Nur das gibt jedem neuen Lebenstag seine Sicherheit und Freude. Jeder bringt uns der Erfüllung der Zusage Gottes einen Schritt näher. Das macht nicht untüchtig zum Leben, sondern tüchtig. Über jedem neuen Tag liegt von drübenher schon der Schein der Herrlichkeit. An die Stelle der Majestät des Todes ist die Majestät Christi getreten. Unser Sterben ist Durchbruch zum Leben.

Daß deine Herrlichkeit und deine Vollendung auf uns warten, Herr Christus, daß wir in solcher Erwartung leben und sterben dürfen, ist dein Werk. Wir preisen dich für deine unverdiente Liebe und Barmherzigkeit. Du machst uns Leben und Sterben hell. Hab ewiglich Dank. Amen.

Die mit Tränen säen, werden mit Freuden ernten. Sie gehen hin und weinen und streuen ihren Samen und kommen mit Freuden und bringen ihre Garben. Psalm 126, 5.6

Ein Wort zum Mut machen! Ist doch auch dieser Psalm wie viele andere ein Gleichnis für den Bau des Reiches Gottes. »Der Acker ist die Welt«, sagt Jesus. In diese Welt hinein muß Gottes Wort; und in der Welt müssen Christi Leute leben. Sie haben es nicht leicht, wenn sie ihren Glauben ernst nehmen. Jesus hat es gesagt: »Des Menschen Feinde werden seine eigenen Hausgenossen sein.« Er hat selber über Jerusalem geweint, weil es ihn ablehnte, den Schmerz erfahren, daß Judas ihn verriet und Petrus ihn verleugnete, und er hatte sich ihnen offenbart und ihnen gedient.
Irgendwie geht es lebendigen Christen ähnlich wie Jesus selber. Sie müssen das Kreuz Jesu nachtragen und selber Same sein wie er. Aber das ist nur die eine Seite des Christenlebens, die beschwerliche; zu ihr gehört untrennbar die andere, von der der Heiland auch spricht: »Ich will euch zu mir nehmen, auf daß ihr seid, wo ich bin.« Da sind wir dann selber Ernte und Garbe und bringen alle die mit, denen wir mit unserm Leben und Wort in Jesu Namen gedient und ihnen zum Glauben geholfen haben. Da gibt es keine Tränen mehr; Gott wird sie abwischen von unsern Augen, und die Freude wird kein Ende haben.

Dir sei Dank, du ewiger Gott, daß du uns dein Wort gegeben hast und daß wir Säeleute sein dürfen. Hilf uns treu sein im Dienst und Leben für dich und mache uns mitten in der Trübsal froh durch den Blick auf die Erfüllung deiner Verheißung. Amen.

»Ich bin vom Vater ausgegangen und gekommen in die Welt; wiederum verlasse ich die Welt und gehe zum Vater.« Johannes 16, 28

Ewigkeit und Gott, die gehören zueinander. Im Namen Gottes kommt das schon zum Ausdruck. Der Gottesname Jehova (Jahwe) bedeutet: »Ich bin, der ich bin« oder nach Luther »Ich werde sein, der ich sein werde.« Bei Gott gibt es weder Anfang noch Ende. Er ist ewig.
Der sterbliche Mensch ist nicht ewig. Er ist nicht einmal Herr der Zeit. Es ist umgekehrt, die Zeit ist Herr über ihn. Eines Tages stirbt er; doch die Zeit geht weiter. Der Mensch hätte ewig leben können. Aber er übertrat Gottes klares Gebot. Nun gibt es den Tod und das Sterben. Nun ist der Mensch von der Ewigkeit ausgeschlossen und der Zeitlichkeit ausgeliefert. Für immer, wenn der Heiland nicht gekommen wäre. Er bringt die Wende. »Ich bin vom Vater ausgegangen«, sagt Jesus. Da ist er die Brücke aus der Ewigkeit in die Zeit. »Ich gehe zum Vater«, da ist er die Brücke in die Ewigkeit zurück. In Jesus bricht die Ewigkeit herein. Wo sein Wort ist, da ist Ewigkeit; denn »meine Worte vergehen nicht«, und »wer mein Wort hört und glaubt dem, der mich gesandt hat, der hat ewiges Leben«. Mit dem geglaubten Wort kommt seine Ewigkeit zu uns Menschen. »Ewigkeit, in die Zeit leuchte hell hinein, daß uns werde klein das Kleine und das Große groß erscheine; sel'ge Ewigkeit!«

Habe Dank, Herr Jesus! Du machst uns durch dein heiliges Wort zu Teilhabern des ewigen Lebens mitten in dieser Zeit. Halte uns fest bei dir, damit wir deine Herrlichkeit in alle Ewigkeit mit dir teilen und Gott unsere Loblieder singen können. Amen.

Hat nicht ein Töpfer Macht, aus einem Klumpen zu machen ein Gefäß zu Ehren und das andere zu Unehren? Römer 9, 21

Paulus hat sich zu diesem Wort des Propheten Jeremia aus großer innerer Not heraus geflüchtet! Er litt darunter, daß so viele seines Blutes den Heiland ablehnten. War das Gottes Wille? Du fragst doch auch, wenn deine liebsten Menschen den Heiland ablehnen, wenn sie gar im Unglauben sterben: Ist das Gottes Wille? Wer will da antworten? Hier beugt sich Paulus unter der Erkenntnis, daß Gott selber darüber entscheidet, wozu er den Menschen bestimmt. Haben dann aber die Leute nicht recht, die sagen: Was kann ich dafür, daß ich nicht glauben und keine Buße tun kann? Gott hat mich so gemacht, er hat schuld, daß ich so bin.
Da ist sie wieder, die Anklage gegen Gott. Da ist der Mensch Richter und Gott Angeklagter. Aber wozu ein Töpfer Macht hat, dazu sollte Gott nicht auch Recht und Macht haben? Er weiß, was er zu tun hat, um mit dem Menschen ans Ziel zu kommen und seine Herrschaft aufzurichten. Seinen großen, gnädigen Gedanken müssen alle dienen, die ihn lieben – und auch die ihn nicht lieben. Selbst der Satan muß ihm dienen. Nur – wir durchschauen das in diesem Leben nicht immer. Wollen wir nicht das Rechten aufgeben? Wollen wir ihm nicht danken, daß er uns seine Barmherzigkeit hat erkennen lassen?

Du Gott der Weisheit und der Stärke. Wir beugen uns unter deine großen, heiligen Gedanken. Deine Wege sind wunderbarer als wir ahnen, und du führst sie herrlich hinaus. Stille du unsere Unruhe und unsere Zweifel und mache uns dessen gewiß, daß alles zuletzt in deinem Wohlgefallen endet. Amen.

Wir müssen alle offenbar werden vor dem Richterstuhl Christi. 2. Korinther 5, 10

Verbergen wir nicht unser eigentliches Wesen hinter unsichtbaren Masken? Wird das nicht geradezu verlangt? Wahrscheinlich gibt es soviel Masken wie Menschen. Jeder hat seine. Gut, daß wir nicht hinter die Maske oder gar dem andern ins Herz sehen können; dann wäre das gegenseitige Richten noch schlimmer, als das jetzt der Fall ist.
Und Jesus? Er wußte, was im Menschen war, er durchschaut alle Masken und sagt dann: Des Menschen Sohn ist nicht gekommen, daß er die Welt richte, sondern daß sie durch ihn selig (gerettet) werde. Er ist der einzige, der keine Maske trug. Wo er sprach, wo er hinkam, riß er den Menschen die Masken ab und half ihnen zurecht. Sie sollten Menschen werden wie er, offen und durchscheinend in ihrem ganzen Wesen.
Überall, wo Jesu Wort erklingt, geschieht heute noch das gleiche. Daß wir nur unsere Masken nicht festhalten. Am Jüngsten Tag fallen sie doch alle; aber dann ist es zu spät! Wohl jedem, der dem Heiland hier schon eine Maske nach der andern übergeben hat und auf diese Weise in die Wahrheit gekommen ist. Er wird überkleidet werden mit der Herrlichkeit, die Christus verheißen hat. Diese Herrlichkeit ist keine Maske; die ist echt.

Herr Christ, wir beugen uns vor deiner Majestät. Du bist treu und wahrhaftig und richtest ein gerechtes Gericht. Wir danken dir, daß du selber uns durch deinen Geist in alle Wahrheit leitest. Hilf uns, deiner Wahrheit zu gehorchen, und halte uns bei dir, damit wir als die Gesegneten deines Vaters zu deiner Rechten stehen um deines unschuldigen Leidens und Sterbens willen. Amen.

Herr, laß ihn noch dies Jahr, bis daß ich um ihn grabe und bedünge ihn, ob er doch noch wollte Frucht bringen; wo nicht, so haue ihn ab. Lukas 13, 8.9

In einen Weinberg gehört kein Feigenbaum. Sein Schatten nimmt den Reben die Sonne. Trotzdem steht hier ein Feigenbaum in einem Weinberg und genießt eine besonders gute Pflege. Er hätte sie mit Massen von Früchten lohnen müssen. Aber er brachte keine Frucht. Mit diesem Gleichnis hat Jesus die Geschichte seines Volkes geschildert. Israel war das von Gott auserwählte Volk. Es hatte Wunder über Wunder mit Gott erlebt, aber es blieb ungehorsam. Es war reif zum Gericht. »Haue den Baum ab! Was hindert er das Land!« Aber der Gärtner, Jesus, bittet um Frist: »noch dies Jahr!« Ist dem Volk Israel um Jesu willen vor der Zerstörung Jerusalems nicht noch eine Gnadenfrist geschenkt worden, die es dann doch versäumte?
Wir wissen, die Geschichte Gottes mit seinem Volk geht weiter. Er hat sich ein neues Israel erwählt, die Gemeinde Jesu Christi. Nun fängt dies Gleichnis an, zu uns zu reden. Nun sucht der Herr Frucht an uns: unsere Liebe zu Gott, unsere Liebe zum Nächsten, unsere Geduld, unsere Bereitschaft zum Vergeben, und was sonst noch zur Frucht eines Christenlebens gehört. Frucht will der Herr sehen! Er sagt seinen Jüngern und damit auch uns: Ich habe euch erwählt, damit ihr Frucht bringt.

Wie groß ist deine Geduld, Vater! Wie oft haben wir dich enttäuscht. Verwirf uns nicht. Gib uns deinen Geist, damit wir erkennen, daß du es bist, der uns bis in unser tiefstes Wesen hinein erkennt. Hilf uns, daß wir uns von ganzem Herzen zu dir bekehren und Frucht bringen, die da bleibt. Amen.

Wenn du, Herr, Sünden anrechnen willst, Herr, wer wird bestehen?

Psalm 130, 3

Es ist richtig zum Verzweifeln, wenn Gott anfängt, uns vorzurechnen, wo es bei uns überall nicht stimmt. Es stimmt wirklich nichts, und es ist im Beichtgebet schon richtig gebetet: »... womit ich deine Strafe zeitlich und ewiglich verdient habe«. Verdient! Ich habe sie mir selber auf den Hals geladen! Das Gesetz Gottes wirkt sich am Ende aus. Aber hinter diesem Gesetz steht Gottes Liebe. Der Gott des Gesetzes ist auch der Gott der Vergebung.

Wer da bekennt: Ich habe diese Strafe verdient, der gibt Gott recht, der ehrt Gott. Es ist eine wundersame Sache, daß dann mitten im Gericht die Barmherzigkeit Gottes anfängt. Wer zu Gottes Gericht »Ja« sagt, zu dem sagt Gott auch »Ja«. Dies »Ja« Gottes ist in Christus erschienen. Alle Gottesverheißungen sind »Ja« in Christus und »Amen« in Christus, Gott zu Lobe durch uns.

Wer zu Christus kommt, der wird nicht hinausgestoßen und erfährt, wenn er kommt, die Vergebung zu einem neuen Leben. Jetzt ist es noch eine Einladung. Keiner versäume, sie anzunehmen. Sonst wird sie am Ende der Tage eine Vorladung. Dann muß er erscheinen, ob er will oder nicht, und wird gerichtet. Folgst du aber jetzt der Einladung, dann bist du unverdient gerettet. Dann ist Freude bei den Engeln Gottes und auch bei dir.

Heiliger Gott, du Vater der Barmherzigkeit. Wir danken dir, daß du uns durch dein Wort zeigst, wo und wie wir sündigen. Du willst unser Leben und nicht unser Gericht. Dir sei Dank, Herr Christ, daß du uns durch dein Opfer dem Gericht entnommen und den Willen deines Vaters erfüllt hast. Hilf uns, dir zu trauen und dir zu leben. Amen.

Weißt du nicht, daß dich Gottes Güte zur Buße leitet?

Römer 2, 4

Gott will den Menschen nie verderben, sondern ihm immer zu einem neuen und besseren Leben helfen. Er gibt nicht sofort dem Spötter eins auf den Mund, schlägt nicht dem Dieb auf die Finger oder tötet den Mörder. Wie wohl unsere Welt und unser Leben aussehen würde, wenn er jede Bosheit des Menschen auf der Stelle strafte?
Das Weiterleben aller wird nur dadurch möglich, daß Gott in seiner unbegreiflichen Langmut die Menschen in ihrer Bosheit erträgt und seine Vergeltung und sein Gericht aufschiebt. Aber er verzichtet nicht darauf, sein Zorn über die Bosheit bleibt. Kein Mensch aber muß unter dem Zorn Gottes bleiben. Gott hat einen Weg gegeben, der aus dem Zorn herausführt. Der Weg heißt Christus. Es ist genau so, wie Jesus gesagt hat: »Ich bin der Weg.« Damit stellt Gott jeden vor die Frage, ob er bereit ist, diesen Weg zu beschreiten. Das geht den einzelnen an wie das ganze Volk und alle Völker der Welt. Sie werden dem Zorn Gottes nur entgehen, wenn sie seine Güte, Geduld und Langmut nicht als Schwäche auslegen, sondern als die von ihm geschenkte Gelegenheit zur Umkehr erkennen. Ob sie die aber nützen? In vielen Ländern gibt es keinen Bußtag mehr, sie haben ihn längst abgeschafft. Wir aber wollen uns durch Gottes Güte auf den Weg zu Jesus und damit zur Buße rufen lassen. Nur der Weg zur Buße führt in den Frieden und in die Freude.

Wir danken dir, Vater, für deine Güte! Laß uns in ihr deinen Ruf zur Umkehr und zu Jesus erkennen. Hilf uns, daß wir selber deinen Weg unbeirrt gehen und anderen davon sagen. Amen.

Ich lebe, und ihr sollt auch leben. Johannes 14, 19

Vom Rhythmus des Menschenlebens im Vergleich zum Rhythmus der Jahreszeiten zu sprechen, ist sehr beliebt. Damit erklären viele, wie es kommt, daß sie etwa im Herbst und Winter nicht so leistungsfähig sind wie im Sommer, und daß sie mit zunehmenden Jahren, im »Herbst des Lebens«, an Kraft und Frische abnehmen. Doch dieser Hinweis, der Natur in ihrem Werden und Vergehen verbunden zu sein, vermag die Menschen nicht zu trösten. Kein Wunder! Wo der Tod persönlich wird, da ist ein solcher Hinweis tatsächlich wertlos und überhaupt kein Trost.

Aber gerade hier, in aller menschlichen Unsicherheit, hat jeder, der sich auf Jesu Wort verläßt, eine Sicherheit. Er weiß nämlich, was ihn erwartet oder, besser gesagt, wer ihn erwartet: Christus, der Fürst des Lebens! Ein Christ hat nichts mehr zu fürchten. Sein Herr ist der Auferstandene, und der bewahrt ihn vor Furcht und vor dem Gericht. Er hat versprochen: »Ich lebe, und ihr sollt auch leben.« Darum ist der Christ im Grunde seines Herzens erfüllt von einer großen Erwartung: Christus, mein Leben, kommt. Ein wirklicher Christ kann zukunftsfreudig leben, er kennt nur eine Sorge: Glauben halten und seinem Glauben leben, bis der Herr kommt und bis er ruft. Das heißt: bereit sein. Dann geht es der größten Freude des Lebens entgegen, seiner Erfüllung und Vollendung.

Dir sei Dank, Herr Jesus, daß du uns in das Leben hineinrufst, das kein Ende mehr hat. Du bist Herr über den Tod, und er muß uns an dich herausgeben, weil du stärker bist als er. Gib, daß wir bis ins Sterben hinein uns auf die Begegnung mit dir in deiner Herrlichkeit freuen. Amen.

Und die bereit waren, gingen mit ihm hinein zur Hochzeit. Matthäus 25,10

Ewigkeitssonntag heißt heute der frühere Totensonntag. Der Name ist ein Hinweis darauf, daß Gräber zu Stätten der Auferstehung werden. Seit Jesu Auferstehung ist der Tod nur noch ein Übergang. Jesus hat verheißen: »Wer mein Wort hört und glaubt dem, der mich gesandt hat, der hat das ewige Leben und kommt nicht in das Gericht, sondern er ist vom Tode zum Leben hindurchgedrungen!«
Genau das hat Jesus mit seinem Gleichnis von den törichten und klugen Jungfrauen sagen wollen. Entscheidend für den Empfang der Herrlichkeit ist ein Verhalten wie das der klugen Jungfrauen. Sie warten ebenso wie die törichten, und sie schlafen auch ein, aber sie haben dafür gesorgt, daß sie Öl für ihre Lampen haben, das heißt: daß sie bereit sind für das Kommen des Herrn. Jesus hat seine Jünger auf diese Bereitschaft hingewiesen: »So ihr bleiben werdet an meiner Rede, so seid ihr in Wahrheit meine rechten Jünger.« Bleiben ist ständige Bereitschaft.
Was das bedeutet, beschreibt Paulus: »Nicht ich lebe, sondern Christus lebt in mir.« Er, das Licht, macht mich zum Licht. Das ist die Wirkung seiner Gemeinschaft. Sie darf nicht aufhören, und wenn wir noch so lange auf sein Erscheinen warten müssen. Das ist die Klugheit, von der Jesus im Gleichnis redet. Auch in diesen Worten steckt sein Ruf und seine ganze Barmherzigkeit.

Laß mich dein sein und bleiben, du treuer Gott und Herr! Von dir laß mich nichts treiben, halt mich bei deiner Lehr. Herr, laß mich nur nicht wanken, gib mir Beständigkeit. Dafür will ich dir danken in alle Ewigkeit. Amen.

Denn bei dir ist die Vergebung, daß man dich fürchte. Psalm 130, 4

Vermessenheit und Verzweiflung sind die beiden Pole, zwischen denen das Menschenherz hin- und herpendelt. Vermessenheit kommt aus der Gottlosigkeit und einer falschen Frömmigkeit. Sie ist immer Selbstgerechtigkeit. Der Vermessene hält sich selbst für Gott, das Maß aller Dinge. Er kennt nur sich selbst und will nur sich selbst, und wenn er etwas für andere tut, dann nur zur Verherrlichung seines eigenen Namens. Verzweiflung kommt ebenfalls aus der Gottlosigkeit. Sie ist Vermessenheit in der Tiefe. Wenn der Vermessene stürzt, dann stürzt er in die Verzweiflung. Wie er in der Höhe maßlos ist, so auch in der Tiefe.
Und beide Male, in der Höhe und in der Tiefe, hat Gott auf ihn gewartet, ob er ihm wohl die Ehre geben würde. In die Mitte – zwischen menschliche Vermessenheit und Verzweiflung – stellt Gott die Vergebung, das neue, dem Vermessenen wie dem Verzweifelten bisher unbekannte Land. Ein gelobtes Land! Himmelreich hat es der Sohn genannt, Gottes Reich. In ihm hat alle menschliche Vermessenheit und Verzweiflung ein Ende. Die menschliche Maßlosigkeit nach oben und unten ist vorbei bei dem, der nun das Maß aller Dinge und aller Menschen ist – beim Heiland.

Du weißt, Herr, wie gern wir dir widersprechen und dir gegenüber recht haben und behalten wollen. Du weißt auch, in wieviel innerste Not wir dadurch geraten. Dir sagen wir Dank, daß du trotzdem dein Herz nicht von uns abwendest, sondern uns in Jesus Christus die Vergebung angeboten hast, damit wir in Ehrfurcht vor dir stehen und leben. Amen.

»Ich will euch wiedersehen, und euer Herz soll sich freuen.« Johannes 16, 22

»Auf Wiedersehen«, wie oft wird das so dahingesagt. Es wird als ganz selbstverständlich angenommen. Aber wie oft war »auf Wiedersehen« wirklich das letzte Wort des anderen. Wer rechnet damit? Wir sind ständig vom Tode umgeben und können jeden Augenblick erwarten, daß wir die nicht wiedersehen, die zu uns gehören. Hier sagt Jesus bei seinem Abschied von den Jüngern: »Ich will euch wiedersehen.« Das geht tiefer als unser »auf Wiedersehen«. Natürlich meint er zunächst, daß er seine Jünger nach seiner Auferstehung wiedersehen will. Sie hätten sich darüber freuen müssen; aber sie haben seine Worte nicht begriffen, sonst wären sie von seiner Auferstehung nicht so überrascht gewesen. Jesus meint aber mit seinen Worten noch mehr. Auch ihr eigener Tod ist keine Trennung von ihm. Das Band, das sie mit ihm und Jesus mit ihnen verbindet, kann auch der Tod nicht zerreißen.
Er möchte seine Jünger in seiner Herrlichkeit wiedersehen: »Ich will«, sagt er. Diese Erwartung hat die Jünger nach der Auferstehung Jesu gehalten, getragen, ihre Verkündigung beseelt und sie freudig und furchtlos gemacht. Für uns gilt das auch, unter der Voraussetzung, daß wir mit Jesus leben. Wiedersehen kann ihn nur, wer ihn hier sieht, ihn sieht mit den Augen des Glaubens.

Herr Christus, du hast durch deine Gegenwart die Freude in unser Leben hineinleuchten lassen – Freude, die du aus deiner Welt mitgebracht hast. Wir freuen uns deiner. Hab Lob und Dank, daß unsere Freude vollkommene Freude werden soll, wenn wir dich nach deiner Verheißung in deiner Herrlichkeit schauen. Amen.

Lasset eure Lenden umgürtet sein und eure Lichter brennen! Lukas 12, 35

Der Tod ist des Menschen Feind. Trotzdem scheint er manchem barmherziger zu sein als ein Leben, das keine Aussicht auf Freude mehr bietet. Wer ist denn ganz frei von Bangigkeit? Randvoll von Not sind die Herzen vieler Menschen; ein Tropfen Leid kann sie zum Überlaufen, zur Verzweiflung bringen. Und wenn zur eigenen Not noch der Einblick in die Nöte anderer, ihre inständigen Bitten um Hilfe kommen, wer behält dann ein festes Herz? Wer kann da noch andere trösten, ihnen raten und helfen? Kein Mensch kann das. Aber Christus! Der Herr ist immer da, auch wo Menschen in Not sind, wo sie nur noch das Nichts wähnen und sich fürchten. Dahinter ist er verborgen! Leibliche Augen sehen ihn nicht. Es will geglaubt sein!
Darum ruft Jesus uns zu: »Lasset eure Lenden umgürtet sein und eure Lichter brennen!« Wir sollen bereit sein und unverwandt auf das Ziel blicken, auf ihn, unseren Heiland und Erlöser. Es geht der Erfüllung aller seiner Verheißungen entgegen. In aller menschlichen Not wissen wir: Christus ist unser Leben! Selbst der Tod kann uns nicht von ihm trennen. Wenn wir uns im Leben zu Christus halten, wird er uns auch im Tode nicht verlassen. Dann rettet Jesus uns durch den Tod ins ewige Leben hinein, das er uns mit seinem Tode am Kreuz erworben hat. Diese Gewißheit strahlt wie Lichterglanz auf unseren dunklen Weg.

Du, lieber Herr, bist das Licht der Welt. In aller Not dieser Welt hast du in unseren Herzen dein Licht entzündet, um uns zu erleuchten. Habe Lob und Dank für deine große Güte. Nun warten wir voller Freude darauf, daß wir in der ewigen Herrlichkeit ganz in deinem Lichte stehen dürfen. Amen.

Kommt her, ihr Gesegneten meines Vaters, ererbet das Reich, das euch bereitet ist von Anbeginn der Welt. Matthäus 25, 34

Alles in dieser Welt Verborgene liegt am Jüngsten Tag offen vor aller Augen. Welche Enthüllung! Jeder weiß dann vom anderen, was bisher nur Gott weiß. Wenn des Menschen Sohn in seiner Herrlichkeit kommt und alle Engel mit ihm, ist die Stunde da. Sie schlägt jedem, auch wenn er es nicht haben und nicht glauben will.
Das »Nichts«, in das viele Menschen sich dann flüchten möchten, weil sie vor Gott Angst haben, gibt es nicht. Hinter dem Nichts steht Gott. Die in das Nichts flüchten wollen, werden sich wundern, hinter dem Nichts den Gott zu entdecken, vor dem sie fliehen wollten. Nur die Flucht zu Jesus Christus hat Sinn. Er ist das Heil. Wer zu ihm kommt, der hat vor Gott keine Flucht mehr nötig, weil ihm vergeben ist. Er braucht sich nicht zu fürchten.
Die »Böcke« wird der Hirte zur Linken stellen, sie sind verloren! Wer Jesus nicht als Heiland haben will, weil er »bockt«, der muß ihn zum Richter haben. Jesus sagt es, darum ist daran nicht zu zweifeln. »Und wird der Tag erscheinen, da dich die Welt wird sehn, so laß uns als die Deinen zu deiner Rechten stehn«, das sei unser Gebet.

Herr Christ, du hast dich als unser Heiland zu erkennen gegeben, hast uns immer fester an dich gebunden und bei dir festgehalten. Wir sind dein Werk. Du hast es in uns begonnen, und wir danken dir, daß wir dabei sein sollen, wenn du es vollendest. Der Segen deines Vaters wird uns ans Ziel, in dein Reich bringen. Amen.

Unser Leben währet siebzig Jahre, und wenn's hoch kommt, so sind's achtzig Jahre, und was daran köstlich scheint, ist doch nur vergebliche Mühe; denn es fähret schnell dahin, als flögen wir davon.

Psalm 90, 10

Wo sind die einzelnen Tage der Jahre und Jahrzehnte geblieben, die wir hinter uns haben? »Davongeflogen« sagt der alte Mose. Wir spüren nur, die Kraft nimmt ab, die Kraft des Körpers und die des Gedächtnisses. Aus dem rasch und stark fließenden Strom der voll Arbeitsfähigen, die bestimmen, leiten und regieren, sind die Siebzig- und Achtzigjährigen meist ausgeschieden. Ihre Kraft ist verbraucht, ihr Einfluß auf die Dinge der Welt ist geschwunden. Sie können manchmal kaum noch gehen, holen mühsam Luft, Beschwerden und Schmerzen haben sich eingestellt. Der Schlaf will nicht kommen. Das sind die Tage, die dem Menschen nicht gefallen.

Dennoch – gerade in solcher Zeit gewinnt das Wort Jesu Macht, das von der Auferstehung und von der Herrlichkeit Gottes redet. Sehen wir genau zu, dann war bei aller Mühe und Arbeit auch die Treue und Freundlichkeit Gottes. Seine Barmherzigkeit war jeden Morgen neu, auch wenn wir nicht daran dachten. Wir haben allen Grund, ihm dafür zu danken, daß er uns nicht losließ. Und wir sollen uns darauf freuen, daß er jedem, der an den Sohn glaubt, seine Herrlichkeit geben will.

Du hast uns bis hierher getragen, du treuer Gott. Du gingst mit uns und ließest uns nicht. Wir danken dir für alle deine Führungen. Erhalte uns den Glauben auch in schweren Tagen, bewahre uns vor einem unbußfertigen Tode und hole uns heim in dein Reich um Jesu Christi willen. Amen.

Heilig, heilig, heilig ist Gott der Herr, der Allmächtige.

Offenbarung 4, 8

Heilig ist der Vater, heilig ist der Sohn, heilig ist der Geist. Drei sind sie und doch eine Einheit. Der Vernunft unfaßbar, unerforschlich bis ans Ende der Tage. Dann aber werden alle, die sich dem dreimal Heiligen ergaben, diese Wirklichkeit schauen – und der Anbetung wird kein Ende sein.
Heilig, davor zittert der unheilige Mensch. Da wird er alle seine menschliche Selbstsicherheit los. Furchtbar für den Menschen und die Menschheit, wenn der heilige Gott auch nur ein wenig das Geheimnis seiner Verborgenheit lüftet. Wo aber die Selbstherrlichkeit der Menschen zerbricht, da kann Gottes Herrlichkeit erscheinen.
Heilig ist der Sohn. Er trug Gottes Herrlichkeit an sich, aber in Menschengestalt. Darum starben die Menschen nicht bei seinem Anblick. Sie schieden sich aber an ihm. Furchtbar war er auch allen, die sich innerlich gegen ihn auflehnten, weil er ihnen »über« war. Darum beseitigten sie ihn auch, diese lebendige Anklage ihrer Unheiligkeit. Wunderbar aber leuchtete seine Herrlichkeit über allen auf, die ihm ihr Herz aufschlossen.
Heilig ist der Geist. In ihm tritt der heilige Gott ganz aus seiner Verborgenheit heraus und läßt die herrlichen Gaben seiner Welt in das Menschenleben hineinströmen. Nun wird der Mensch ein Mensch Gottes. Nun wird aus Menschen aller Rassen und Völker ein Volk Gottes.

Du dreimal Heiliger. Es hat dir in deiner Barmherzigkeit gefallen, zu offenbaren, wer du bist. Wir leben von deiner Offenbarung, deiner Schöpfung, deiner Erlösung und dem Geschenk deines Geistes. Dir sei Dank, daß wir von dir, zu dir und durch dich leben dürfen. Amen.

Ich will euch trösten, wie einen seine Mutter tröstet.

Jesaja 66, 13

Auf Erden wird viel geweint; nicht nur Kinder weinen, auch Erwachsene. Selbst Jesus hat geweint. Er weinte über Jerusalem. Er wollte die Stadt und sein Volk retten, und sie wollten sich von ihm nicht retten lassen. Der Grund für die Tränen ist immer der gleiche: Der Mensch ist überwältigt. Freudige, aber noch viel öfter schmerzliche Erlebnisse werfen ihn um. Er kann sie nicht ändern, er kann sie aber auch innerlich nicht ertragen. Dann tut er, was jedes Kind tut; er weint. Wie schön wäre das Leben, wenn es auf dieser Welt keine Tränen mehr gäbe; aber sie sind da; vielleicht lindern sie, aber sie heilen nicht.
Sie sind das Zeichen, daß diese Welt eine unvollkommene Welt ist. Im vollendeten Reich Gottes gibt es keine Qual mehr. Da wird nicht mehr geweint. Wie Gott das macht, weiß niemand; aber er heißt nicht umsonst »der Gott allen Trostes«. Wir dürfen ihm zutrauen, daß er, wie alle andern, auch diese Frage beantworten wird. »Hernach« wird sie keine Frage mehr sein. Wir sollen getröstet werden, wie einst uns die Mutter getröstet hat. Wir werden schauen, daß er alles herrlich hinausführt. Mit Christus hat er seine Herrlichkeit in dieser Welt angefangen, mit uns will er sie vollenden. Darauf sollen wir uns verlassen! Der Heiland wartet auf uns. Daß er uns empfängt, ist Erfüllung des Lebens. Das stillt alle Tränen.

Du machst uns weinen, Herr, damit wir unsere Ohnmacht erkennen und bei dir Trost suchen. Du läßt uns erfahren, daß von dir allein aller Trost kommt. Wir danken dir, daß du uns von Grund unseres Herzens tröstest durch dein Wort und deinen Heiland. Laß uns zu denen gehören, denen du nach deiner Verheißung alle Tränen von ihren Augen abwischst. Amen.

Der Friede Gottes, welcher höher ist als alle Vernunft, bewahre eure Herzen und Sinne in Christus Jesus! Philipper 4, 7

Wirklich, es geht über alle Vernunft und ist mit unserm Verstand nicht zu begreifen, daß Gott seinen Frieden mit den Menschen gemacht hat und daß er seinen Frieden immer von neuem anbietet. Wir wissen doch, wie oft wir Gott widersprechen, eigene Wege suchen und gerade in entscheidenden Augenblicken nicht nach Gott fragen. Wie sehr unterscheidet sich der Gott des Friedens in seinem Verhalten von uns Menschen. Er fragt nach uns!

Gerade deshalb prägt der Apostel Paulus seiner Gemeinde in Philippi ein, daß Gott ihr unaufhörlich seine Friedenshand hinhält. Jesus Christus ist diese Hand. Die Philipper haben sie ergriffen. Es ist Paulus ein Herzensanliegen, daß sie diese Hand festhalten, und sein ständiges Gebet, daß Gottes Friede ihre Herzen und Sinne bei Jesus erhalten möchte. Gottes Werk ist es, daß in dieser friedlosen Welt Menschen da sind, die im Frieden Gottes stehen und sich um den sammeln, der unser Friede ist. Dazu sollen wir gehören. Herz und Sinne sind Einfallstore der Versuchungen und ungeschützt leicht überwunden. Daß der Herr sie vor Versuchung bewahre und in der Versuchung bei sich erhalte, erbittet Paulus für seine Gemeinde.

Gott hat auch uns die Möglichkeit zu solcher Fürbitte geschenkt. Gott sei Dank, daß er uns alle in seinem Frieden erhalten will, wenn wir ihn darum bitten.

Dir sei Dank, Herr Jesus, daß du uns Gottes Frieden gebracht hast und unser Friede geworden bist. Erhalte uns bei dir, damit wir als Kinder des Friedens in dieser Welt leben. Amen.

Denn siehe, Finsternis bedeckt das Erdreich und Dunkel die Völker; aber über dir geht auf der Herr, und seine Herrlichkeit erscheint über dir. Jesaja 60, 2

Nichts ist furchtbarer als Dunkel und Finsternis. Kein Weg ist erkennbar, und wer weiß, welche Schrecken das Dunkel verbirgt. Welcher Mensch könnte das ändern? Das geht über Menschenkraft. Ein solcher Mensch müßte von anderswo herkommen.

Er ist auch gekommen. Damals hat der Prophet Jesaja es vorausgesagt, inzwischen ist es geschehen. Die Herrlichkeit des Herrn ist über der dunklen Welt aufgegangen, heller als die Sonne. Jesus läßt sein Licht in die Welt hineinleuchten mit dem göttlichen Glanz, den er vom Vater mitbrachte. Dies Licht scheint jetzt und vertreibt die Finsternis. Jeder kann sich in dieses Licht stellen und sich davon erleuchten lassen, um der Finsternis und dem Dunkel zu entgehen. Wer Jesus aufnimmt, dem geschieht das alles. Es kommt nicht vom Menschen her, sondern von Gott, der seine Herrlichkeit durch Jesus offenbart hat.

Aber noch kämpft das Licht gegen die Finsternis. Noch stehen auch die Menschen, die um die Herrlichkeit wissen und von ihr leben, in einer dunklen Welt. Noch, aber nicht für immer. Einmal wird kein Dunkel mehr sein, wenn Gott seine Herrlichkeit allen offenbar macht. Dann wird die ganze Welt sie sehen, und Dunkel und Finsternis werden für immer vertrieben sein. Darauf warten wir.

Du hast uns nicht der Dunkelheit überlassen, lieber Vater. Du hast in Jesus Christus das Licht der Welt entzündet, auch in unsern Herzen. Laß es heller und heller leuchten, bis es in deiner Herrlichkeit aufgeht und unsere Freude kein Ende hat. Amen.

Hosianna dem Sohn Davids! Gelobt sei, der da kommt in dem Namen des Herrn! Matthäus 21, 9

Keiner von all den Menschen, die Jesus bei seinem Einzug in Jerusalem zujubelten, erfaßte dessen eigentliche Bedeutung. Trotzdem bewegte er die ganze Stadt. Sie grüßte den Einziehenden mit dem Titel, den einst die israelitischen Könige getragen hatten. Nun war der »Sohn Davids«, der Langersehnte, endlich erschienen. Hier war der Advent, wie das Volk ihn verstand. Hoch müssen die Herzen der Jünger geschlagen haben. Nun würden die Jahre des Umherziehens mit ihrem Meister endlich belohnt. Nun war der »Prophet aus Nazareth in Galiläa« doch der verheißene Messias. Eine neue Zukunft tat sich vor ihnen auf.
Nur war es eine ganze andere, als sie dachten. Zwar zog er als König in seine Stadt; aber nicht, um sie von ihren Zwingherren zu befreien, sondern um die Verheißung seines Vaters zu erfüllen: die Welt von Sünde und Schuld zu befreien. Der Einzug war der Advent der Erlösung und Befreiung. Und sie wußten es nicht.
Es ist wieder Advent in einer Welt, die in ihren Nöten nicht aus noch ein weiß. Daß wenigstens wir die Botschaft des Advent erfassen: Er will unter uns sein Reich ausrichten, um es zu vollenden, wenn er kommt. Dann will er uns unter denen haben, die ihm zujubeln: Gelobt sei, der da kommt!

Sei gelobt, du Herr aller Reiche und Ewigkeiten. Du hast uns zu deinem Reich berufen durch dein Wort. Erhalte uns dabei, daß wir dir willig dienen und uns auf den Tag freuen, an dem du kommst, um das Reich zu vollenden. Amen.

Die Nacht ist vorgerückt, der Tag aber nahe herbeigekommen. So lasset uns ablegen die Werke der Finsternis und anlegen die Waffen des Lichtes.

Römer 13, 12

Der Schein der Adventskerzen ist ein Sinnbild dafür, daß der helle Tag naht, an dem der Herr die Finsternis der Welt in Herrlichkeit verwandeln wird. Er nötigt uns, nicht aus dem Auge zu verlieren, daß jeder neue Tag »der liebe Jüngste Tag« sein kann. Adventszeit ist Bußzeit. Wie Kinder im Dunkeln vor der verschlossenen Weihnachtstür sitzen und ihnen einfällt, wie oft sie nicht taten, was sie sollten, bange im Herzen, ob sie nun wohl einen Gabentisch vorfinden und fröhlich Weihnachten feiern können, so geht es uns. Welche Güte Gottes, daß sein Advent die Möglichkeit der Buße und Umkehr anbietet. Ob wir aber in dem Trubel der Vorweihnachtstage uns die Zeit dazu nehmen? Es darf uns nicht ärgern, wenn sein prophetisches Wort die Weltzeit und alle ihre Werke Nacht nennt. Alle Herrlichkeit des Menschen ist vor ihm Nacht und Finsternis.
Aber in ihr hat Gottes Zukunft angefangen. Das sagt uns der Advent auch. In Christus geht die Herrlichkeit Gottes auf wie ein Licht in dunkler Nacht und will erleuchten. Daß wir nur nicht zurückschrecken, wenn dieses Licht unsere Selbstherrlichkeit und Schuld entlarvt. Es will ausbrennen, was nicht in Gottes Herrlichkeit paßt, und uns zu Kindern der Herrlichkeit und des Lichtes machen.

Habe Dank, Herr Christ, daß du uns nicht in der Finsternis läßt. Wir beten dich an und danken dir, daß wir in deinem Licht Kinder des Lichtes werden. Amen.

Gelobet sei der Herr, der Gott Israels! Denn er hat besucht und erlöset sein Volk. Lukas 1,68

Ein Lobgesang. Es tut immer gut, wenn unter den zahllosen Klageliedern des Alltags der Lobgesang der Gemeinde Gottes aufklingt. Wir haben allen Grund, in diesen Lobgesang einzustimmen. Noch immer steht das Heil Gottes in der Welt fest. Diese Gewißheit soll unser Herz froh machen in dem Dunkel, das ständig um uns ist. Die Nöte des Alltags möchten unser Herz immer wieder überwältigen. Gerade darum soll in dieser Stunde das Loblied von der Treue Gottes, die »von alters her« ist, erklingen und uns Mut machen. Gelobt sei der Herr!
Behalte das Loblied nicht für dich, sonst ist es nicht echt! Sag's weiter. Zu keiner Zeit hat eine verzagte Menschheit so nach Trost und Sicherheit gesucht und gefragt wie heute. Sie will Antwort! Wer wird sie geben und den Weg weisen? Vielleicht schenkt Gott es gerade dir, daß in dieser gnadenlosen Zeit das Wort der Erlösung, das *du* sagst, angenommen wird. Wer Gottes Loblied singt, hat alle Verheißungen Gottes auf seiner Seite. Laßt es uns wagen, laßt uns entschlossen und getrost wagen, sein Lob zu singen. Der Herr wird mit uns sein.

Lob sei dir, Herr, du hast uns hoch geehrt, du hast uns besucht. Unsere Unseligkeit und alle unsere Bindungen an den Bösen haben dich nicht gehindert. Du hast unseren Jammer gesehen und hast uns befreit. Hilf uns, daß wir als die Befreiten mit dir, dem Befreier, leben und dich loben hier zeitlich und dort ewiglich. Amen.

Siehe, dein König kommt zu dir, ein Gerechter und ein Helfer.

Sacharja 9, 9

Advent ist die Erscheinung der vergebenden Güte Gottes: »Siehe, dein König kommt zu dir.« In dein »Jetzt« hinein. In, mit und unter allem, was dich schier erdrückt, kommt er. Werden wir ihn erkennen? Wird es wieder wie in Jerusalem sein? Die Großen lehnten ihn ab. Sie gingen an ihm vorbei, und er kam doch zu ihnen. Es war ihr Advent, und sie erkannten es nicht. Die Geringen aber und die Zukunftslosen jubelten ihm zu. Ob wir zu ihnen gehören? Ob wir hinter der Verhüllung, dem dunklen Nichts, dem wir entgegengehen, ihn erkennen?
Für den Advent muß man besondere Augen haben. Deswegen sagt der Prophet: »Siehe!« Besondere Augen voll froher Erwartung hatten wir als Kinder vor Weihnachten. Da wurde jedes Paket, das ins Haus kam, genau angesehen. Solche erwartungsfrohen Augen müssen auch wir Großen uns zur Adventszeit schenken lassen.
Advent ist Gottes Antwort: »Dein König kommt zu dir.« Nicht wir zu ihm. Ach, so war es immer, daß wir von ihm fortgingen. Bis dahin, wo wir jetzt sind. Nun kommt er wieder. Uns nach. Bis in das elende Heute hinein. Nicht nur für eine ungewisse Allgemeinheit. Ganz persönlich ist jeder gemeint! Freue dich: Es ist Advent!

Du unser König und Herr, wie oft hast du uns gerufen, und wir sind nicht gekommen. Nun kommst du. Hilf uns glauben, daß du nicht kommst, um zu strafen und zu verderben, sondern um zu helfen und unser Leben neu zu gestalten, damit wir in deinem Reich als Königskinder leben – hier und dort. Amen.

Bereitet dem Herrn den Weg ... Siehe, da ist Gott der Herr! Er kommt gewaltig.

Jesaja 40, 3.10

Dies Prophetenwort müssen wir genau anschauen, dann leuchtet darin Gottes Herrlichkeit auf. Gottes Volk ist gefangen. Eine Weltmacht nach der andern hat es geknechtet. Wo ist nun sein Gott? Da hört der Prophet einen Befehl: »Bereitet dem Herrn den Weg.« Der Befehl ergeht an die himmlischen Heerscharen. Sie sollen Gott einen Weg bahnen. Das war eine dem damaligen Menschen vertraute Sprache. Prachtstraßen baute er bei den heidnischen Festen für die Prozessionen der Götterbilder. »Hochwege« bauten die Herrscher für ihre Triumphzüge, um sich von unterworfenen Völkern huldigen zu lassen. Gottes Volk hat da auch mithuldigen müssen. Nun wird den Engeln befohlen, für den kommenden Herrn der Welt eine Bahn zu schaffen. Die Augen des natürlichen Menschen können nicht sehen, was der Prophet sieht. Er muß es seinem Volk mitten hinein in seine Hoffnungslosigkeit sagen: Advent, der Herr kommt!
Er kommt nicht allein. Was wäre solch ein Herr ohne Gefolge? Der Herr kommt als Herrscher mit den Seinen; unter seiner Krone leuchtet die Dornenkrone. Bereitet dem Herrn den Weg für den letzten Advent in euren Herzen.

Dir sei Dank, lieber Vater, daß du deinem Sohn einen Weg in die Welt hinein gebahnt hast, daß er dir ein Volk sammle. Dir sei Dank, Herr Christ, daß du mit deinem Blut und Leben dir eine Gemeinde erkauftest, dir zu dienen und dir den Weg zu bereiten auf den Tag, an dem du deine Gemeinde vollendest. Amen.

Meine Seele erhebt den Herrn, und mein Geist freuet sich Gottes, meines Heilandes. Lukas 1, 46.47

Eine Menschwerdung ist immer ein Geheimnis, aber die Menschwerdung Jesu ein ganz besonderes. Da entsteht göttliches Leben auf eine Art, die unfaßbar und geheimnisvoll ist, selbst für Maria. Sie war die Begnadete. Sie hat auch wohl damit zu ringen gehabt, bis sie das glauben konnte. Hätte sie sich nicht immer wieder an die Botschaft des Engels erinnern können, der ihr erschienen war, dann wäre sie vielleicht daran zerbrochen. Seine Botschaft aber war sicher. Aus tiefer innerer Freude kam immer wieder ein Lobgesang auf ihre Lippen. Geheimnisvoll ist die Schau in ihrem Gebet.
Vom Heiland spricht sie. Wen meint sie? Meint sie Gott, der sie wunderbar hat anrühren lassen und der auf diese Weise sich als Hilfe für die ganze Welt erweist durch das Kind, das kommt? Oder meint sie das Kind, dessen Mutter sie wird, das einmal der Heiland der Welt und auch ihr Heiland sein wird? Oder liegt beides ineinander, daß Gott, der den Heiland sendet, zugleich der Heiland ist, der in menschlicher Gestalt die Welt mit sich selber versöhnt? Sie redet wie eine Prophetin, die den letzten Zusammenhang ihrer Worte selbst noch nicht durchschaut, weil Gott seine letzten Geheimnisse erst in der Herrlichkeit offenbart.
Wie gern möchten wir Gottes letzte Geheimnisse entschleiern. Das bleibt uns verwehrt. Uns muß genügen: Im Sohn hat sich der Vater zu erkennen gegeben und uns durch seine Liebe von aller Schuld erlöst. Welche Freude!

O Gott, du Allerhöchster, du hast Maria begnadet, daß sie die Mutter deines Sohnes werden durfte, und ihr Sohn nun unser aller Heiland ist. Sei hoch gelobt in Ewigkeit. Amen.

Wenn aber dieses anfängt zu geschehen, so sehet auf und erhebet eure Häupter, darum daß sich eure Erlösung naht. Lukas 21,28

In das Bangen der Menschenherzen hinein, in eine bis ins tiefste aufgewühlte Welt kommt wieder der Anruf von »drüben«, von Gott. Zum Aufrichten, zum Mutmachen: »Erhebet eure Häupter, darum daß sich eure Erlösung naht.« Tragt die Köpfe hoch: Es ist kein Grund zu verzagen. Jahr reiht sich an Jahr. Es wird alles immer schlimmer, für »untaugliche« Augen sieht das so aus. Aber wer das Adventslicht einmal in sein Herz hat hineinleuchten lassen, der hat helle Augen bekommen. Der sieht in dem dunklen Abrollen der Jahre die helle Spur des kommenden Herrn. Wir wissen: Das Dunkel heute verhüllt nur die Herrlichkeit des Herrn.

Das muß immer wieder gesagt sein, denn wir sind vergeßliche Leute. Unsern Ausweis vergessen wir nicht so leicht wie die Zusagen unseres Herrn. Es ist beschämend, daß wir uns durch die Ereignisse der Tage immer wieder verwirren und entmutigen lassen. Ist denn auch nur eine einzige der Verheißungen Gottes aufgehoben? Ist denn der Widersacher der Herr? Jesus ist der Herr! Das Adventslicht, das wir anzünden, ist sein Zeichen. Es soll den grüßen, der im Kommen ist.

Lieber himmlischer Vater. Du hast uns durch deinen Sohn erlösen lassen vom Tode und von der Gewalt des Teufels. Hilf, daß wir dir mehr glauben als uns selbst und dem, was unsere Augen sehen, damit wir »das Ende unseres Glaubens davonbringen, nämlich der Seelen Seligkeit.« Amen.

»Wahrlich ich sage euch: Wenn ihr nicht umkehret und werdet wie die Kinder, so werdet ihr nicht ins Himmelreich kommen.« Matthäus 18, 3

So gewiß jede Zeit Gottes ist, so gewiß ist es auch, daß Gott zu gewissen Zeiten uns näher scheint als zu anderen. Solche Zeit ist die Adventszeit. Eigenartig, wie sie, zusammen mit der Weihnachtszeit, Erinnerungen an die Kindheit wachruft. Da waren mit einem Male Türen verschlossen, die sonst offenstanden. Da war eine Puppe verschwunden, eine Schiene von der Eisenbahn, und bei unserm Nachfragen erhielten wir seltsam ausweichende Antworten. Von solcher seligen Heimlichkeit der Kindheitstage ist nicht mehr übriggeblieben als eine stille Sehnsucht nach dem Kinderland.
Eben um diese Sehnsucht geht es im Advent. Wir sind nüchtern genug zu wissen, daß es kein Zurück ins Kinderland gibt. Es gibt überhaupt kein »Zurück«. Aber vielleicht besinnen wir uns auch darauf, daß uns der Heiland ein Wort zugerufen hat, das uns eine echte Rückkehr in Aussicht stellt: »Wenn ihr nicht werdet wie die Kinder, so werdet ihr nicht ins Himmelreich kommen.« Also gibt es doch so etwas wie ein Wieder-Kind-werden-können. Gerade das verspricht uns der himmlische Vater durch alle seine Verheißungen und macht ihre Erfüllung durch seinen Sohn wahr.

Du unser Vater! Daß wir wieder Kind werden dürfen vor dir, daß du uns so väterlich behütest und umsorgst und uns heranbildest zu Menschen deines Wohlgefallens: daran hilf uns glauben, damit es die Wirklichkeit unseres Lebens werde. Amen.

Darum wachet; denn ihr wisset nicht, welchen Tag euer Herr kommen wird. Matthäus 24, 42

Das größte Ereignis der Geschichte steht noch aus. Es ist zugleich ihr Ende. Die Welt hat genauso ein Ende, wie sie einen Anfang hatte. Das Wesen dieser Welt vergeht. Die Zeit rast unaufhaltsam ihrem Ende zu. Und dieser Rest der Zeit ist die »letzte Stunde« vor der Wiederkunft unseres Herrn Jesus Christus. Wir stehen mitten in der letzten Zeit. Darum gilt es zu wachen!
Jede Stunde gilt es, bereit zu sein. Laß dein Abendgebet nicht aus. Gib dich in Gottes Hände, ehe du einschläfst; denn es könnte sein, daß dich die helle Posaune, die seine Wiederkunft anzeigt, aus dem Schlaf ruft. Laß dich nicht in Händel ein, die dem Herrn nicht gefallen; denn es könnte sein, daß er dich mittendrin überrascht. Mach deinen Frieden mit deinen Feinden, soviel an dir ist; denn wie könnte der im Reich des Friedens einen Platz haben, der jemandes Feind ist! Wenn wir das alles beherzigen, dann haben wir so viel zu tun, daß wir aus der gespannten Erwartung gar nicht herauskommen. Sie wird uns selbst munter halten und uns treiben, andere aufmerksam zu machen auf den letzten Advent, den Gott noch vorhat.

Das ist eine große Freude und ein großer Trost, Herr Christus, daß du deiner Gemeinde deine Wiederkunft zusagst. Du weißt, wie sie sich dieser Welt erwehren muß und wie schwer sie es hat, andere in ihre Mitte hineinzuziehen und sie für dich zu gewinnen. Laß ihr aus dem Wissen um dein Kommen Tag um Tag neue Kraft zufließen. Amen.

Richtet nicht vor der Zeit, bis der Herr kommt, welcher wird das Trachten der Herzen offenbar machen. 1. Korinther 4, 5

Wie leicht kann sich ein Mensch über die eigentlichen Beweggründe seines Handelns selbst täuschen, und wie leicht irrt er sich in der Beurteilung des anderen, den er gar nicht richtig kennt. Wenn wir doch darum die üble Gewohnheit lassen könnten, andere zu richten und zu verurteilen. Wie schwer machen wir anderen und uns selber das Leben!
Paulus legt es den Korinthern eindringlich ans Herz: »Richtet nicht vor der Zeit, bis der Herr kommt.« Nicht richten heißt nicht, alles durchgehen lassen, sondern nicht hinter dem Rücken über den anderen reden. Luther hat uns in seiner Erklärung zum achten Gebot über unser Verhalten zum Nächsten die feine Anweisung gegeben: »... entschuldigen, Gutes von ihm reden und alles zum Besten kehren.« Das ist im Sinne Jesu.
Es wird eine große Verwunderung sein am Ende der Tage, wenn alles, auch der Menschen Denken und Trachten, vor Gott offenbar wird. Wie beschämt werden wir dann dastehen. Wieviel Vergebung werden wir da brauchen! Gott wird ein gerechtes Gericht sprechen, das ist gewiß! Wir wären darin verloren, wenn der Heiland nicht das Gericht auf sich genommen hätte, so daß nun alle, die an ihn glauben, frei ausgehen. Ihm sei Ehre in Ewigkeit!

Du, lieber Herr, wirst ans Licht bringen, was im Finstern verborgen ist, auch unsere Gedanken und das Trachten unserer Herzen. Dein Gericht wird ein gerechtes Gericht sein. Wir danken dir für deine große Barmherzigkeit, daß deine Vergebung uns im Gericht bewahren wird. Amen.

Wir sahen seine Herrlichkeit, eine Herrlichkeit als des eingebornen Sohnes vom Vater, voller Gnade und Wahrheit. Johannes 1, 14

Tausende haben, wie die Jünger, Jesus vor Augen gehabt und seine Herrlichkeit doch nicht gesehen. Sie haben Jesu Worte zwar vernommen, aber sie trotzdem nicht gehört. Das hatte seinen Grund; sie ließen sich nicht in den Machtbereich seines Lebens ziehen. Darum blieb ihnen seine Herrlichkeit verborgen. Was nach Gottes Willen das Grunderlebnis ihres Lebens werden sollte, das blieb bestenfalls eine Erinnerung. Aber von Erinnerungen kann der Mensch nicht leben, weder von der an seine Konfirmation, noch an seine Trauung oder sonst ein »frommes« Fest. Wir alle brauchen täglich den Zustrom quellfrischen Lebens von Jesus selber.

So ist es bis heute, und so wird es immer sein: die Herrlichkeit Jesu werden nur die sehen, die sich in sein Leben hineinnehmen lassen. Es ist wie bei den Fenstern einer Kirche, von außen sind sie unscheinbar und grau; erst von innen gesehen leuchten ihre Farben und strahlen ihre Bilder.

Wie einst Jesu Jünger, so sind auch wir jetzt von ihm eingeladen, ihm zu folgen und in sein immerwährendes Leben einzutreten. Tun wir das, dann wird uns Jesu Herrlichkeit auch in der Gegenwart immer wieder eine beglückende Wirklichkeit. Dann steht auch über unserem Leben das Bekenntnis der Jünger: »Wir sahen seine Herrlichkeit.«

Herr, du behältst deine Herrlichkeit nicht für dich allein. Du lehrst sie uns kennen und an ihr teilhaben. Habe Dank, daß du uns die Gaben deiner Welt zueignest. Laß uns ihrer immer gewisser und froher werden. Amen.

»Himmel und Erde werden vergehen; aber meine Worte werden nicht vergehen.« Matthäus 24, 35

Viele Male hat Jesus seinen Jüngern gesagt, es würde ihnen in dieser Welt nicht anders ergehen als ihm selber, sie würden Widerspruch, Feindschaft und Verfolgung erleben. Um sie auszurüsten, gibt er ihnen sein Wort. Sie sollten an ihm festen Halt haben, wenn das alles heraufzieht, was er über die Endzeit sagt. Dann sind die schrecklichen Katastrophen und das Antichristentum für sie keine Überraschung mehr, sondern das sichere Vorzeichen dafür, daß die Erlösung nahe ist.
Der Widerspruch und die Feindschaft gehen vorüber! Himmel und Erde gehen auch vorüber. Aber Jesu Worte gehen nicht vorüber. Das will ins Herz genommen und festgehalten sein. Es klingt so unglaublich und ist so unvorstellbar: auf der einen Seite dieser Himmel mit seinen anscheinend ewigen Bahnen und diese festgefügte, alte Erde – und auf der andern Seite ein so schnell verklingendes Wort. Ein Hauch – und es ist vorüber. Und solch Wort soll dauerhafter sein als Himmel und Erde? Es will dem Verstand nicht einleuchten. Und doch ist es so. Jesus sagt es. Es kommt die Zeit, da wird die Unvollkommenheit und das Stückwerk zu Ende und die Vollkommenheit und die Fülle der Herrlichkeit da sein. Das kommt, wenn er kommt. Er macht sein Wort wahr. Sein Wort bleibt in Ewigkeit.

Lieber Herr, du weißt, wie leicht wir unser Herz an die sichtbaren Dinge in dieser Welt verlieren. Lob und Dank sei dir, daß du uns gesagt hast, was aus diesem Himmel und dieser Erde wird. Gib uns, daß wir deinem Wort von ganzem Herzen vertrauen, trotz allen Widerspruchs der Welt, und einstmals schauen, daß dein Wort die Wahrheit ist. Amen.

Freuet euch in dem Herrn allewege, und abermals sage ich: Freuet euch! Philipper 4, 4

Der Weg in die echte Freude hängt mit Jesus zusammen. Darum schreibt der Apostel: »Freuet euch in dem Herrn.« Jesus ist der Weg in die Freude. Nicht eher kann ein Mensch den Weg in die Freude finden, als bis er Jesus begegnet. Das ist die frohe Botschaft an den Menschen. Darum hat Jesus den Jüngern aufgetragen: verkündigt das Evangelium, die Frohbotschaft, aller Kreatur. Er wollte die geplagten und beladenen Menschen in die Freude bringen. Er hat sich das etwas kosten lassen. Er hat sein ganzes Leben lang auf die himmlische Freude verzichtet, aus der er kam. Er lebte als der Ärmsten einer und nahm die Schmach des Ausgestoßenseins auf sich. Er tat es nur unsertwillen, um uns die Freude zu schaffen, die wir brauchen. Sollte uns diese Freude nicht locken?
Was ist Freude eigentlich? Das griechische Wort für »freuet euch« macht es deutlich. In diesem Wort steckt der Wortstamm für »Gnade«. Wir alle, die wir mit Recht unserer Sünden wegen verdammt sind, werden freigesprochen und begnadigt, weil Jesus die Strafe auf sich nimmt. Wir alle, die wir immer wieder dem Bösen unterlagen, haben nun einen Helfer: Jesus, der uns Kraft gibt, dem Bösen zu widerstehen und Jesus zu dienen. Freuen wir uns!

Lob sei dir, Herr Christ. Mit dir ist die Freude gekommen. Du hast uns der Knechtschaft des Bösen entrissen, du hast uns von unserer Vergangenheit gelöst. Du bist bei uns alle Tage. Du schenkst uns Kraft, gern und willig zu tun, was du willst. Du erwartest uns, wenn wir unsere Augen schließen, in deiner Herrlichkeit. Wir freuen uns! Amen.

Herr, nun lässest du deinen Diener im Frieden fahren, wie du gesagt hast; denn meine Augen haben deinen Heiland gesehen. Lukas 2, 29.30

Viele Maler haben diese Begegnung des alten Simeon mit dem Jesuskind dargestellt in Bildern von großer innerer Bewegtheit. Sie wird in Worte gefaßt in dem Dankgebet des alten Simeon. Das Kind, das er in seinen Armen hält, nennt er den Heiland Gottes. Simeon war seiner Sache sicher. Dabei wußte er noch nichts von der Kraft und Herrlichkeit Jesu. Seine Worte hat er nicht mehr gehört, seine Taten nicht mehr gesehen, seinen Tod, seine Auferstehung nicht mehr erlebt, die erste Gemeinde nicht mehr kennengelernt. Er sah nur das Kind, das er in seinen Armen hielt; aber er hatte die Zusicherung des Heiligen Geistes: Das ist der Gesalbte Gottes. Das war ihm genug. Simeon *glaubte*. Ihm war gewiß, daß alle Verheißungen Gottes an diesem Kind und durch dies Kind sich erfüllen würden. Mit dieser Begegnung war sein Leben vollendet.
Simeon hat nur den Anfang der Erfüllung der Verheißungen Gottes gesehen; wir stehen mitten darin. Sie werden bis zum Ende erfüllt; darauf dürfen wir uns mit ganzer Gewißheit verlassen. Das wird uns Frieden geben zum Sterben und vorher im Leben Trost und Zuversicht sein.

Du ewiger, verborgener Gott, du hast aus dem Dunkel heraus, in dem du mit deinem Leben wohnst, dich offenbart in Jesus Christus. Wir danken dir, daß du uns durch ihn gezeigt hast, wer du bist und wie du uns liebst. Laß uns darin den Frieden finden, den du in deiner Güte uns zugedacht hast fürs Leben und Sterben. Amen.

Wer sich läßt dünken, er stehe, mag wohl zusehen, daß er nicht falle. 1. Korinther 10, 12

Unbefangen wie die Kinder gehen Christen oft ahnungslos an schauerlichen Abgründen vorbei, ohne abzustürzen und im Sturz zu verderben. Sie wurden geführt und gehalten, wie der Heiland es den Seinen verheißen hat. Sie merken es gar nicht, in welcher Gefahr sie sind. Erst in der Herrlichkeit werden sie erkennen, daß sie ihre Errettung nur seiner Bewahrung verdanken. Um so jubelnder wird dann ihr Loblied dem Herrn erklingen, der sie bewahrt hat.

Diese Gedanken stehen hinter der Mahnung des Apostels: Wer da steht, der sehe zu, daß er nicht falle! Sie ist eine unmißverständliche Absage an alles Vertrauen auf die eigene Kraft. Seien wir also nicht überheblich und selbstgerecht, wenn wir von dem Fall oder der Versündigung eines andern Menschen hören. Sagen wir nur nicht: Mir kann so etwas nicht passieren! Wir kennen die Tiefen unseres eigenen Herzens nicht. Wir wissen gar nicht, wessen wir fähig sind, wenn nicht menschliche, sondern teuflische Methoden angewendet werden. »Wer sich dünken läßt zu stehen, hüte sich wohl vor dem Fall. Es umschleicht uns, wo wir gehen, der Versucher überall.« Wir wollen um Bewahrung bitten für uns selber und in herzlichem Erbarmen um Vergebung für den, der fiel.

Du, Gott, bist allein wahrhaft groß und anbetungswürdig. Bewahre uns vor dem Großwerdenwollen und vor aller Überheblichkeit. Behüte uns auch vor falscher Sicherheit und lehre uns, daß nirgendwo Sicherheit ist als allein bei dir. Laß uns aber auch erfahren, daß du die Deinen in deine Vaterhände fallen läßt um Christi willen. Amen.

Selig ist, der nicht Ärgernis nimmt an mir.

Matthäus 11, 6

Wer dem Johannes, als er Jesus taufte, gesagt hätte, er würde sich einmal an Jesus ärgern! Als er dann aber im Gefängnis saß, da war es so weit – er nahm an Jesus Anstoß. Er hatte sich das Wirken des Messias anders vorgestellt. Jesus läßt ihm sagen, daß Johannes sich um seine Seligkeit bringt, wenn er seine Meinung nicht ändert.
Vielen Menschen wird es ähnlich gehen wie dem Johannes. Wenn sie Kinder unter dem Adventskranz sehen, wenn sie Adventslieder hören, wenn sie all die inneren und äußeren Zurüstungen auf Weihnachten sehen – auch ein paar freie Tage, ein Weihnachtsgeschenk, eine Weihnachtsreise, das alles lassen sie sich schon gefallen. Aber das, was sie eigentlich möchten, die Erfüllung ihrer Wünsche und ihres Lebens, das kann nach ihrer Meinung von Jesus nicht kommen. Sie ahnen nicht, daß sie sich mit solchen Gedanken um ihre Seligkeit, um die ganze Freude ihres Lebens bringen.
Sich nicht an Jesus ärgern, das ist sozusagen die unterste Stufe der Anerkennung. Es ist mehr als Gleichgültigkeit; es ist ein Geltenlassen. Das ist nicht viel. Aber der Heiland sagt: »Selig«. So weitgespannt hat er seine Arme, daß sie auch die umschließen, die ganz am Rande stehen. Für die hat er Hoffnung, und wir sollen sie auch haben.

Du willst, Herr Jesus, uns zur Erfüllung unseres Lebens und zur Freude verhelfen. Du tust das auf deine Weise, und wir sind oft ganz anderer Meinung als du. Hilf uns, dir mehr zu trauen als uns selber und die Gewißheit zu haben, daß du nicht ruhst, bis du uns zu unserm Besten überwunden hast. Amen.

Amen, ja komm, Herr Jesus!

Offenbarung 22, 20

Wem Jesus zum Licht geworden ist, spürt erst richtig, wie dunkel es in der Welt ist. Gerade deswegen sieht unser Auge hin auf den Tag, auf den keine Dunkelheit mehr folgt, den hellen Tag, an dem die ganze Herrlichkeit der Majestät Gottes aufstrahlen soll. Wir warten auf diesen Tag! Das kann kein untätiges Warten sein, erst recht kein Schlafen. Keiner darf denken, es wird immer wieder ein Advent kommen, die Adventskerzen werden immer wieder brennen, und der Herr kommt immer noch nicht. Er kommt – zu seiner Zeit. Gott selbst weckt die Sehnsucht nach der neuen Welt, die sein Sohn in seinem Namen heraufführt. Die Gemeinden der ersten Zeit haben in dieser Sehnsucht gelebt. Sie haben am Ende ihrer Zusammenkünfte gebetet: »Maran atha« – ja, komm, Herr Jesus!
Richtig warten, ist eine »tätige« Sehnsucht. Sie hilft so leben, als wäre der Jüngste Tag schon da. Dann wird jede Stunde von dem Herrn bestimmt, der im Herannahen ist. Er selber macht mit seiner Zusage: »Ja, ich komme bald (schnell!)« unsere Herzen bereit und stellt sie in den neuen Schein von drübenher. Gespanntes Warten ist die wirkliche Situation eines Christenmenschen: Amen, ja, komm, Herr Jesus.

Herr, du hast uns oft angerufen. Trotzdem ist immer wieder einmal Finsternis in uns, und dein Licht droht, in uns zu verlöschen. Nun rufst du von neuem. Gib uns Gewißheit, daß diese Stunde deine Stunde für uns ist. Laß uns des Lichtes Kinder werden. Amen.

Siehe, ich bin des Herrn Magd; mir geschehe, wie du gesagt hast. Lukas 1,38

Ein göttliches Geheimnis waltet über dem Anfang der neuen Menschheit, die mit Jesus beginnt. Wer will sich wundern, wenn Maria erschrickt über dem, was ihr geschehen soll: »Du wirst einen Sohn gebären.« Sie kann nur antworten: »Wie soll das zugehen, da ich doch von keinem Manne weiß?« Sie denkt wie wir: Wo ein Mensch wird, da müssen ein Mann und eine Frau sein. So hat Gott es geordnet.
Und Adam? Er wurde nicht geboren – es gab ja noch keine Frau. Seinen Leib entnahm Gott der (Mutter) Erde; aber ein richtiger Mensch wurde Adam erst dadurch, daß Gott ihm seinen Atem, den lebendig machenden Geist, einblies. Den Leib des »zweiten Adam« entnimmt Gott der Maria dadurch, daß er sie mit seinem Geist begnadet. So wird Christus, der zweite Adam, von einer Frau in die Welt hineingeboren, wie alle übrigen Menschen auch. Und er ist doch ein ganz anderer als sie, von seinem Ursprung her.
Maria darf das Gefäß der Begnadung sein. Aus ihrem ersten Erschrecken wird staunende und ehrfürchtige Einwilligung und Hinnahme dessen, was ihr geschehen soll. Sie wird Mutter sein; aber eine andere als alle Mütter dieser Welt. Denn sie allein ist von Gott erwählt, dem Geiste Gottes Menschengestalt zu geben, zur Erlösung für viele. Ihr Herz jubelt, und sie singt ihren Lobgesang dem, der sie auserwählt hat, und dem, dem sie Mutter wird.

Wir preisen dich, Gott des Himmels und der Erde, daß du deinen Sohn von seiner Geburt an uns gleichmachst, uns zum Bruder, damit wir seine Brüder und durch ihn deine rechten Kinder werden können in Zeit und Ewigkeit. Amen.

O selig bist du, die du geglaubt hast! Lukas 1, 45

Gottes Vorbereitungen für die erste Weihnacht waren anderer Art als unsere heute. Das zeigt die Begegnung zwischen Maria und Elisabeth. Der Geist wirkt bei dieser Begegnung alles, was vor den Frauen als Gottes Tun offenbar werden soll.
Noch hat Maria Elisabeth gar nicht nach ihrem Kinde fragen können, sondern sie nur begrüßt, da bestätigt ihr Elisabeth aus Gottes Geist, was der Engel ausgesprochen hat, und offenbart ebenfalls aus Gottes Geist, daß dieses kommende Kind »Herr« sein wird, ihr Herr und Herr über alle: Bei deinem Gruß hüpfte das Kind fröhlich in meinem Leibe. Und alles, was an Fragen in Maria ist: Wie soll das zugehen, da ich von keinem Mann weiß, wird beiseite geschoben durch die Seligpreisung der Elisabeth: »Selig bist du, die du geglaubt hast.« Da kann Maria nicht anders als frohlocken: »Meine Seele erhebt den Herrn, und mein Geist freuet sich Gottes, meines Heilandes.«
Wo Gottes Geist wirkt, da werden keine Fragen mehr gestellt und keine Einwände erhoben. So sah der Advent der Maria aus: Drei Monate allein und fern von ihrem Mann, aber wie Elisabeth erfüllt von der Erwartung auf das Kind der Verheißung. Mit diesen beiden vom Heiligen Geist erfüllten Müttern beginnt Gott den Advent der Menschheit. Beide wissen das und sind fröhlich über das, was Gott tut. Immer noch erfüllt Gott Menschen mit Heiligem Geist, und wo das geschieht, da wird rechter Advent.

Du ewiger Gott, du läßt auf Menschen deinen Heiligen Geist kommen und tust an ihnen und durch sie dein Werk zum Heil für uns und alle. Laß uns gewiß sein, daß auch wir es haben sollen, und uns darüber freuen. Amen.

Durch die herzliche Barmherzigkeit unsres Gottes hat uns besucht der Aufgang aus der Höhe.

Lukas 1, 78

Mit dem Wort Gottes ist es ähnlich wie mit der modernen Malerei. Man braucht eine Zeit der Betrachtung und Versenkung, um zu erfassen, was alles der Künstler in sein Bild hineingelegt hat. Was beim Künstler die Farben, das sind hier die Worte. Aber die Worte haben eine Tiefe in sich selber und wollen, daß man in sie hineintaucht. Doch sie sind unergründlich, wie das Herz Gottes.
Johannes, der Vorläufer Jesu, wird geboren, und Zacharias, des Johannes Vater, tut bei seinem Lobgesang einen Blick in das Herz Gottes. Es macht große Freude, ihm zuzuschauen. Gottes Herz ist im innersten bewegt über die Lasten und Qualen, die sein Volk – durch eigene Schuld – tragen muß. So hat Gott beschlossen, sein Volk aufzusuchen. Bei ihm sind Wort und Tat ja ein und dasselbe. In der Gestalt Jesu kommt er. Keiner soll sagen können, Gott hätte sein Volk vergessen oder gar im Stich gelassen. Gott weiß, daß der Mensch seine Hilfe braucht, und er schickt sie in Jesus. Die Hilfe und der Helfer sind da.
Sie sind wie ein Aufgang aus der Höhe, noch mehr als ein Aufgang der Sonne. Wir wissen ja, wie die aufgehende Sonne alle Nacht und Finsternis vertreibt. Wie viel mehr wird Jesus das tun! Es soll hell werden über den Menschen und in den Menschen, so hell wie die Herrlichkeit Gottes.

Dir sei Dank, du Gott des Lichtes, daß du in unsere Finsternis hinein durch Jesus Christus dein Licht aufgehen läßt, damit auch wir Kinder des Lichtes und deiner Herrlichkeit werden. Amen.

Von seiner Fülle haben wir alle genommen Gnade um Gnade.

Johannes 1,16

Trotz allem soll wieder Weihnachten werden. Über Jahrhunderte und Jahrtausende hinweg bietet Gott uns unentwegt seinen Heiland und seine Erlösung an. Mit Christus bricht die neue Zeit, das Reich Gottes hinein in die Welt: Wende der Welt.
Merkwürdig. Sonst sind alle Menschen fürs Nehmen; aber an der wertvollsten Gabe Gottes, seinem Christus, der Gestalt gewordenen Liebe Gottes, gehen viele vorüber. Wir selbst sind oft in Gefahr, die Schau für die ewigen Dinge zu verlieren. Darum nimmt der himmlische Vater uns ganz praktisch in seine Lehre. Wir erfahren, wie eine Welt, der es an Gottes Gaben mangelt, aussieht, und müssen in ihr leben. Kann die Menschheit sie noch lange ertragen, ohne dabei zugrunde zu gehen? Wer kann da helfen?
Es ist Advent! Erfüllter Advent! Christus, der Helfer, ist erschienen. Er ist der Lebendige und wartet – auf uns. Das ist das Seltsame am Advent des Christus, daß er noch viel verlangender und noch sehnsüchtiger wartet als wir. Er wartet darauf, daß wir ihm unser Herz öffnen; damit wird auch unsere Erwartung gestillt. Er hat die Fülle. Er gibt mehr, als ein Herz fassen kann. Wir dürfen von seiner Fülle nehmen Gnade um Gnade.

Lieber Vater, du hast nicht allein bleiben wollen mit dem Reichtum deiner Herrlichkeit und hast sie uns offenbar werden lassen in deinem lieben Sohn. Herr Christ, du hast uns diese Herrlichkeit gebracht, damit sie uns ganz erfülle, und uns schon in dieser Welt teilhaben lassen an allem, was du bist und hast. Dir sei Lob in Ewigkeit. Amen.

Als aber die Zeit erfüllet ward, sandte Gott seinen Sohn, geboren von einem Weibe und unter das Gesetz getan, auf daß er die, so unter dem Gesetz waren, erlöste, daß wir die Kindschaft empfingen.

Galater 4, 4.5

Wie tief die Geburt des Heilandes die Seele unseres Volkes früher einmal angerührt hat, zeigen uns noch heute alle Sitten und Gebräuche, die für viele zu einer »richtigen« Weihnachtsfeier gehören. Nicht wegzudenken sind der Tannenbaum, die Kerzen, der Duft von Äpfeln und Nüssen – und vor allem das Schenken. Wenn man aber heute in der Vorweihnachtszeit den Trubel sieht, der um das Fest herum gemacht wird, muß man um Weihnachten fürchten. Es ist in Gefahr, seinen Sinn zu verlieren.
Stellen wir doch Gottes Gabe in den Mittelpunkt! Aus dem Kind in der Krippe wurde der Mann, der die Menschen rettet. Es ist nötig! Wir kennen es ja nicht anders: Wo Menschen leben, ist Schuld und Tod. Das hängt als unentrinnbares Gesetz über der Menschheit. Wer wollte seine Folgen aufheben? Da sandte Gott seinen Sohn. Das ist die Wende! Schuld, wie wir sie haben, kennt der Sohn nicht. Der Tod hat darum kein Recht an ihm. Aber nun lebt der Sohn unter Sündern und nimmt den Tod auf sich. Unverdient, auf daß wir durch desselben Gnade gerecht und Erbe seien des ewigen Lebens. Das ist Gottes Gabe. Nimm! Er hat dich zu seinem Kinde gemacht.

Lieber himmlischer Vater, du tust alles zu deiner Zeit. Als die Menschheit mit ihrer Weisheit am Ende war, gabst du ihr in deinem Sohn einen neuen Anfang. Fange durch ihn auch in uns ein neues Wesen an, damit wir durch die Hingabe an ihn deine rechten Kinder werden. Amen.

»Ich bin gekommen, daß sie das Leben und volle Genüge haben sollen.« Johannes 10,10

Wenn zur Weihnachtszeit jemand, der noch nie von Weihnachten gehört hat, aus der Fremde zum erstenmal in unser Land käme und sähe, wie die Menschen in den Familien und darüber hinaus einander beschenken, er würde voller Verwunderung von einem »Geschenkfest« nach Hause berichten. Er hätte mit dieser Bezeichnung zwar den Kern des Weihnachtsfestes nicht getroffen, aber selbst in dem für uns wunderlichen Wort »Geschenkfest« steckt noch ein Abglanz des Wunders der Weihnacht. Das Schenken und Beschenktwerden ist im Grunde ein Abbild des Schenkens Gottes.
Gott schenkt seinen Sohn und beschenkt mit ihm die Menschen. Und der Sohn Gottes läßt sich verschenken. Solange Menschen Weihnachten feiern, immer und überall ist dies Geschenk Gottes dabei. Es ist Leben, volles, überströmendes Leben. Es ist also etwas, wonach im Grunde alle Menschen hungern; denn alle wollen leben und etwas vom Leben haben. Wenn man sie aber fragt, ob sie denn das Leben gefunden haben, dann werden viele recht verlegen. Sie haben also unter den vielen Geschenken, die sie in ihrem Leben schon bekommen haben, das Geschenk Gottes noch gar nicht bemerkt. Daß wir dies Geschenk doch sähen, annähmen und darüber froh würden! Das wäre eine rechte Weihnacht.

Du, ewiger Vater, weißt, daß unser Hunger und Durst nach Leben nie gestillt sind. Du weißt auch, daß wir ihn oft an falscher Stelle stillen. Gib uns Augen, zu sehen, daß nur in Jesus das Leben ist, damit wir es von ihm empfangen und wirklich leben. Amen.

Fürchtet euch nicht! Siehe, ich verkündige euch große Freude, die allem Volk widerfahren wird; denn euch ist heute der Heiland geboren, welcher ist Christus, der Herr! Lukas 2, 10.11

Weihnachten ist die Geburtsstunde der »großen Freude«. Sie stammt von Gott. Aus Freude schuf er die Welt, und Freude war im Himmel über diese Schöpfung. Freude hatte er auch dem Menschen von Anfang an zugedacht. Aber der Mensch hat diese Freude in Leid verwandelt.
Weihnachten wendet das Leid. Jubel ist im Himmel, daß nun die Erlösung beginnt. Lobgesänge der Engel verkünden die große Freude, die Wende der Zeiten. Offen ist wieder der Himmel, Gott kommt den Menschen ganz nah.
Sieh die Krippe, da ist er: Gott in Christus. Allen Reichtum seines Vaters bringt er mit. Wo er sich freut, da ist Weihnachten. Wenn er sich über dich freuen kann, dann ist es deine Weihnacht. Da ist die Freude wiedergekommen, die aus dem Paradiese stammt. Sie ist allen zugedacht.
Weihnachten ist auch ein Ausblick, eine Verheißung. Wie der Freudenbringer in die Welt eintrat, dürfen wir in den Himmel eintreten, in die unvergängliche Freude, in die ewige Weihnacht.

Lieber Vater, dir sei Dank für dein Erbarmen. Du hast mit deinem Sohn die Freude gesandt, die Vergebung, Leben und Seligkeit. Öffne du selbst uns das Herz, damit diese Freude auch uns erfülle und wir mit allen Heiligen dir das Loblied singen, das kein Ende mehr hat. Amen.

Und das Wort ward Fleisch und wohnte unter uns.

Johannes 1,14

Niemand hat Gott je gesehen. Er will »im Dunkel wohnen«, und das ist unser Glück. Noch immer gilt sein Wort: »Kein Mensch wird leben, der mich sieht.« Mit diesem Wort ist der abgrundtiefe Gegensatz aufgerissen, der zwischen der Heiligkeit Gottes und unserm menschlichen Wesen besteht.

In diesen Abgrund hinein erklingt das Schöpferwort Gottes. Er hat einst aus dem Nichts die Welt werden lassen. Und der Mensch hat sie verdorben. Es wäre recht, wenn Gott ihn dafür zugrunde gehen ließe. Aber gerade das geschieht nicht. Im Gegenteil – es wird Weihnachten! Gott will die Welt nicht verderben lassen, er will sie retten.

»Das Wort ward Fleisch.« Dasselbe Fleisch, aus dem der Mensch gemacht ist, wird die Hülle des Menschen Jesus; aber um diesen Menschen webt das wunderbare Geheimnis seiner Liebe und seiner Herrlichkeit. Daß Gott eine Welt, wie die unsere, noch liebhat, ist schon unbegreiflich. Daß er den Weg wählt, selbst in die Welt zu kommen, um ihr diese Liebe zu zeigen, ist noch unbegreiflicher. Daß er aber den sterblichen Leib eines Menschen wählt, um sichtbar werden zu lassen, wie tief er sich zu uns herabbeugt und wie sehr er uns liebt, ist das Unbegreiflichste. Und dies ist die Wirklichkeit der Weihnacht.

Lieber himmlischer Vater, unser Herz freut sich. Aus deiner Herrlichkeit sendest du deinen Sohn in unsere Armut, damit wir deine Herrlichkeit bekommen. Du zeigst uns dein Herz, damit wir dich liebhaben lernen, und ziehst uns durch deinen Sohn zu dir – hier zeitlich und dort ewiglich. Amen.

Ehre sei Gott in der Höhe und Friede auf Erden und den Menschen ein Wohlgefallen! Lukas 2, 14

Die erste Weihnacht war ein stiller Geburtstag, und die große Welt merkte nichts davon. Jetzt feiert ihn fast die Hälfte der Menschheit, und überall in den alten und jungen Kirchen der Welt singt die Gemeinde den Lobgesang der Engel nach, jede in ihrer Sprache, aber in *einem* Geist. Zur Weihnacht ist es immer, als hielte die Welt trotz aller ihrer Gegensätze den Atem an und lauschte der alten Botschaft vom Frieden auf Erden. Was ist es damit? Haben die Engel recht gesungen, oder ist diese wunderbare Botschaft doch nur ein Wunschtraum, der zwar zu jeder Weihnacht von neuem und lebhaft geträumt wird, der sich aber nie erfüllt?
Menschen werden ihn nie erfüllen. Das kann Gott allein. Der schafft Frieden durch Jesus, den Frieden mit Gott. Das erfährt jeder, der es mit Jesus versucht und mit ihm lebt. Und die mit ihm leben, bringt er zueinander – trotz aller Unterschiede der Stände und Klassen, der Sprache und Rassen. Da wird wirklich Frieden zwischen den Menschen. Da entsteht auch die Freude, von der die Weihnachtsbotschaft berichtet: »Siehe, ich verkündige euch große Freude!« Es ist die Freude darüber, daß da, wo Jesus angebetet wird, der Frieden hinkommt, der Friede Gottes.

Mit den himmlischen Chören zusammen singen wir dir zur Ehre, du barmherziger Gott. Du hast alle unsere Freudlosigkeit und Friedlosigkeit gesehen und dich unser erbarmt. Du schenkst uns deinen Sohn, damit dein Friede auf uns komme und bei uns bleibe. Dir sei ewiglich Dank. Amen.

Uns ist ein Kind geboren, ein Sohn ist uns gegeben, und die Herrschaft ruht auf seiner Schulter; und er heißt Wunder-Rat, Gott-Held, Ewig-Vater, Friedefürst; auf daß seine Herrschaft groß werde und des Friedens kein Ende. Jesaja 9, 5.6

Überall, auch da, wo der letzte Sinn der Weihnacht kaum noch begriffen wird, ist es, als hielte die laute Welt ihren Atem an und ahnte etwas Unfaßbares. Es ist der letzte Widerschein himmlischer Klarheit von den Fluren Bethlehems in abgekämpften und müde gewordenen Herzen. Abgestumpft waren auch die Menschen, denen der Prophet in ihre Gefangenschaft hinein verkündete: »Uns ist ein Kind geboren, ein Sohn ist uns gegeben.« Jesaja redet von dem Kommenden, als wäre es schon da. Er hat die Herrlichkeit Jesu nicht mehr mit eigenen Augen gesehen; aber er hat sie »geschaut«. Er dachte an einen Befreier seines Volkes. In Wirklichkeit war der Kommende ein Befreier der Welt von aller Sünde.
Immer sind die Erfüllungen der Verheißungen großartiger als die Verheißungen selber! Unscheinbar fangen die Erfüllungen an: ein Stall in einer Höhle, zwei wandermünde Menschen, eine Frau in ihrer schweren Stunde, ein Neugeborenes in einer Krippe; und doch Erfüllung: Gott wird ein Kind. Im Kinde gibt er sich selbst – für uns.

Herr, unser Gott, du Geber aller guten Gaben, wer ist dir gleich? Du gibst das Größte und Beste, denn du gibst dich selbst in deinem Sohn. Du willst uns teilhaben lassen an allem, was du selbst bist und hast. Laß uns von deinem Reichtum nehmen und an jedem neuen Tag uns daran freuen nach deinem Wohlgefallen. Amen.

Es ist erschienen die heilsame Gnade Gottes allen Menschen. Titus 2, 11

Es sind viele »Heilande« gekommen. Sie wollten die Welt beglücken; aber alle standen sie unter dem gleichen Los wie wir alle. Sie waren selber unerlöste und unvollkommene Menschen. Sie haben einen kleinen Teil der Menschheit beglückt und den andern bedrückt. Da hat Gott eingegriffen. Er hat wohl gewußt, wie es um den Menschen steht. Er hatte einen Boten nach dem andern geschickt. Er hatte gebeten, gedroht, gestraft, gewarnt, ein Gericht nach dem andern über seine Menschheit kommen lassen, ob sie ihn nicht hören möchte. Aber das alles war nur wie ein kurz aufleuchtender Blitz am dunklen Himmel.
Dann wurde Weihnacht. Da ging das ewige Licht auf. Gott kam selbst. Er kam in der Gestalt des Kindes Jesus. »Er erschien«, wie die Sonne »erscheint«, unerklärbar und unaufhaltsam, Leben vom Vater, geboren von der Jungfrau Maria, wahrhaftiger Mensch und wahrhaftiger Gott, Licht vom Licht. Und so ist es geblieben: Das wahre Licht scheint *jetzt*. Es tötet das Böse im Herzen, wie die Sonne die Keime der Krankheit. Wir wollen uns in dies Licht stellen, damit wir gesund werden. Die Gnade ist allen erschienen. So hat es Gott gewollt. Er will, daß allen geholfen werde und alle zur Erkenntnis der Wahrheit kommen.

Lieber himmlischer Vater, du Vater des Lichts, du hast in diese Welt hinein dein Licht aufleuchten lassen in Jesus Christus. Dir sei Dank dafür. Laß uns in diesem Licht gesund werden an Leib und Seele und selber ein Licht werden, das allen leuchtet und ihnen zeigt, wie du uns liebst und was du vermagst. Amen.

Sehet, welch eine Liebe hat uns der Vater erzeiget, daß wir Gottes Kinder sollen heißen, und es auch sind!
1. Johannes 3, 1

Möchten wir von dieser Weihnacht her solche frohen Augen haben wie die Hirten, von denen wir gelesen haben. Möchten wir wie Johannes jubeln können: Sehet! Wir wissen doch, anders als die Hirten damals, was aus diesem Kinde wurde: der Heiland.
Heiland bedeutet: Retter. Der Erretter aus Sünden und Banden, aus allem, was drückt. Das muß doch jeden aufhorchen lassen! Nach menschlichem und nach göttlichem Recht sind wir ausgeschlossen aus der göttlichen Herrlichkeit. Und nun kommt sie doch – in der Gestalt des Kindes, geschickt vom Vater. Er will uns in die Herrlichkeit einschließen. Ob wir das sehen?
Gott ist der Vater. Er will Kinder. Der »eingeborene« Sohn ist das erste. Und alle, die sich an ihn hängen, werden es eben dadurch, daß sie sich an ihn hängen. Unerklärbar, unbegreiflich ist das. Aber es ist wahr: auf daß alle, die an ihn glauben, ewiges Leben haben. Was für eine Liebe! Alles haben die Menschen mit Maßen gemessen, die sie selbst erfunden haben. Diese Liebe hat kein Maß, sie ist unermeßlich. »Wenn ich dies Wunder fassen will, so steht mein Geist vor Ehrfurcht still. Er betet an und er ermißt, daß Gottes Lieb' unendlich ist.«

Lob und Dank sei dir, du unser Vater im Himmel, daß du solche Leute, wie wir es sind, liebhast. Und nun läßt du uns dieser Liebe wieder gewiß werden vor dem Kind in der Krippe. Laß uns diese Gewißheit mit hineinnehmen in den Alltag, damit sie uns helfe, dir zuliebe zu leben. Amen.

Wir wissen: wenn unser irdisch Haus, diese Hütte, zerbrochen wird, so haben wir einen Bau von Gott erbaut, ein Haus, nicht mit Händen gemacht, das ewig ist im Himmel. 2. Korinther 5, 1

Alles ist Übergang und Vergehen. Einige Bauten der Menschen mögen vielleicht Jahrhunderte überdauern; aber der Mensch selber, der sie baute, ist längst dahin. Wie ein Zelt war sein Leben; es wurde aufgebaut und eines Tages wieder abgerissen. Aber das, was zwischen dem Aufbauen und Abreißen liegt, umschließt nicht alles. Es wäre wirklich traurig, wenn das alles wäre: Mühe und Arbeit, Plage, Kummer und Herzeleid und vielleicht einmal ein bißchen Freude. Da will uns das Licht des Wortes Gottes helfen. Das geschieht hier mit einem Wort, das zunächst zum Erschrecken klingt: »zerbrochen.« Aber in all dem Zerbrechen bereitet Gottes Hand seine Kinder zu seiner Herrlichkeit.
Auf diese Herrlichkeit geht es zu – an jedem Tag, der kommt. Zu dieser Freude sollen wir kommen. Gott will es! Darum stellt er uns immer wieder seine Herrlichkeit vor Augen, die kommen soll, die schon unser ist, die wir nur noch nicht mit unsern Augen sehen.

Wie uns das am Jahresende umtreibt, Vater, daß so viel Nutzloses und Verwerfliches geschehen ist, auch bei uns. Wieviel guter Anfang fand kein gutes Ende. Was wird bleiben von dem Stückwerk, das wir schufen und das wir sind? Wir schauen auf dich! Du rufst uns in die Wohnungen deiner Herrlichkeit. Laß uns da hingelangen und mache uns nach deiner Verheißung vollkommen und herrlich nach deinem Erbarmen. Amen.

Ich bin gewiß, daß weder Tod noch Leben, weder Engel noch Fürstentümer noch Gewalten, weder Gegenwärtiges noch Zukünftiges, weder Hohes noch Tiefes noch keine andere Kreatur kann uns scheiden von der Liebe Gottes, die in Christus Jesus ist, unsrem Herrn. Römer 8, 38.39

Heute ist der letzte Tag des Jahres. Alles, was es umschloß – Liebes und Leides – bringen wir vor Gott. Es war viel Stückwerk darin, viel Versäumnis, Schuld und Ohnmacht. Nicht nur bei dem einzelnen, auch bei den Gemeinden und den Kirchen. Sehen wir auf uns, dann muß uns bange werden, wo es wohl mit der Christenheit hinauswill. Von außen her wird sie unaufhörlich bedrängt, und in ihr ist viel Gleichgültigkeit, Zerrissenheit und Lähmung. Sie macht gar nicht den Eindruck, als sei sie frohen Mutes; vielmehr den einer bedrückten Schar, die mühselig um ihr Dasein ringt und der es an Glauben und Liebe mangelt. Wir beugen uns tief unter dies Gericht.
Aber: wir vertrauen dem Herrn! Er hat das gute Werk in uns angefangen, er wird es auch vollenden. Alles, was im vergangenen Jahr über uns gekommen ist, muß ihm irgendwie dazu dienen. Wir sind dessen gewiß, daß Christus auch im neuen Jahre der Herr ist und uns nichts aus seinen Händen reißen kann. Er ist und bleibt der Sieger. Gott sei Dank, der uns den Sieg gegeben hat durch unsern Herrn Jesus Christus.

Unsere Zeit steht in deinen Händen, du ewiger Gott. Wir danken dir für alle Durchhilfe und Treue im vergangenen Jahr. Hilf uns zu immer größerem Vertrauen auf deine Führung und zu deinem lieben Sohn durch deinen Geist. Laß deine Christenheit fröhlich bezeugen, daß kein Heiland ist außer dir. Amen.

Andachten
für veränderliche
Festtage

»Es wird geschehen, daß des Menschen Sohn überantwortet wird in der Menschen Hände, und sie werden ihn töten.« Matthäus 17, 22.23

Karfreitag ist der schwärzeste Tag in der Geschichte der Menschheit. Da verliert selbst die Sonne ihren Schein. Unrecht geschieht – Jesus wird gekreuzigt. Diese Kreuzigung ist das größte Drama: Gott handelt durch böser Menschen Hand. So mächtig ist Gott. Auch die Bosheit der Menschen muß ihm helfen, das Werk der Erlösung zu schaffen. Welch ein Geheimnis!
Die an der Kreuzigung Beteiligten stehen für die ganze Menschheit. Nirgends wird deutlicher als in der Passion Jesu, wie klein und gemein der Mensch ist. Karfreitag ist der geschichtliche Beweis, daß der Mensch die Finsternis mehr liebt als das Licht.
Karfreitag ist aber auch der Beweis, in welchem Ausmaß Gott den Menschen liebt. Er läßt sich verhöhnen, martern, ans Kreuz schlagen und töten. In Jesus ist Gott. Unsere Strafe liegt auf ihm. Er nimmt sie auf sich. Nun ist das Kreuz das Zeichen der Liebe Gottes.
Ob wir sie erkennen?

Du Gott der Wunder, wunderbar ist die Erlösung, die du für deine Menschen erdacht hast. Wunderbar, Herr Christ, sind dein Gehorsam und dein Opfer, das unsere Erlösung besiegelt. Du weißt, daß wir dein Opfer nicht wert sind, und du bringst es doch, damit wir mit dir ein Leben der Auferstehung leben, hier und dort. Dir sei ewiglich Dank. Amen.

Was suchet ihr den Lebendigen bei den Toten? Er ist nicht hier; er ist auferstanden. Lukas 24, 5.6

Das Grab ist leer. Da, wo die Frauen den toten Meister suchen, stehen himmlische Boten, vor denen sie erschrekken. Und sie erschrecken noch mehr, als sie hören: »Er ist auferstanden.« Wie ein Vorwurf klingt die Frage: »Was suchet ihr den Lebendigen bei den Toten?« Aber wo sollten sie ihn denn sonst suchen? Sie hatten ihn doch selbst dort hingelegt. Was ihnen gesagt wird, das widerspricht allem, was sie je gehört und gesehen haben: Er ist auferstanden! Und da sind sie geflohen, so entsetzt und so fassungslos waren sie.
Die größten Entdeckungen der Welt sind nichts gegenüber dieser Botschaft: Jesus ist auferstanden! Nun ist alles anders. Nun ist der Tod nicht mehr die Grenze des Lebens. Nun ist die Herrschaft des Todes gebrochen. Gott hat recht und das letzte Wort.
Das ist die beglückende Botschaft: es gibt keine Hoffnungslosigkeit mehr und keine Furcht vor dem Tode für die, die sich Jesus verschrieben haben. Nun ist im Leben nur noch eins wichtig: zu ihm zu kommen, zu ihm zu gehören, bei ihm zu bleiben und sich ihm anzuvertrauen. Dann ist das Leben gewonnen, das Leben, das Christus das ewige Leben genannt hat.

Du auferstandener, lebendiger Herr, wir beten dich an. Dir hat der Vater Macht gegeben, den Tod zu überwinden. Du willst uns zu dir ziehen. Wir sollen da sein, wo du bist. Wir danken dir, daß du uns durch den Tod hindurch in die Herrlichkeit deines Vaters führen willst. Amen.

... auf daß wir zugleich mit ihm leben sollen.

1. Thessalonicher 5, 10

Ist das ein Jubel! Jesus lebt! Das ist der Beginn der letzten Zeit. Und auch wir dürfen jetzt darin leben mit der gewissen Aussicht auf die eigene Auferstehung. Jesus war der erste, der sie erlebte. Wir sollen folgen.
Auferstehung! Damit ist das ganze Weltbild umgeworfen, das Menschen zu allen Zeiten sich gemacht haben. Sie und auch wir heute kennen es doch nicht anders: Geborenwerden und Sterben. Darum weint der Mensch so fassungslos, weil er ohnmächtig wie ein Kind der Macht des Todes gegenübersteht. Darum war die Trauer der Jünger so groß, darum weinten die Frauen; sie hatten gedacht, Jesus sollte Israel erlösen – und nun war er tot.
Sie wußten noch nicht, daß Jesus gar nicht seinen, sondern *ihren* Tod gestorben war, daß sein Tod ihr Leben werden sollte. Er selber, der Auferstandene, hat es ihnen gesagt – auf dem Wege nach Emmaus. Es wäre alles hoffnungslos und sinnlos im Leben, wenn es den auferstandenen Gekreuzigten nicht gäbe. »Nun aber ist Christus auferstanden«, jubelt Paulus und fährt fort: »und der Erstling geworden von denen, die da schlafen.« Hinter dem Tod ist das Leben in Gottes Gegenwart, beim Auferstandenen. Dann werden wir ihn sehen, wie er ist.

Dir jubeln wir zu, Herr Jesus, denn du hast den Tod überwunden und bestätigt, daß bei dir das Leben ist, das kein Ende hat. Dir sei Dank, daß du dich den Deinen gezeigt und sie zu Zeugen deiner Auferstehung gemacht hast. Laß die Kraft der Auferstehung auch in uns wirksam werden und gib uns die freudige Gewißheit, daß wir das ewige Leben haben in deinem Namen. Amen.

»Wenn ich erhöht werde von der Erde, so will ich alle zu mir ziehen.« Johannes 12, 32

Mit dem Tage der Himmelfahrt geht Jesu Erdenzeit zu Ende. Von nun an gilt: Dieser Jesus wird wiederkommen, wie ihr ihn gesehen habt zum Himmel fahren. Auf dieses Wiedererscheinen hin lebt seither die ganze Menschheit. Noch ist das nicht sichtbar. Den Tag zu bestimmen, an dem das Ereignis wird, hat Gott sich allein vorbehalten.
Jesus verspricht, alle Menschen zu sich zu ziehen. Er läßt keinen aus. »Alle«, sagt er, »will ich zu mir ziehen«. Das leuchtet uns schwer ein – aber: er sagt es. Von Jesus aus gilt: Alle!
Wo ist der Beweis, daß Jesus sein Versprechen hält? Er steckt in den Worten: »Wenn ich erhöht werde von der Erde.« Das ist geschehen, sogar in einem doppelten Sinn. Jesus ist am Kreuz »erhöht« worden. Freilich, die ihn »erhöhten«, wollten ihn schmachvoll erniedrigen. Aber Gott hat ihn zu seiner Rechten gesetzt und erhöht und ihm einen Namen gegeben, der über alle Namen ist. Das ist geschehen zur Himmelfahrt. So gewiß er zweimal »erhöht« ist, so gewiß will er alle zu sich ziehen. Wir wollen nicht aufhören, dafür zu danken.

Herr, erbarme dich unser. Du sitzest zur Rechten deines Vaters, dem König aller Könige und Herrn aller Herren. Mache uns zu deinen Dienern, die alles von dir erwarten, die sich ganz auf dich verlassen und dir bedingungslos vertrauen, damit die Welt erkenne, daß du unser König bist, und mit uns dich anbete in Zeit und Ewigkeit. Amen.

Gott spricht, ich will ausgießen von meinem Geist auf alles Fleisch.

Apostelgeschichte 2,17

Gott sei gedankt, daß es ein Pfingsten gibt. Der Geist, den der Herr Christus von seinem Vater senden wollte, ist gekommen. Diese Tatsache steht im hellen Licht der Geschichte. Die Ausgießung des Geistes hat die Jünger verwandelt. Aus furchtsamen Leuten wurden mutige Prediger. Die Umgebung sieht es mit Staunen. Sie kann dies Ereignis nicht deuten. Wie sollte sie auch? Der natürliche Mensch vernimmt nichts vom Geist Gottes.
Gott sei heute dafür gedankt, daß die Ausgießung des heiligen Geistes nicht zu Ende ist, sondern daß sie immer von neuem geschieht. Gott weiß, daß ein Menschenherz, wenn es erneuert werden soll, diesen Geist so nötig braucht, wie das nach langer Trockenheit ausgedörrte Land den erquickenden Regen.
So wird Pfingsten. Da wird ein Mensch »erquickt« wie ein Land nach langer Dürre durch den Regen. Wie im Regen, steckt auch im Geist Gottes etwas Unaufhaltsames. Der Geist des Menschen kann ihn nicht hindern. Unaufhaltsam schafft Gott seine Gemeinde durch den Geist, damit sie durch ihr Dasein die Welt erquicke. Lassen wir uns von ihm verwandeln und seine Wohnung sein; dann ist immerwährendes Pfingsten.

Hab Lob und Dank, du lebenschaffender Gott. Du bist in der Welt in der Gestalt des heiligen Geistes. Ganz nahe kommst du uns und erfüllst unser Herz, Gemüt und Leben. Mache uns immer mehr zu Kindern deines Geistes. Amen.

»Der Tröster, der heilige Geist, welchen mein Vater senden wird in meinem Namen, der wird euch alles lehren und euch erinnern alles des, was ich euch gesagt habe.« Johannes 14, 26

Der Geist Gottes, der auf Jesus geruht hatte, kam auf seine Jünger. Jesus hatte gehalten, was er zugesagt hatte!
Zu Pfingsten wurde die Gemeinde gegründet, die Kirche geboren. Gott selbst tat es durch die Gabe des heiligen Geistes. Er tut es noch heute und immer wieder; denn er will, daß allen geholfen wird, daß sie neue Menschen werden.
Diese Schöpfungstat ist nicht zu Ende; sie geht weiter nach seinem Wohlgefallen. Oft geschieht sie da, wo kein Mensch sie erwartet. Immer aber geschieht sie, wo Menschen bitten: »Gib mir deinen heiligen Geist.« Diese Bitte soll von jedem Menschen gewagt und ihre Erfüllung erfahren werden. Gott will auf diese Weise dartun, daß er in der Gestalt des heiligen Geistes im Menschenherzen wohnen, das Herz erneuern und den Menschen seines Glaubens froh und gewiß machen will. Wir sollen nicht in der Ungewißheit leben. Geisterfüllte Menschen sind Gottes Kinder; das bezeugt sein heiliger Geist unserm Geist. Wir sollen kraft dieses Geistes bekennen dürfen wie Paulus: Ich bin gewiß, daß nichts uns scheiden kann von der Liebe Gottes, die in Christus Jesus ist, unserm Herrn.

Du, Herr, hast uns den Geist vom Vater versprochen, und er hat ihn gesandt. Hilf uns, daß wir ihm nicht widerstreben noch ihn betrüben, sondern uns von ihm treiben und bestimmen lassen, damit wir als deine rechten Kinder und als Träger deines Geistes leben. Amen.

Du tust deine Hand auf und sättigst alles, was lebt, nach deinem Wohlgefallen. Psalm 145, 16

Zum Erntedankfest geht auch mancher in die Kirche, der sonst selten dort zu sehen ist. Und auf dem Opferteller liegt manchmal als »Erntedank« eine größere Gabe als an den übrigen Sonntagen des Jahres. Wo dies beides noch geschieht, steht die Erkenntnis des Menschen dahinter, daß jede Ernte ein Geschenk Gottes ist. Auch der Gottesleugner weiß genau, daß alle Mühe umsonst ist, wenn zuviel Regen oder zuviel Sonne, Hagel oder Unwetter die Ernte beeinträchtigen oder gar vernichten. Dann sind alle Pläne und Berechnungen über den Haufen geworfen. Es ist so und bleibt dabei: Ohne Gottes Zutun wächst nichts und kann auch nichts geerntet werden.
»Du tust deine Hand auf und sättigst alles, was lebt, mit Gutem«, wie es in der wörtlichen Übersetzung heißt. »Alles, was lebt«, das sind auch seine Feinde. Aber er tut es um derer willen, die ihm vertrauen und an ihn glauben. Wie groß ist seine Barmherzigkeit! Gott hat Zutrauen zum Menschen, und er ist treu. Er hat nicht die Hoffnung aufgegeben, daß auch der jetzt von Gott gelöste Mensch eines Tages die Allmacht Gottes erkennt. Gott wartet auf den Menschen, der lebt von der Güte und Treue Gottes, ob er es zugibt oder nicht. Dafür kann nie genug gedankt werden!

Du Geber aller guten Gaben, du hast uns wieder ernten lassen. Wir verdienen es nicht. Um so mehr danken wir dir, du treuer Gott, daß du uns immer wieder beschenkst. Hilf uns auch, daß wir geben lernen, wie du gibst, und lieben lernen, wie du liebst. Amen.

Wenn wir aber unsre Sünden bekennen, so ist er treu und gerecht, daß er uns die Sünden vergibt.

1. Johannes 1, 9

Alle Propheten Gottes, zuletzt Johannes der Täufer, und der Heiland selber haben dem Volk Israel die Diagnose gestellt: todkrank. Seine Krankheit ist seine Sünde. Alle haben ihm aber auch das Heilmittel genannt: Buße. Was einst für das Volk Israel galt, das gilt in gleicher Weise für die Kirche. Ohne Buße kein neues Leben. Es ist gut, daß einmal im Jahr ein Tag da ist, an dem nicht nur die Kirche, sondern das ganze Volk daran erinnert wird. Landesbuß- und Bettag hieß er einmal.
Es ist ein gutes Zeichen für den einzelnen und für eine Kirche, wenn sie sich durch das Wort Christi zur Buße rufen läßt, zur Einkehr, zur Umkehr, zur Heimkehr. Sie sollte – wie das tägliche Waschen – eine tägliche Angelegenheit sein, denn sie allein ist der Anfang für neue Segnungen Gottes. Aller Unsegen und alle Schwäche kommen daher, daß unvergebene Sünden mitgeschleppt werden. Sie sollen gebeichtet und bekannt werden. Das ist bitter. Der Anfang der Buße ist immer bitter; aber ihr Ende ist süß. Ihr Ende ist die Vergebung. Die will Gott zu unserem Heil.

Du heiliger Gott, du bist treu. Du zeigst uns alles das in unserm Leben auf, was nicht so bleiben darf, wenn wir nicht verderben wollen. Wir müssen bekennen, daß du recht hast, und beugen uns unter dein Gericht. Vergib uns um deines lieben Sohnes willen und gib uns zu einem neuen Leben die Kraft deines heiligen Geistes. Amen.

»Ich bin die Auferstehung und das Leben. Wer an mich glaubt, der wird leben, ob er gleich stürbe.«

Johannes 11,25

Gerade auf den Friedhöfen, gerade an den Gräbern, gerade am Gedenksonntag der Toten pflanzt der Christ die Hoffnung auf. Wo alles wie Ende und Untergang aussieht, schaut er auf den, der von sich gesagt hat: »Ich bin die Auferstehung und das Leben.«
Diese Zusage Jesu wird durch das Kreuz dargestellt. Das Zeichen seines Sterbens ist das Zeichen seines Sieges geworden und unsere Hoffnung, denn der Gekreuzigte ist auch der Auferstandene, der alle, die sich zu ihm halten, an seine Seite holen will, so gewiß wie er selbst vom Vater auferweckt wurde und von den Toten auferstanden ist.
Jesus Christus ist der »Erstling« der Auferstehenden; so nennt ihn Paulus. Die dem Erstling in diesem Leben nachfolgen, werden ihm auch in seiner Auferstehung folgen. Das wird so gewiß wahr werden, wie Jesu Auferstehung Wahrheit geworden ist.
Wohl gehen wir dem Sterben entgegen, aber als Menschen, die Gott wieder lebendig macht. Wir sind genauso verweslich wie alle anderen auch – und doch von Gott zum Leben in seiner Herrlichkeit bestimmt. Das alles künden die Kreuze auf den Gräbern. Das nimmt die Furcht vor dem Sterben und gibt uns täglich neuen Mut zum Leben.

Du ewiger, lebendiger Gott, du willst nicht den Tod des Sünders, sondern daß er sich bekehre von seinem gottlosen Wesen und lebe. Schenke uns in unser todverfallenes Leben hinein den festen Glauben an deine Vergebung und unsere Vollendung in deiner Herrlichkeit um dessentwillen, der für uns gestorben und auferstanden ist. Amen.

Verzeichnis der ausgelegten Bibelstellen